ジェラルド・ヴィゼナー著

逃亡者のふり

――ネイティヴ・アメリカンの存在と不在の光景

大島由起子訳

開文社出版

目次

北米先住民でありさえすれば人はたちまち敏捷になり、大地を震わせ、風に向かって馬を駆る。いつの間にやら要らなくなった拍車も手綱も放り出し、とうに馬の頭も首も飛び去ったというのに、平らに苅られたヒースの原も目に入りもせず、心は遙かアメリカの原野に馳せ。

フランツ・カフカ「赤い人になりたくて」

わたしが出自を否定しないとすれば、他人のふりをするよりは、まったき無名の方が、結局ましだからである。

E・M・シオラン『出生の問題』

字の書かれた頁は鏡ではない。しかし書くとは見知らぬ顔に直面すること。……本とはいつも失われた顔のようなもの。

エドモンド・ジャベス『気づかれぬ転覆についての一考』

共同体は来歴が必要。新しかったり、長らく崩壊や服従の憂き目にあった後で再建されたりして来歴がないならないで、人はなんとか存在に不可欠な過去を創りたがるものだ。

ジョージ・スタイナー『青髭の城』

想像界に精通しているために、作家は無為に暮らしているように思われやすい。また、そのような作家に心酔して想像界に分け入る読者は、現実問題が見えなくなり行動不能になりかねない。しかし作家が読者の行動を駄目にしてしまうために、作家がもたらしうる危険ははるかに深刻であるかもしれない。それは、作家が非現実な事象にかかわるからではなく、作家が現実のすべてをわれわれに利用できるようにしてしまうために、あらゆる面で非現実が浸透し始めるからである。

モーリス・ブランショ『焰の文学』

語り部は、突拍子もない変身やら尽きることない息を読者に提供して生計を立てているのだから、明晰さや簡明さなどは語りには邪魔でしかない。

エリアス・カネッティ『蝿の苦悩』

わたしは生前の祖父モマダティには会ったことがない。なのに、死んだ祖父が、わたしの体に流れている血であるとか、物、とくに名前ということばによって、孫のわたしに、彼の存在の影を投げかけ、彼のことを想わせてやまない。夢に現れては、名前のなかに生きつづけているのだ。

N・スコット・ママデイ『名前』

序文　悲劇的な叡知

解放のお話

ネイティヴ・アメリカンの人々（以下、ネイティヴ）が、われわれネイティヴが存在していることを語る。ネイティヴが、いまひとつのアメリカ史の語り部である。ネイティヴにしか語れないアメリカ史がある。ネイティヴにしか、ネイティヴの主権について語ることはできない。また、ネイティヴにしかトーテムの動物の出てくる、真に大自然のすばらしさを賛えるお話など語れない。ネイティヴにしか、白人アメリカ人によってネイティヴの存在が捏造されたことを皮肉れない。ネイティヴの語るお話は、白人に監視されたり略奪されないできた。ネイティヴの語るお話こそが、ネイティヴにとっての自然な理屈を痕跡としてのこしている。ネイティヴはお喋りだし、抑制されてなどいない。本書

『逃亡者のふり』は随筆である。本書は、ネイティヴらしい自然観の痕を留めている。

わたしの部族アニシナベ族にはナナボズホというトリックスターがいる。『西遊記』の孫悟空と、われらのナナボズホは似ている。『西遊記』はわたしに様々なことを思い起こさせる。『西遊記』は、かつて北米の地にネイティヴがいたことを思い出させてくれる。『西遊記』は、ネイティヴが白人にキリスト教への改宗を強要されたことや、白人に英訳された時にネイティヴのお話が検閲を被ったことも思い起こさせる。そういうわけで、まず『西遊記』と、アニシナベ族のナナボズホが似ていることについて語ることから始めさせて頂くことにしよう。わたしが本書で、五つの随筆をとおしてお伝えしたいことは、次のようなことについてだ。すなわち、ネイティヴの尊厳、白人による学術的な監視や模倣にたいするネイティヴの抵抗、ネイティヴにとっての自然な理屈、ネイティヴらしい生きのこり、ネイティヴの主権の自由な動きまわり、についてである[1]。

中華人民共和国は文学の「教育的機能」をあまりに重視するが、実のところ、それほど徹底しているわけでもなさそうだ。ネイティヴのお話は、白人によってネイティヴの伝統にはそぐわない道徳的なものに訳されてしまったとすれば、中国政府にも干渉されずにすむかもしれない。ところが、ネイティブのトリックスターのナナボズホは、好色で騒々しくて、男性生殖力にみちているかと思うと、自在に性まで変えてしまう。こうなるともう、共産主義共産党の検閲に引っかからずにはすまない。

孫悟空は、トリックスターのナナボズホめいている。中国人に好かれている孫悟空とナナボズホとはどちらも、石や水から生まれた。抵抗を忘れない生きのこりを真髄にして。どちらも、創生やトーテムの動物らしい変身やら、彼ら自身が文学に連綿と出てくることを上手に冷やかす。(2)

孫悟空のお話は、中国が列強諸国に裏切られても人々に愛されつづけ、督軍、布教、逆行、革命といった歴史のうねりも潜り抜け、共産主義の検閲も生きながらえた。ところが、孫悟空のしたたかな類縁といえるナナボズホの口伝はというと、その昔にキリスト教宣教師たちに英訳された時に、教育的配慮とやらから検閲されて、削除される憂き目にあった。あれほど生き生きとして解放的だったはずのネイティヴの文学が、白人の社会科学によって、骨抜きにされてしまったのだ。そうして律儀かつ論理的に英訳されてしまったものだから、せっかくの秘儀的なネイティヴのトリックスターはすっかり精彩を失ってしまい、創造的で開放的な、部族の心に生きているトリックスターという生身の存在ではなく、白人好みのいかにももっともらしい文化英雄にされたり、悲劇的な表象などにされてしまった。

『西遊記』は、キャラクターたちの動作が目に浮かんでくるような躍動感に溢れている。孫悟空はどんどん変身を重ねる。孫悟空の変身はからかいであって、何かの模倣でもなければ、大げさな英雄的なものでもなく、かといって現実世界の表象でもない。中国劇は「人生の表象や模倣というよりは感情や思考を表わす」とジェイムズ・J・Y・劉が『中国文学真髄』で述べているとおりである。劉がいうように「中国劇は、現実の幻想をつくろうとするのではなく、逆に想像が架空のキャラクターや状況をとおして経験を表わそうとする。中国人劇作家は、舞台に乗せられたものが虚構でしかないことを隠そうともしない。だがかえって、あっさりと虚構だと認めてしまうことで、より現実に近いものを舞台に乗せることができるのだ[3]」。

*［トリックスター——トリックスター物語は、ユーラシア大陸、アフリカをはじめ世界各地の文化にも見られるが、北米先住民のほとんどの部族にとっても大切。むろん、部族によって重要度などは異なる。トリックスターは人間とは限らず性別も年齢も様々。合衆国全体ではコヨーテであることが多いがヴィゼナーの場合、カナダにほど近い地域出身であることもあずかり、熊が代表格。トリックスターは勝手気ままで向こう見ずのいたずら好きで、基本的には人々に同情的で好意的だが、突拍子もない行動に出たりトリックを仕掛けたりする。先住民のお話は、単なる娯楽のための猥雑な口承伝承と誤解されがちであるが、部族にとって重要な知恵を語り伝える役割を担っていることも多い。］（*印は訳者注。以下同）

文学批評の観点からみても孫悟空はトリックスターと通底している。ナナボズホは、歴史資料に記されてのこっているような実在人物ではなく、あくまでも架空のキャラクターである。中国人に好かれている孫悟空とアニシナベ族のトリックスターのお話は、どちらも解放的である。ネイティヴのお話に出てくるトリックスター〈石〉のいとこたちは、けっして模倣でも現実の表象でもなければ、悲劇的な終局を表わすのでもない。それどころか、ネイティブのトリックスターは、創造や季節を茶化し、自分たちのネイティヴらしい生きのこりを茶化しまくる。

『中国大衆文学とパフォーマティヴな芸術』でボニー・マクドガルは、文化大革命が「著名な中国人作家のほとんどを容赦なく迫害した」と告発する。文革後に、社会主義における新しい悲劇感覚に応えるようにして、「傷痕文学」なるものが出版されるようになった。「たとえ次世代が育つ余地をつくるためであっても、現存する文化を壊滅させるなどということは、どの時代の誰にとっても大損失であろう」。中国共産党は一部の作家たちだけを優遇したり、新たな才能を発掘する一方で、他作家たちを犠牲にした。「作家は公の批判や罰を受けることに怯えた[4]」。

『共産主義中国における文学的不和』でマール・ゴールドマンはいう。文革による革命的作家の排斥にもかかわらず、「中国人作家の戦いはつづくだろう。弾圧されても芸術と自由のために闘っている自分のような者もいることが分かってもらえる日が来るかもしれない。西洋では創作など革命的でもなんでもないが、共産主義中国にあっては勇敢で強靭でなくてはとても書けない[5]」。

『菊、他の物語』の序文でスーザン・ウィルフ・チェンは、芸術家であり作家でもある馮驥才を、こう紹介している。「彼は、文革の『恐怖の時代』にこっそり書きはじめた」「子孫に自分が味わった『極度の恐怖』を書きのこそうとしたのだ。彼は、大惨事は人の内奥を暴き霊感を与えるので、小説家にとってはむしろ幸運だとすら信じている」。

馮はこうも述べる。「天津を流れている海河は、毎夏、二、三人の水死者を出してきて、親族が引き取りにくるまで水死体が土手に並べられていた。文革時には川では連日のように自殺が相次ぎ、鈎で揚げられた水死体には腰に赤ん坊を縛って溺死した」女性すら混じっていた。時の文学芸術サークルの中国連盟の副議長は、「文学者や芸術家は、人民と社会主義に徹するべき」だと主張して、「恋愛物や絵空事に毒されたり、気が滅入るようなお話ばかり書く、革命に無関心な作家や芸術家たち」を槍玉にあげた。(6)

この二、三年後に、わたしの第二作目の小説『悼む者――アメリカ人孫悟空の中国体験記』が出版された。この作品では、ネイティヴのトリックスターのようでもあり中国人に好かれている孫悟空でもある主人公〈悼む者〉は、南開大学の客員教員という設定である。

天津という街は、過去の有名人、列強から返された土地や、いわゆる影の資本主義、京劇の登場人物の名を冠した通りによって区画化されていた。

主人公の〈悼む者〉は、植民地時代にあったセントルイス、ギャストン・カーンといった街路名の由来に思いを巡らせているうちに、聖ヴィンセント・ポールのカトリックのラザリストが孤児院を開いた大聖堂に興味をひかれるようになった。

両親ともに宣教師の家庭で、ここで生まれたジョン・ハーシーは、この街をこう回想している。

「中国人をカトリックに改宗させたがっていた尼僧たちは、中国人の子供を教会に連れてきた者には賞金を与えたらしい。さらに悪いことに、運びこまれたのが病気や死にそうな子供たちでも、息を引きとるまでに洗礼を施してあげたい一心で、連れてきた者に金を払ったようだ。一八七〇年に、密葬後に、尼僧たちが死んだ赤ん坊の目と心臓を魔術で抜きとるという風評がたったために、四人の男性が首をはねられた。拷問で、自分が子供たちを盗んで大聖堂の会堂番に売ったと口走った者がいたために、町中が騒然となった」。

「愚衆は、のこりの尼僧たちの前でくだんの尼僧たちを全裸にして体を切り裂いた。乳房や目をえぐり、長い槍で刺し、槍で貫いた遺体を高く掲げて、孤児院としても使われていた燃えさかる大聖堂に投げ入れたのだ(7)」。

わたしが中国で客員教授をした体験談をしたい。天津大学では、図書館の数千冊にのぼる英米の文学書は特別なところに置かれていて、作家名も題名も図書館検索カードには載せられていなかった。わたしが教えていた中国人学生たちは分別があったので、興味はあってもその禁断の場所には足を踏み入れたりはしなかった(8)。

そうしてみるとわたしは、図書館で禁じられていた言語と文学を教えるために、わざわざ中国に招かれていたわけだ。わたしの使用教科書を、授業前にもっともらしく、つぶさに検閲できるように、大学側は手間暇をかけて受講生に当日分だけコピーを配布することにした。

そういうわけで、大学の幹部職員二人が毎日、鍵のかかった三枚の扉の奥に鎮座ましますたった一台のコピー機で、粛々と大学側の大義名分とやらを実行した。ひとりが扉をカチッ、カチッと開けていき、もうひとりが紙を入れた。哀れ、学生は秋学期中、暖房も入らない教室でスタインベックの『赤い仔馬』のまだ温かさののこっていた二〜三頁を待ちわびる羽目になった。

わたしにいわせれば、わたしの中国人学生は、共産主義という制度に縛られてはいたが、まるで北米のネイティヴのようだった。学生たちはいわば、古代からの中国の伝統は崩れさり、かといって電子機械に救済されるほどには進んでいない、二つの革命の狭間のようなところに居合わせたことになるだろう。彼らは熱心だし明るかったが、けっして国家をからかったりはしない分別を持ち合わせていて、ちゃっかり、ことばをからかった。アメリカ文学に出てくる開放的な人物たちは、いかにもアメリカ文学らしい、生きのびるための自由な動きまわりを体現しているようだったので、魅力的だったのだろう。だから、学生たちは開放的な登場人物たちの微妙な感情もこめて朗読した。

授業では次にジャージー・コジンスキーの『ビーイング・ゼア』を読んだ。この小説の第二文は「チャンスは庭にいた」である。この小説のトリックスター的な主人公の名をチャンスという。彼は、ある邸宅で召し使いの息子として生まれて戸籍登録されておらず、市民権もない。チャンスは、テレビをとおしてだけ外界と接しながら大きくなり、ごく自然に、庭師になることを学んでゆき、長じてはチャーンシー・ガーディナーという名の庭師になった。

ある時、合衆国大統領がチャンスの働いている屋敷を訪れ、チャンスが召し使いだとは知らずに、今の株式市場の「悪い季節」について君はどう思うかねと訊いた。チャンスは庭には季節がありますといって、こうつづけた。「春と夏だけでなく秋と冬もあります。春や夏はまた巡ってきます。なんでもうまくいってきたのですから、根こぎになっていないかぎり、これからだって大丈夫ですよ」。こういった、庭師のチャンスが使う市場の隠喩は、大統領の耳には「さわやかで楽観的」に響いた。そして「自然界のように、わが国の経済も長期的展望にたてば、安定しているばかりか、理にかなってすらいるのだ。たとえ今、一時的に翻弄されていようとも、なーに恐れることはないさ」と思えてきた。たしかに、資本主義についての、このような心なごませる庭の隠喩であれば、中国の検閲に引っかからずにすむだろう。

今にして思えば中国でのわたしの客員教授としてのチャンスも、この主人公チャンスに負けず劣らず素朴きわまりなかった。毎日、例のコピーは配られていたが、ある日コピー機が故障して修繕にどのくらいかかるかは分からないと言われた。わたしはおめでたいことに、てっきり遠くから修理屋が来るのだろうと思っていた。ところが、お偉方のための複写はつづけられていたのだから、故障というのは嘘っぽかった。にもかかわらず、すべてがなにもなかったかのように平然と行なわれたことはいうまでもない。授業では『ビーイング・ゼア』の九〇頁までしか進めずじまいだった。

チャンスという人物に政歴がないことが、かえって副大統領にうってつけだと考える者がいた。わたしにはこの主人公はトリックスター的だと思われるが、そのことは措くとして、先述のようにチャンスは、マスコミや政治家やスパイに追いまわされた。だが、彼の名は公には登録されていなかった。屋敷の流儀を身につけたチャンスは、慎重に選んだ隠喩を使いながら庭について話していった。だが、彼は人を疑ってかかったりはしなかった。ある場面では、白髪まじりの男性がこの天真爛漫な副大統領候補者を誘惑してきて、「チャンスの目をじっと見て、荒々しく手を相手の腕に滑りこませて押しつけたかと思うと、『チャンスだ、上の部屋に行こうよ』と囁いた。……男はチャンスの首と頬に口づけをして、くんくん嗅ぎながら髪を掻き乱してきた。チャンスは、どうして相手がそれほど好意を示してくれるのだろうかと狐につままれた」。テレビで観たどの場面にも当てはまらなかったから分からなかったのだ。男が手を伸ばしてきて「押し黙ったまま、勃起した性器にチャンスの靴の底を押しつけても、チャンスにはどうして男が服を脱いでいるのだろうと、タダただ不思議だった[9]」。

おそらく係の中国人職員は「勃起した性器」といった箇所を目にして、コピー機が壊れたといったのだろう。というわけで、教室に温かい頁は配達されなくなった。そこで、検閲はもうたくさんだということになり、のこりの授業ではちゃんと政府のお墨つきの、北京の外国語出版局が出している中国文学短編集を読むことにした。この選集の所収作品には、中国人作家が勇気を振り絞って書いただろうとしか思えない過激な、つまり共産主義の教育にはふさわしからぬ「傷痕文学」も混じっていたのだから、笑ってしまう。庭の隠喩を操って喋ったチャンスのように、こういったお話のからかいは、とらえどころがない。

ベアハート変身

わたしのトリックスター小説『ベアハート――相続をめぐる年代記』で、語り手のセントルイス・ベアハート（〈熊のハート〉）は、序文で読者にまずこう警告する。「今、熊がわたしのなかにいる。政府の寄宿学校*や、理想世界への邪悪な道を行く相続年代記であるこの本を書いてからというもの、熊の血と熊の深い声が、こんなにわたしを突き動かしたことはない。聞け、ハッハハッハッハ」。

*［寄宿学校――先住民を白人社会に同化させるため、何年も親元から離して寄宿させ、キリスト教、英語等を教えた。］

「『ベアハート』は危険だ。読者がそれまで先住民らしさについて、どのような既成概念を持っていようと、後生大事にいだいてきたそんな信念など、ぐらつかせられかねない」と、ルイス・オーエンズ*は後書きで述べている。(10)

*［オーエンズ――チョクトー族、チェロキー族や白人の血を汲む先住民作家で、ヴィゼナーとは親交が深い。現代活躍中の先住民作家のほとんどがそうであるが、混血で、詩から書き始め、小説や随筆、批評も書く。］

出版時の一九九〇年といえば、まだこの小説が『シダーフェアー・サーカス』と題されていた。作品冒頭で、その夏ニクソン大統領が辞任表明をしたことが描かれているとおりで、カーターが大統領候補だった頃、ソール・ベローがノーベル文学賞を受賞した頃のことだ。ニューヨークではわたしの小説第一作の原稿がマネージャーの手に預けられていた。

ところが『ベアハート』の原稿の写し二部が失くなった。『ミネアポリス・トリビューン』紙の編集者が大手の出版社にいる知り合いに送ってくれていたわたしの原稿を、出版社が紛失したというのだ。トラック出版社は、この作品を二年後に『セントルイス・ベアハート』と改題して出版した。だが、当初の植工たちは一一、三章まで工程を進めたところで、作品が「卑猥で暴力的すぎる」ので作業をつづけたくないと突っぱねたのだ。(11)

当時新聞記者をしていたわたしが、自作について公の場で語る羽目になったそもそものきっかけは、招待されたからではなく、地域大学でこの小説を教えようとした友人のオーエンズに義理立てをしたからだ。教官のオーエンズにもトリックスター小説の作者であるわたしにも、学生たちは食ってかかった。学生たちは新たな検閲官である。困ったことに彼らは、小説とは現実を映すものだと信じ込んでいる。だが、わたしにいわせれば、この世でネイティヴにとっての現実としてまかりとおっているものは、じつはネイティヴなどでなく、ただのインディアンの模倣でしかない。つまりネイティヴの模倣であるインディアンにとっての現実でしかない。そんなものは、まさにわたしが自作では避け、脱構築しようとしている、逃亡者のふりでしかない。わたしはまず学生たちに、『ベアハート』に現実的な暴力があるかと訊ねた。そして真実でないもの、つまり彼らが金を払って映画館で観たり、テレビや新聞でも目にしたことのないようなものが、はたして書かれているかねと、詰問した。

たしかにわたしの小説では熊たちは自慰行為をする。だが、そんなありふれたトーテム的な歓びに、いちいち目くじらをたてることもないだろう。しかも出てくる熊は、わたしの部族が祖先として崇めるトーテム＊としての熊なのである。出てくる熊は、ネイティヴの主権を表わす。熊がお話でもあるのだ。熊は現実を表わす。ただ現実を表象するのではない。熊を狩猟で絶滅させた白人こそが、正真正銘の暴力をふるったはずだ。熊の出てくるネイティヴのお話は英雄的な冒険物語である。ところが白人は、自分たちこそ動物の絶滅を引き起こした元凶であるはずなのに、絶滅してゆく熊をかわいそうがって美しく表わしたがる。また、白人は恐怖や拷問を模倣して、受け身の娯楽としての痛みを模倣する。トーテムの熊を検閲する白人こそ、よこしまな科学文明の申し子だ。たしかに熊の登場するネイティヴのお話は一見、非現実的に映るかもしれない。しかし、だからといって検閲までしなくてもよさそうなものだ。トリックスターの出てくるネイティヴのお話よりも白人の掲げる教養こそが、よほど破滅をもたらすし、また、白人の近代主義や文明の美名のもとに集められた歴史資料の方がよほど、暴力的で野蛮な迫害ではないのか。

＊［トーテム――部族や支族に縁がある動植物、稀に無機物。先住民はトーテムを部族や支族の始

祖として崇拝する。トーテムが人間を守護してくれるとも考える。」

かつて中華料理で熊の手は逸品だった。(12)献立表に載せられた珍味としての熊は、熊が害を被った証であり、白人の流儀にかなったものでこそあれ、トーテムらしくも人間めいてもいない。珍味とされてしまったならば、トリックスターのお話にトーテムとして出てくる熊とは無縁なのだ。それなのに、ネイティヴの流儀にしたがって熊としての人間をトーテムとして表わし、官能的な人間として熊を登場させるわたしの作品のようなものが、検閲の憂き目に遭おうとは、一体どういうことだろう。

わたしの『ベアハート』の主人公セントルイス・ベアハートは連邦政府のインディアン局の相続課に勤める老小説家である。彼は、その昔、先祖のネイティヴが白人と結んだ条約にのっとった、まっとうな土地相続者たちだった、死んだネイティヴたちの名前に入り込める。その課で保管されていたのは、公の記録であったにもかかわらず、内務省の管轄下におかれていて未公開のままだった。わたしはベアハートが、ネイティヴの先祖たちの名前に入り込んで、この小説も書いたという設定にした。「闇が熊の震え、骨髄のなかでうずく」とベアハートは語る。彼は、自分のいる局へ武装侵入してきた先住民女性と、次のようなことばを交わす。

おじいさん、どこから来なすったのよ。

聞けよ、ハハハ。

人種のことで馬鹿なこと考えてるのね、と彼女。
トリックスターの解放さ、と熊は答える。
変てこな人。
熊はわれわれの体でなく、記憶を見るんだ。
おじいさんったら、今は誰の声で喋ってんのよ。
熊のさ。
彼女は唸り、震える。
ベアハート、ハハハハ。
おじいさんの書いた本って、なににについてなのよ。
セックスと暴力さ。
あたしに相続記録を見せてよ。

わたしはその一二年後に改訂版として『ベアハート――相続をめぐる年代記』を出した。ミネアポリス大学出版の年配の編集者テリー・コックランは、契約先の印刷所が作品に抗議して、新版を出したがらないのだといってきた。こうしてミネアポリス大学出版はトリックスター小説『ベアハート』の検閲を優先させたので、わたしとの他の契約も棒に振ることになった。いやはや、こんなもっともらしい検閲は、なんとも末期的な教義ではないか[13]。

授業の担当教員ルイス・オーエンズはいう。「先住民小説についての授業の受講生が、学部長に抗議したこともあった。『ベアハート』を教えることはますます危なくなってきた」「抗議をしてきた三人とも南カリフォルニア育ちの混血先住民で、先住民の窮状は分かっていたはずだった。彼女たちですら、小説のユーモアのとてつもなさに、たじろいだわけだ。たしかに作品の先住民には、性的暴力をふるうだけでなく性転換する者までいる。おまけに彼らは、勇敢でも臆病でもあり、寛容で禁欲的かと思うと貪欲で好色で、とらえどころがなかった」「『ベアハート』は、恐れていたとおりに狂ってしまった近未来世界を描いている。混血先住民の道化たちが巡礼をする、ポスト黙示録的な寓意を描いたトリックスター物語だ[14]」。

わたしは現在、カリフォルニア大学バークレー分校の比較民族学部で教鞭を執っている。学部のオフィスの外には教員の学術業績陳列のケースがあって、学術促進のために近著を携えた教員の写真も掲げられることになっている。ご多分に洩れず、わたしの写真と『影の距離――ヴィゼナー読本』も二～三か月間飾られていた[15]。

ところが、時の学部長イレイン・キム＊はこの本の表紙をはずすように命じた。「女性の裸体によるセクハラには反対です。メディアが女性の裸体――男性の裸体もですが――を見せるのには、うんざりしているのです」と、『デイリー・カリフォルニア』紙に述べている。

*〔キム――アジア系の有名な人種批評研究家。〕

『影の距離』の表紙はドイツの芸術家ダーク・ゲートラーの絵画である。絵の右手には『ベアハート』からとったトーテムやトリックスターを表現主義的に合成し、作家であるわたしがいて、熊の前にはコノコのトラック侵入禁止の標識がある。両性具有の裸のトリックスターが熊と向かい合って立っている。トリックスターの背にはオメガの文字が、そしてトリックスターの頭上のトラック侵入禁止の標識の下には、新語であるミューラルツの標識。背中にある、終わりを示すオメガ印は、トリックスターの姿を官能的にするためではなく皮肉として配してあるだけだ。雑種犬が熊と作家の間にいて、下の自動車の後ろには「チェロキー酋長」と書かれている。表紙のこういった、どうみても表現主義の皮肉が、匿名の者たちの検閲、批判をうけたというわけだ。

こんな楽しい芸術を撤去しろとは、あまりといえばあまりの抑圧だ。どうやら学部長殿は、憲法でうたわれている民主政治が保証する権利一般について論じたり、それに敬意を払うべき大学教員としての責任感に欠けておられたようだ。ここでも、道義の検閲官とジェンダーの救済者が、流儀や審美眼の専制君主になり下がっている。学部長は記者にこういった。「わたしはその裸体が性を超えているとは、頭では分かったつもりですが、画家の意図はともかく、描かれた姿が女性に見えてしかたがないのです」。

背中にオメガ印のあるトリックスターは後姿を見せているだけで、性器も恥毛も乳房も描かれてい

『影の距離 ── ヴィゼナー読本』の表紙
（原書にこの写真は入っていない ── 訳者）

るわけではない。だから、こういった検閲自体が、まるで両性具有のトリックスターから勝手にいかがわしいものを想像した先の学生じみている。

ゲートラーは幻視を見ることができる芸術家であり、記録主義者ではない。表紙に描かれた変換はあくまでも皮肉であって、現実は表象しない。それなのに検閲官たちは犠牲者然として、あたふたと美的な模倣を引き起こしたというわけだ。

学部長は、陳列された教員の写真や著作の表紙は、「気に入らない人がいれば撤去して構わないお飾りです。表紙は執筆者本人の作品ではないのですから。そもそもこの展示ケースを設けることにしたのは、わたしなのですから[16]」と、『デイリー・カリフォルニア』で抗弁した。

このような検閲は恣意的で、忠実ごかしたり、教育のためだと称するひとりよがりは、ひどすぎる。アメリカはせっかく憲法で民主制を高らかにうたいあげているのに、検閲で、民主制を皮肉なことに覆してしまう。検閲は制度ぐるみの支配だから、民族にかかわろうとかかわるまいと、共存をめぐる大問題として諸大学できちんと議論していただきたいものだ。

思えば、一世紀以上にわたって白人宣教師や社会学者たちは、ネイティヴのトリックスターの道徳や論理性について、知ったかぶりで解釈してきた。わたしが訪れた天津大学は図書とコピーを管轄することで検閲した。間抜けなことにキム学部長は、大学という公的領域にある「お飾り」を封建的に管轄したがったことになる。

美的な弁護

トマス・ジェファソンは、黒人よりも先住民を優遇したがった。彼は奴隷制を非難もした。ジェファソンの言動は、誕生したばかりの合衆国の憲法でうたっていた民主制の諸権利を尊重するものではあった。しかし、さまざまな人種の理性や容貌についてジェファソンに、とりたてて体系だった考えがあったわけではなかった。彼は一七八二年にジェームズ・モンローに、「人は主として自分自身のためにつくられている」という信念を書き送っている。ジェファソンは一三年間公職を勤めて、いったんは引退しようとしたものの、フランス大使、国務長官、第三代大統領を歴任していくことになった。「人は自分の権利が、周りの人たちよりも、否、すべての人を合計したものよりも少ないなどと知ると、とかく不愉快になるものだ。アメリカ人はせっかく自由のために独立戦争で戦ったのだから、権利章典が保証した自由にもとる隷属状態になど甘んじるわけにはいかない」。

いかにも。ここまではジェファソンがいうとおりだ。しかし彼ですら、非白人は理性に欠けるのだと考えて、黒人や先住民の神聖な諸権利をおとしめた。

ジェファソンは憲法草案に不満だった。そのためには五年後の一七八七年に、権利章典を提案した。こうジェームズ・マディソンにしたためているように。「権利章典は、詭弁を弄することなく分かりやすく、アメリカ人があらゆる事柄について裁判に訴える権利を打ち立てるためのものでした。宗教や出版の自由、常備軍にたいする保護、独占企業の禁止、人身保護法の恒久的かつ不断の行使、国の法にではなく地方の法に照らして、あらゆる事柄について裁判に訴える権利を願ったのです」[17]。

このようにジェファソンは、西洋では誰も彼もが先住民を無視していた早いうちから、ネイティヴの存在を初期の自分の日誌に書きつけたという点では、異彩を放つ。まだ、ネイティヴがいないことが、ロマン的な悲劇としてしかとらえられていなかった頃のことだったし、ほとんどのネイティヴ本人たちですら、自分たちがいないことを逃亡者のポーズに変えざるをえなかったような、早い時期のことだった。

しかしジェファソンは、『ヴァージニア覚書』では、「黒人は顔もそれほど毛深くない。肝臓からよりも皮膚の腺からセクリチンをたくさん分泌するので、体が臭い」だとか、「黒人は、悲しがっていてもすぐに立ち直る。内省的というよりは感覚的なようだ」「黒人は記憶力では白人並とはいえ、理性ではははるかに劣るようだ」と黒人を蔑んだ。奴隷解放を願ったジェファソン当人が、そう考えたのだ。

ジェファソンはこうも書いている。「高い教育を受けたり、先進国に住んだことがあったり、外書が身近にあった黒人もいる」「先住民はこういった環境には恵まれなかったが、それでも、そこそこの模様をパイプに刻んだり、動植物や風景を粘土に素描したりするので、彼らの理性は訓練次第で伸びるはずだ。先住民は崇高な雄弁さで、こちらを驚かせたり感動させることもある。理性や感情が強く、想像力が豊かな証拠だ。黒人の方は、まともに話もできなければ、絵や彫刻をつくりそうな気配もない」。

ジェファソンは、こういった人種主義や自分がでっちあげた二項対立が、後になって、今わたしがしているように、後世の理屈や法律に照らしていちいち批判されるのは、心外だろうが。ジェファソンは、こうもいう。「白人は黒人に根深い偏見をいだいていた。黒人はというと、白人に辛酸をなめさせられたり、自分たちが生まれつき劣っていると刷り込まれたり、嫌な思いばかりしていた。こういうわけで、アメリカは、どちらかの人種が絶滅しないかぎり解決しようもなさそうな火種をかかえているようなものだった(18)」。

ジェファソンは「道徳とか経済状態をはじめとして、あらん限りの理由を挙げて奴隷制を批判した」のだと、歴史家I・B・コーエンは『科学と建国の父たち』でジェファソンを賛える。科学者でもあったジェファソンは、おおむね白人、先住民、黒人の、身体のちがいをもとにした人種観を持つようになっていたが、さすがの彼ですら、容貌や肌の色のちがいが奴隷制擁護に使えるなどとまでは、考えなかった。奴隷制撤廃を訴えていたときですら、ジェファソンはロマン的に人種の調和を夢見ていたわけではなかった。

コーエンには、ジェファソンが『ヴァージニア覚書』で先住民を他の非白人より優れているとして、「黒人の能力をけなした」ことが解せない。「ジェファソンの『先住民弁明』をメリル・ピーターソンは、『アメリカの環境を整えるため』の弁護だととらえた。つまりジェファソンは『アメリカは黒人がいるのにふさわしい場』をどうしても想像できなかったので、『黒人の白人との統合ではなく黒人の追放』に傾いたというのだ(19)」。

ジェファソンはたしかにアメリカ合衆国に先住民がいることは認めた。とはいっても、先住民をきっぱり弁護したわけではなく、ネイティヴを、書き物で他の人種と比べて美学的に弁護、表象しただけのことであって、ネイティヴを国家として表象しはしなかった。ジェファソンは、まだ手つかずの自然を多くのこしていたアメリカのために、アメリカ白人にたいして先住民が脅威になりかねないといった否定的な意味で、先住民について述べたのだ。そして黒人とはちがって国家としてアメリカと条約交渉をしたり、時には同盟を組んだりした先住民の部族国家を、アメリカにとっては危険であると見た。そうして、新国家の環境を整えるために先住民を排除することにした。ジェファソン以降、アメリカは連綿と、インディアンを白人の美学的な犠牲者として祭りあげ、そうすることでネイティヴはいないことにしてゆく。

渋々の旅行者

チェ・ゲバラ*はカラカスの回想録にこう書きのこしている。「差別と貧困にあえぐ黒人とポルトガル人。どちらの集団もその日暮らしをしていたが、人生観となるとずいぶん違う。黒人は怠けて空想に耽るのが好きで、うかうかと浮ついたことや酒に散財してしまう。ヨーロッパ人なのでポルトガル人の方は、勤労と貯蓄の伝統を携えて出世しようと意気込んで移住してくる」。

＊［ゲバラ――特にアメリカ大陸の先住民には英雄視されることが多い。キューバ革命でも活躍。］

ゲバラが『バイク日記』を書いたのは、ジェファソンが『ヴァージニア覚書』で黒人について書いた一世紀後のことだ。二人とも似たような人種観を持っていたが、先住民がいると考えるかどうかとなると異なっていた。ゲバラは「洗濯をする習慣がないために他人種に嫌われていた黒人は、ポルトガル人という白い奴隷が侵入してくるのを手をこまねいて見ているしかなかった。今では、これら太古からの人種は、ささいないがみ合いをしながら暮らしている」。ゲバラは、アルゼンチン、チリ、ペルー、コロンビア、そして最終地点カラカスを廻った旅行記を書いた。

インカの遺跡があるペルー南部のクスコでは「幾世紀も蓄積した塵が道を蔽い、まるで泥の湖の底をかき混ぜたように、まるで雲のように」鮮やかに古代インカを立ち上がらせる。

ネイティヴの古代帝国であり、「世界のへそ」とまで賛えられたことのあるクスコ。「非識字のスペイン人征服者に壊された砦で、廃虚にされた寺院で、略奪された宮殿で、今も、殺されたインディアンの悲しみの声がする。このクスコが、インカを守るために武器をとれと、こちらに誘いをかけてくる」「調和が、細い道が、民俗衣装をまとったインディアンが、氾濫するような鮮やかな色までもが、スペインによって壊され、バロック様式の教会のキューポラだらけにされたクスコ」、「このクスコが人を、鉛色をしたきれいな冬空の下で表面だけをちらちら見て楽しむしかない渋々の旅行者にする」。

クスコの街は「この地方をスペインの名のもとに征服した兵士たちの不屈の勇気を目のあたりにした。街中に、スペインの記念碑、博物館、図書館、教会の装飾があり、白人に征服された痕が刻みこまれている」。クスコに限ったことではなく、植民地支配を記念碑としてとどめる街はいたるところにある。

「クスコはわれわれの想像力を掻きたて、屈強な馬にまたがった鎧姿の白人が、あまりに無防備な裸のインディオの群れを蹴散らし、インディオたちが自分たちの身体でつくった壁を、われわれが疾駆させる馬の蹄で崩す様を思い浮かばせる」ともゲバラは書いた。

『バイク日記』は、ゲバラの旅行記の写しを彼の死後に妻が編集、出版したものだ。アルゼンチン、チリ、ペルー、コロンビアの歴史、土地、民俗、文化の、表現主義的な旅行者の随想や、歴史が描かれている。

しかし、ゲバラはその古代のネイティヴの都市で、少なくとも、あとふたつのことを想い起こすべきだった。クスコのネイティヴのお話と、ネイティヴらしい価値観とを。自然な、あのネイティヴ独特の感覚と、あの強烈な季節感を。つまりゲバラはインディアンではなくてネイティヴをこそ喚起すべきだったのだ。彼はその地の先住の民のネイティヴらしい生きのこりをほのめかす感覚をこそ、思い起こすべきだったのだ。ネイティヴの先祖たちがのこしたお話が、現在生きているネイティヴの存在を現実のものとしてくれていることをだ。ところが、ゲバラをはじめとする渋々の旅行者たちときたら、インディアンを模倣として描くだけ、季節もただ美しく描くだけだ。

私にいわせれば、インディアンとは、ネイティヴがロマン的にいないことだ。だが、小文字のインディアンという呼称が、ゲバラの旅行記ではうんざりするほど出てくる。「インディアンはもう不毛の地で働いていなかった」とか、「純血のインディアン学者」が博物館をつくったとか、川辺で「蛮族を見つけたければ奥地まで入り込まなくてはならない[20]」などと。

ネイティヴの意味合い

ことばはどんどん変化するにもかかわらず、辞書は対応しきれていない。ために、人種や文化を表わす呼称や表記には問題がある。たとえば「一九二〇年代には、現在と同じような抗議運動があり、アメリカ国内でニグロという語の頭文字Nの大文字化を強制した。また、本人が黒人でないかぎりはニガーという語を使ってはいけないことにした」と、『英語の謎を解く』でロバート・バーチフィールドがいう。一九二〇年代には「辞書もたいそう攻撃された。新聞でもニグロの大文字の頭文字を用いてくれたら、辞書編集者としてはNegroと掲載しやすくなり、幸甚である[21]」とも。

しかし一九二〇年代の新聞編集者は、ネイティヴ・アメリカンのネイティヴの頭文字を大文字にすることは検討しなかった。わたしは『ミネアポリス・トリビューン』の記者をしていた頃は、ほとんどいつもインディアンということばで通していた。しかし、「インディアン」は模倣、支配のための外来語でしかないと考え、わたしは誰よりも早く「ネイティヴ」という呼称を使いはじめた。どうか、辞書では*indian*という皮肉な表記はやめていただきたい。『新オックスフォード英語小辞典』のインディアンの項には、「亜大陸のインド人」「アメリカ先住民すべて」「アメリカ先住民の言語全般」「フィリピンの先住民」などの五つの語義の他にインディアンインクやら、インディアン煙草や、インディアンの道、インディアンの施しをする者といった、三〇以上の連語が載っている。

わたしはインディアンの模倣は*indian*と綴られるべきだと、考えている。本著でわたしはネイティヴと対照的なものとしてインディアンということばを皮肉をこめて使っている。すなわち、Indianは、ネイティヴがいないことを記す。そのためにIndianは、呼称と物語による模倣という二重の意味で、ネイティヴのいないことである。わたしは『永遠の空』で、*indian*を初めて使った。[22] その作品でわたしは、ネイティヴとは新しい人々という意味で用いた。以来、わたしは、ネイティヴは先住民らしい先住民がいることを表わし、対してインディアンは模倣、つまり先住民がいないことを表わす派生語というように、使い分けている。

本書は五篇の随筆である。わたしは、新しい含蓄をこめた次のような造語を使わせていただこう――トランスモーション（transmotion）、ヴァリオネイティブ（varionative）、ペネネイティブ（penenative）、ポストインディアン（postindian）、インターイメージ（interimage）。どれも派生語である。また、わたしは白人の手になる歴史資料で用いられたインディアン（indian）、ソヴェナンス（sovenance）、サヴァイヴァンス（survivance）、といったことばを新しいわたし独自の意味合いで使いたいのだ。たとえば、わたしにとってサヴァイヴァンスとは、能動的な存在としてのネイティヴのサヴァイヴァルのことで、ただ生きながらえるとか、耐え忍ぶ、反応するというだけでは、汲み尽くせない含蓄を帯びたことばだ。サヴァイヴァンスとはつまり、ネイティヴらしい抵抗を忘れないで生きのこるという積極的なものであって、確固とした自我をもつネイティヴがいることを表わす。

＊

＊［本書では、カタカナのままだと混乱を招きやすいので、ヴィゼナーの造語のほとんどは訳して使わせていただく。］

ネイティヴとは逆に、*indian*にはネイティヴの先祖がいない。そのネイティヴの模倣の起源はクリストファー・コロンブスにまで遡る。ネイティヴらしい生きのこりは、白人のアメリカ大陸到来以来、ずっとつづいてきている、ネイティヴにとってはごく自然な、先祖から受け継がれたものである。ネイティヴらしく生きのびることは、白人が押しつけてくる支配、悲劇、犠牲性を拒むことである。

このように*indian*は、ネイティヴの模倣でしかない。このことばはネイティヴのいないことを指し、ネイティヴの現実をずらしてしまう。このような現実の模倣には、実体もなければ、先祖の記憶も、ネイティヴらしいお話もない。ポストインディアンは、インディアンであることを終えて、つまりインディアンというネイティヴの模倣の美的な廃虚などは超えて、自由自在に動けなくてはならない。

わたしのいうヴァリオネイティヴとは、ネイティヴの先祖の不確かな歪曲である。つまりネイティヴらしい主権がはっきりとしないことである。ネイティヴのお話におけるネイティヴの先祖の痕は、われわれネイティヴにとって聖なるものであるが、また、まとまりに欠ける皮肉なものでもある。また、わたしのいうペネネイティヴとは、ネイティヴのふりをする者のことであったり、自分の生き様ではなくただ純血度だとか制度上自分が先住民として登録されているといった先住民との関連を掲げてネイティヴのふりをすることである。

ネイティヴの持つ主権ソヴェナンスとは、ネイティヴの記憶のなかに息づくネイティヴ独特の存在感のことである。また、ソヴェナンスはネイティヴのお話にふさわしいものでもあり、また、ネイティヴのお話におけるネイティヴらしい価値観のことでもある。そして、かつてはあやふやな表現でしかなかったソヴェナンスということばは、本書では主権を持ったネイティヴらしい存在を表わす。つまりソヴェナンスとは、ネイティヴが美的にいないことでもなければ、ネイティヴの犠牲性にこめられたロマンスでもなく、ネイティヴがいることである。

いまひとつのわたしの造語トランスモーションは、創生記やトーテムの出てくる、ネイティヴの見る幻視や、輪廻や、ネイティヴらしい主権のことである。つまりトランスモーションというものは、ネイティヴの心のおもむくままの動きであり、能動的にネイティヴがいるという感覚であり、ネイティヴがあちこちに動きまわることである。積極的なネイティヴがいることを示すこの自由な動きまわりとは、ネイティヴにとって特別の主権のことである。つまり、トランスモーションの示すネイティヴらしい動きまわりとは、ネイティヴらしい生きのこりと直結していて、自然を相互補完的に使うことでもある。つまり、トランスモーションというものはキリスト教のような一神教ではないし、白人流の土地利用でもないし、白人のいうような領土の主権を指すのでもない。ネイティヴらしい生きのこりとは、かつてわれわれの先祖が自由に動きまわって暮らしていたというネイティヴの主権が、かろうじてのこっていることを指す。

逆に、ネイティヴがいないことをしか表わさないインディアンとなると、ネイティヴの模倣である。インディアンとは、白人に発見された者であり、白人に書かれた記録に書きつけられたり、白人による文化研究や監視の対象とされた者のことである。ネイティヴが自由に動きまわり、ネイティヴがネイティヴらしい主権を持っていることとは、相互補完的な関係にあるのであって、どちらかが片方を所有するのではない。

わたしの部族のアニシナベ語に「精神力を持つ」「儀式を執り行う」を意味するマニドークという語がある。このことばは『ミネソタ州オジブエー語コンサイス辞典』でこそ、きちんと「有生自動詞」として記されているものの、それまでの辞書では、主要語であるミニドーやマニトウは「神」や「霊魂」というネイティヴの創生感覚であると、粗雑に記されていた。[23] マニドークは、広義には、精神の動きだとか自由に移動するという意味である。またマニドークは、具体的な物によっては決定されない能動的な精神があることを指す。

この『ミネソタ州オジブエ部族語コンサイス辞典』から遡ること一世紀以上、白人のバラガ司教が『オジブエー語辞書』にこのマニドークということばを載せていた。部族語でのじっさいの発音も綴りもまちまちだったが、バラガ司教はマニトを「スピリット」や「ゴースト」、マニトケを「偶像を崇拝する」と記載した。(24)こういった大雑把すぎる訳は、わたしには、白人のもたらしたキリスト教による先住民支配という歴史をとどめたものだとしか思われない。マニトケは、最近になってやっと、精神力や、存在や、ネイティヴらしい主権の自由な動きまわりのことであると、訂正されている。

ネイティヴの主権は、「たとえ制限つきの権利しかなくても、ネイティヴが先祖から受け継いだものであって、連邦政府に与えられたのではない、ネイティヴの基本的権利である」(25)。その昔にネイティヴが白人と結んださまざまな条約は、かつてネイティヴの先祖があちこちと自由に動きまわって暮らしていたことを示す。白人と交わした条約はまた、主権という近代的な概念が、かつてはネイティヴに与えられていた証にもなっている。白人と結んだ条約は、当時のネイティヴにとってみれば、白人からのたんなる感謝や施しを表わすような悠長なものではなく、じっさいに突きつけられた土地からの立ち退き通告だった。このように、今でこそたしかに、白人との条約はむしろネイティヴの存在、動きまわる習慣、ネイティヴ固有の主権を指すようになってはいる。しかしわれわれの先祖にとって白人との条約とは、譲歩であり、相互補完的なものだった。

ネイティヴの自由な動きまわりは、ネイティヴが白人にみじめに施しをうけることではなく、ネイティヴが白人による支配にあらがうことをほのめかす。自然の理屈というネイティヴらしい感覚や、ネイティヴの存在について語るお話は貴重である。『呪われた部分』でジョルジュ・バタイユが、「便宜を超えた人生にこそ主権がある」と主張するとおりである。「理論的には、働かざるをえない者は必需品を消費する。また、そういった消費がなければ生産そのものも成り立たないだろう。だが一方で、真の主権者は、自分が必要としない余剰生産物までも享受する。そうすることにこそ、その人の主権があるからだ」。

ネイティヴの主権は、自由に動きまわることである。また、好きな時に行きたいところに行けることは、ネイティヴにとっては個人的、トーテム的、相互補完的であって、白人の土地概念のような卑しい境界線を引くことではない。そもそも、せこせこした所有のことではない。バタイユはこういい放つ。「われわれがしているように、未来を優先させるあまり現在を犠牲にしてしまうこと、つまり明日のために今日あくせくと働くのは、卑しい」。ネイティヴを隷属させることなど、誰にもできない。まったくバタイユがいうように、「主権は、将来を優先させたために卑しくも蓄えられた生産物の余剰分割を、今を優先させることによってとり戻す。主体をもつ主権者だけが、まさに奇跡のような瞬間を生むことができるし、また、そのすばらしい奇蹟のような瞬間に値する[26]」。

傷ついた心

わたしが尊敬しているネイティヴらしいネイティヴの先祖、チャールズ・イーストマン。もともと〈勝者〉という部族名であった彼は、長じてはイーストマンとして知られるようになる。イーストマンは苦難の人生をひたむきに送った医者であり、スー族の作家でもあったし、部族の者たちを命名するようになっていく人物だ。イーストマンの父〈多くの稲妻〉は、一八六二年のミネソタでのネイティヴ虐殺＊の四年前に生まれている。イーストマンは一旦は白人に抵抗して死刑判決を下されたが、リンカーン大統領から減刑を受けた。

＊［スー族虐殺――ミネソタの烽起のこと。中西部ではしばらく穏やかであった平原先住民と白人との関係は、これを契機に悪化。］

ところがそうとは露知らず、家族はてっきり〈多くの稲妻〉が死んでいると思い込んでいたものだから、叔父〈神秘的な薬〉は少年のイーストマンを父の仇を討つように育てた。後にイーストマンは自伝『インディアンの少年期』でこう書いている。「先住民は親族や親友の仇討ちを称えた」ので、「叔父はわたしに父や兄たちの復讐を果たせと吹き込んだ」。父〈多くの稲妻〉は三年後に釈放され、ジェイコブ・イーストマンという宣教師となって帰郷し、息子には学校に行くように勧めた。

イーストマンはこうつづける。「父はわたしに文明の服を持ち帰った。わたしは始めのうちこそ白人の服など着たくもなかったが、あいつらが父たちを殺しはしなかったのだと考え直して、身につけてみた」「父は聖書を読み、賛美歌を歌うのを日課にしていた。わたしは朝、銃をもって父のそばにいた。数日すると父はやっと、身支度をしているわたしに、待てと声をかけてくれた」。そうしてイーストマン少年は賛美歌とキリストの名を「おののきを感じて」聞いた。「この改宗は強烈で」、彼はチャールズ・イーストマンになったのだった。「秋になると父たちが、白人と暮らしたサウスダコタのフランドローに行った。こうしてわたしの野性的な半生は終わり、就学時代が始まった」[27]。

イーストマンはまずミッションスクールで学んだ。一五歳でスー語しか話せなかったのに、一八八七年にダートマス大学で理学士の学位を取得。二九歳頃には英語に堪能になって、ギリシア、フランス、ドイツ語も学んでいた[28]。そしてボストン大学で学びつづけた。

彼はボストン大学の医学博士となってサウスダコタ州パインリッジ・インディアン局に医者として赴いた。一八九〇年一二月二九日ウンデッド・ニー虐殺*の、わずか二ヵ月前のことだった。

*［ウンデッド・ニー虐殺――一四六人が、ネイティヴに力があった古き良き昔を偲んでゴーストダンスを踊ったために合衆国政府軍第七騎兵隊に、女性、子供も含む三百人程が虐殺された。三世紀にわたった白人による先住民殺戮の最終頁とも言われる。］

居留地の教師たちの指導主事をしていたエレン・ゴデルは、この大虐殺時にイーストマン医師と出逢った。その日のウンデッド・ニーは雪に覆われていて、イーストマンはわずかな残存者の手当に一心不乱だった。クリスマス気分など吹っ飛び、飾りは取り除かれ、教会は病院と化した。後にイーストマンとゴデルはこの歴史的な大虐殺の恐怖について講演をしたり執筆した。半年して、二人はニューヨークで結婚した。

数年、医者として働き、イーストマンはYMCAでのネイティヴのための企画指導やボーイスカウトにかかわるようになる。しかしなんといっても生涯をとおしての彼のネイティヴへの貢献の最たるものは、最後に携わった命名の仕事だっただろう。彼は連邦政府による「土地割り当てや現金をめぐる交渉で、きちんと権利を主張するために」は、ネイティヴには姓名がいるとの英断から、「先住民にも受け入れやすく、かつ白人の立法制度にものっとった姓名をつけることを自分の使命」だと考え、〈名づける者〉と呼ばれるようになった(29)。

このように、まず往時の戦士〈多くの稲妻〉が刑務所でキリスト教の宣教師になり、父に影響を受けて息子チャールズ・イーストマンは、ネイティヴの宣教師や教育者として活躍し、また、傷ついた心をいだきながらもネイティヴらしい価値観をとり戻した医者として、父とは別の領域ながらも、彼なりの改宗者となったのである。イーストマンはあの虐殺の恐怖を、あえてネイティヴの勇気と生きのこりとして、とらえ返した。つまりネイティヴの不在や回避ではなく、ネイティヴの存在感こそが、彼にとってのごく自然な理屈であり、自分のネイティヴらしさの源だった。社会的地位の高い医師でありながらも彼は、ネイティヴの見る幻視や、記憶や、トーテム的な創生を誰はばかることなく表わした。だからこそわたしは、イーストマンの自伝は、ネイティヴの犠牲などではなく、ネイティヴらしい生きのこりの証となっていると、心打たれるのである。

イーストマンは、かつては部族社会からははじき出され、戦士としては腰抜けと蔑まれたりもしたが、じっと耐え、長じては虐殺の残存者の治療に当たった。彼の見たトーテム的な幻視や改宗や心の傷は、イーストマンに悲劇の感覚を叩き込んだ。思えば、ネイティヴにとって悲劇的な叡知とは、創生と好機の恍惚のことである。

わたしはニーチェのいう悲劇的な叡知は、ネイティヴらしい生きのこりと結びあうと考える。『ニーチェの政治思考』を書いたマーク・ワレンがいっているように、ニーチェはこう考えた。「悲劇的叡知によってこそ、人は行動、自我、責任にたいする良心をとり戻せる。悲劇的叡知は、感覚全般における歴史的な存在としての運命を肯定すること、つまりは運命愛によってしか、もたらされえない」。わたしは、ネイティヴの好機と生きのこりの感覚とニーチェがいうディオニュソス的な運命愛は、似ていると考える。どちらも恍惚を伴う創生の隠喩であると考えている。ワレンもこういうように。「ニーチェは、悲劇的叡知を、個人の力が世俗的な条件に影響されることに気づかせる知恵であると規定した」「悲劇的叡知は、人間の条件が歴史に左右されることを受け容れることとかかわる」(30)。

ニーチェは自分の「永劫回帰」思想に、さぞご満悦だったにちがいない。わたしにはニーチェのいう永劫回帰は、ネイティヴの名前やトリックスター創生記の普遍性と通底していると思える。『悲劇の誕生』でニーチェは、「わたしこそが真の悲劇的な哲学者だ」と述べた。「わたしだけが、自身の核となる経験の寓意や類似を、歴史と重ねることができた。だからこそわたしには、人に抜きん出て、すばらしいディオニュソス現象のことが分かったのだ[31]」と。このことばは、ネイティヴらしいネイティヴの自負としても響くのではないだろうか。

つまりこういうことだ。ネイティヴの自己の核をつくる根源や存在感は、なんといっても幻視（ヴィジョン）である。幻視は、家族についてや共同体について、はたまた自分とは対照的な物や、国策についてなど、じつに多岐にわたる。ネイティヴにとってはあまりにも貴重である幻視は、ネイティヴが自分が存在しているという個人としての感覚を皆の前で語ることだ。その際、ネイティヴが自分であることの根幹をいつも、好機やネイティヴらしい生きのこりとして表わすことこそ大切なのである。

イーストマンは、ネイティヴの道徳的、倫理的な価値について書き、じつは不在でしかない主権としてのインディアンを逆に模倣して返した。自伝でこういっている。「しっかり訓練された先住民の子供はたいして夜泣きもしない」「部族虐殺の時、わたしは四歳になったばかりだった。命からがらカナダのブリティッシュ・コロンビア州に逃げたことを、家族全員が今でもはっきり覚えている。白人から牛のくびきと荷車を盗んできた。……牛がゆったり歩を進める間、ぼくたちは高い荷車から跳び降りて遊んだ。兄たちがすぐ上手になったので、ぼくもこわごわ跳んでみた」。それが「文明の乗り物の初体験」だったが、彼はそんなものはありがたがらず、旅を終えて荷車を捨てたときは清々したという。こうもいっている。「先住民は忍耐も団結心も強い。食人部族を別にすれば、先住民はどの文明人にも負けないくらいに他者愛が強いだろう」「白人は、餓死するよりは仲間を殺してでも食べるというではないか。先住民はそんなことは絶対にしない[32]」。

イーストマンのこういった姿勢こそが、ネイティヴらしい忍耐と生きのこりなのである。イーストマンの生涯は、先住民にとって名前とはなにであるかについて、また周りとの絆はどうあるべきかについて教えてくれるし、またネイティヴの偶発性における存在感、そしてネイティヴの自己成型についても教えてくれる。彼の生涯は、ネイティヴがみじめな犠牲に堕していくようなお話ではない。イーストマンのネイティヴとしての自負こそが、ネイティヴらしいあっぱれな創造なのだ。ネイティヴの自己は、ただ本質的なものであったり、生まれながらに内在しているようなものではない。ネイティヴの自己は、経験によって培われるものであり、お話を生む土壌となっている。

『物語と自己』でポール・カーヴィはいう。「人は、いくら自己の基となる主体を求めようとしても、せいぜい、自己の存在が推察はできても論証はできないのだという神秘主義に陥ってしまうか、どうあがいても無駄だろうと、懐疑的になるのが落ちである。このことを、歴史が教えてくれる」「自己とは、ことば以前の所与のものでもなく、またただことばを道具として用いるものでもない。自己とはことばによって構築された物語である[33]」。

ネイティヴらしい生きのこりはネイティヴがいるという感覚である。とはいえ、ネイティヴの真の自己は、あくまでも当人が見る幻視を基にしている。ネイティヴらしい自己は、皮肉な意識であり、またトリックスターの放つ辛辣な皮肉である。真の自己の語るお話は、オリジナルをからかう。『差異と主体』でフランシス・ジャックがこういうとおりだ。「自己は自己把握も自己表現もできないだろう」「驚くべきことだが、もはや、力のある主体として意識下にいるのが自己だとはいえない。かといってこの世で客体として知られている自己像を受け容れることもできない[34]」。ネイティヴの自己とは、お話であり、言説の痕跡であり、自分の存在にたいする揶揄である。

フランシス・カーツネンはいう。「からかいは社会を制御する大切な手段だ。スー族の子供たちは、嘲られないためなら歯を食いしばってなんでもやる」。

ウンデッド・ニー虐殺の一〇年後にイーストマンは、同州のクロークリーク居留地に医者として赴いた。ところが、そこのインディアン局の職員が「イーストマンが騒動を起こそうとしているとか、スー族と部族語で話すとか、高慢だとか、怠惰で好色だとか中傷した。今に始まったことでもなかったので取り合わないようにしていたイーストマンだったが、辞めざるをえなくなった[35]」。

ネイティヴらしさとは、ただ名目上のものではない。現に社会には、支配機関をそそのかして扇動する、理論をかざしたもっともらしさやら、歴史的な特殊状況というものがある。たしかにネイティヴは何世紀にもわたって白人に寸断され、追放され、条約を盾にした強制移住や掃討に耐えてきた。しかし、せっかくのネイティヴらしい生きのこりにまつわる悲劇的な叡知ですら、白人の学者によって美しいだけの犠牲にすり変えられてきた。北米で、痛々しい記憶や憂慮をもっともこうむったのは、なんといってもネイティヴだ。合衆国では近代主義者のいう「アイデンティティ危機」といえば、エリック・エリクソンを思い浮かべる。エリクソンによれば、第二次大戦の復員兵たちは「アイデンティティも歴史的な連続感」も失ったが、復員兵でなくとも「内なる戦争ともいえる葛藤を抱えて苦しむ若者も、同じくらい混乱していることを知った」。(36)

わたしは「激動の一九六〇年代」の若者たちに見られるこういった現象は、居留地のネイティヴの生徒たちにも当てはまると考える。国立先住民寄宿学校の惨状を暴いた議会による調査を見てみよう。一九六〇年代末には、ツバ市の寄宿学校では千人を超えるナバホの生徒が学んでいた。当時、先住民教育委員会の委員もしていたウォルタ・モンデール上院議員＊が、アリゾナとニューメキシコの辺鄙な居留地の学校を一緒に視察しようと、ミネアポリスで新聞記者をしていたわたしを誘った。ツバの寄宿学校とラフ・ロック・ナバホ・デモンストレーション学校の生徒と比べると、ツバにはナバホ族の教師は二人しかいないのに、ラフ・ロック校では教職員の半数以上がナバホ族だった。ラフ・ロック校は、インディアン局が設立し、六六年にナバホ族に譲られた学校で、われわれの訪問時には開校三年目であった。そこの生徒は、まず母語を学習してから英語を学ぶことができた。

＊［モンデール――後の副大統領］

心理学者カール・メニンガーも当時、子供にとっていかに母語が大切かを指摘していた。「その子供とは異なった人種、習慣、社会的地位の人々のなかに子供を放り込んで、その子の母語は良くないとか肌の色が白くないとほのめかすだけでも、アイデンティティ形成はうまくいかない[37]」。

歴史研究や、居留地という悲劇的な廃虚に囲い込まれているネイティヴの子供たちのこうむった「アイデンティティ危機」は、現在のネイティヴに、自分たちには先祖などいなかったのだという危機感を掻きたてているようだ。白人はすでに十分に現実に受難者であるネイティヴを、学術的にも、近代好みの美しい犠牲者に仕立てようとする。傷口に塩をすりこむようなまねをして、ネイティヴの子供たちの危機感を煽るのだ。

『多元文化主義』でチャールズ・タイラーは、「自己は主に、他者との対話によって培われる」という。タイラーによればネイティヴの若者は、白人にとっての他者性や、自然に近い存在だとかいわれ、白人による支配の模倣を帯びさせられたインディアンと「対話」することで、自己形成する。幾世紀ものあいだネイティヴは、ネイティヴらしい価値観、抵抗、存在の皮肉、名称や歴史や主権をめぐる意思疎通といったものと、対話しつづけてきた。ネイティヴはそういったものと自分がどう折り合えるかについて考えてきた。「ネイティヴにとって自分が誰であるかは、自分が周りの人たちに認知されるかどうかによっても左右される。他者として誤認されて、まちがった自己形成をされてしまうことも、ままある。そういうわけなので、周りにいる人たちが、自分の不自由さやみじめさを映し返す鏡のようでしかなければ、ネイティヴは傷つく。否認や誤認は、おそろしい抑圧であって、その人の存在そのものを誤ったり、歪んだ卑少なものにおとしめかねない[38]」。こう考えてくると、ネイティヴをインディアンだと誤認するなどということが、いかにネイティヴを抑圧し、誤った自己同一性の牢獄に閉じ込めることでしかないことが、お分かりいただけることだろう。

第一章　ネイティヴのふりをする者の噂

第二の自然

ネイティヴが、北米大陸についてのお話を語る。われわれネイティヴが、ネイティヴにとって自然な理屈の痕を留めている。ネイティヴが自分たち自身から独創的で美しい逃亡をつづける。ネイティヴ本人だけが、自分たちらしい生きのこりについて語れる。ネイティヴ以外の者にネイティヴの生きのこりのことを語ることなどできない。ネイティヴは次のすべてについて語る。つまり季節や杉の薫や、ネイティヴの夢の名前や、かつてシャーマンがいたというかすかな痕や、ネイティヴの主権について語るのである。

その昔、ネイティヴの部族国家は、白人の列強諸国に抵抗したり、条約を結んだ。しかし条約締結時代が過ぎて状況が一変した。*後は、ネイティヴは、文学や歴史から掻き消されたくない一心で、自分たちが存在しないふりをするしかなかった。われわれの先祖はそうして潜伏してでも白人の支配に抗った。こういったところに、ネイティヴらしい先祖がたしかにいたことが窺える。ところが、憲法では民主制をうたっているくせに白人アメリカ人は、ネイティヴの先祖がこのように、かろうじてネイティヴらしく生きのびたことさえ臆面もなく否定してかかる。そうして白人は、今も昔もネイティヴなどいなかったというように、歴史をすり替えてきた。白人は、たとえネイティヴらしいネイティヴが過去にいたことは認める場合でも、ネイティヴはただの犠牲者としてしかいなかった、そんなことにしたのだ。

*［条約締結時代は、実質は、先住民強制移住をめぐる論争中の一八二八年頃まで。正式には連邦議会が先住民に条約締結する権利がないことを宣言した一八七一年まで。ただ、一九一四年まで、例外的に連邦政府との間で結ばれた条約もあった。］

というわけで、ネイティヴらしいネイティヴの先祖たちが、わたしを憑き動かしてこの随筆（エッセイ）を綴らせている。

まず、随筆というかたちについて考えてみたい。随筆とは、抵抗であって、むやみに過去を重んじたりはしない。随筆は調停されることを拒む争いである。随筆は、分離でもなく、不在でもなく、支配の流儀の命令でもない。そうではなく随筆はネイティヴらしい生きのこりと主権をとどめている。

気ままなので随筆は、冒険や創生をからかう。カナダにほど近い地に住むアニシナベ部族は、屋内に閉じ籠る冬にしたたかなお話を語って過ごすが、そんなお話も随筆のようだ。随筆は近代主義者の考えるような直線的に時が進む歴史観とは無縁である。ネイティヴの手になる随筆は、ネイティヴらしい生きのこりや主権を窺わせる。

随筆は、どうしたって創生をからかわなくてはならない。随筆はネイティヴと相性が良い。ネイティヴは随筆で、自分たちが自然界と調和しており自然と近しいことも示さなくてはならない。ネイティヴは随筆で白人を皮肉りのめさなくてはならないし、白人の近代主義や社会科学の示すお手本など拒み、インディアンはいるがネイティヴはいないなどとほざく言説をも覆すべきなのだ。ネイティヴの手になる随筆は、決して従順でもなければ、ただ白人と先住民との力関係の転倒を狙ったものでもない。白人文化へ同化したという見せかけだけでもない。ネイティヴの先祖が白人に支配されるようになった過程を表わすのでもない。白人の掲げる科学万能主義にネイティヴが取り締まられたことを書くのでもない。そうではなく、ネイティヴの書く随筆は、皮肉でなくてはならない。われわれの書く随筆は先祖がネイティヴらしく生きのこった痕をとどめていなくてはならない。

『文学論集』でテオドール・アドルノがいうように、随筆は「修辞的で」、「意思疎通するための」もので、しかも調停されていない。また随筆は、「まさにその自立した提示方法ゆえに、科学や学術ではないがしろにされている意思疎通をしようとした痕をとどめている」「随筆は、文化現象を格下げするどころか、あたかもそうすることが随筆の第二の自然、第二の直接性でもあるかのように、文化現象にどっぷりと浸っている。随筆は、直接性の幻想を否定して、そのような幻想を超えようとする」[1]。

わたしはアドルノを引きつつ、随筆の「第二の直接性」は、抵抗、ネイティヴらしい生きのこり、ネイティヴの主権の痕をとどめていると申し上げたい。わたしが使っている「第二の自然」は、歴史を見直して過去にネイティヴの先祖が味わった恍惚を蘇らせようとするものである。ネイティヴの過去とは、ネイティヴの創生にまつわるお話と伝統文化が息づいていた、白人との接触以前の古き良き昔のことである。われわれネイティヴは、白人によって「間違った社会」がつくられてしまったと、文学で主張すべきである。われわれは白人によって、ネイティヴはいないとされ、アメリカ文化の周縁に押しやられてきた。われわれは白人文化とは距離をとるべきである。われわれネイティヴの超越は、母なる大地という神話のような広く行き渡っている物象化されてしまった考えも換喩する。

そうなのである。ネイティヴの語る創造をからかうお話や、ネイティヴの部族名は、いわばわれわれの存在の影だと考えてよい。この存在の影は、自動詞的で、ネイティヴのお話における自由な動きである。たとえばわたしの部族が口で伝えるアガワテセとは、飛ぶ鳥の影のこと、つまりお話に存在しているネイティヴの自由な動きのことだ。アガワテセは鳥の実体を表わす無生自動詞である。このようにネイティヴの存在感は、これまで白人に有神論的に発見されてきたことや、同じく白人の社会科学や先住民にたいする、支配の「最終的な語彙」や支配の物語によって、間違って調停されてきた。このことを、まず押さえておきたい。

「最終的な語彙」についてリチャード・ローティが『偶発性、皮肉、堅牢さ』で述べているとおりだ。「一度ことばの価値を疑いだせば、堂々巡りに陥ってしまって、もう論じようがなくなる『最終的』な語彙」というものがある。たとえば「友人を褒めて敵をけなす」ことばのように、「それ以上押し進めたとしても、無力な受け身か、力の行使しかないようなぎりぎりのところで発せられる」ことばのことだ。(2)

随筆は偶発的で気ままだ。随筆は、ネイティヴらしい時の流れからネイティヴが離脱してしまうことではないし、ネイティヴがせっかくのネイティヴらしさをなくしてしまうことでもない。ネイティヴにとって創生や名づけえないものの最終的で絶対的な手段などないのだから。そこで、ネイティヴの伝統が対話的な直接性である。白人によってネイティヴの文化が「発見」され、そして白人によってネイティヴの先祖の存在が寸断されてしまい、ネイティヴの先祖などはこの世にいなかったことにされた経緯を考えてみれば、腑に落ちるはずだ。切断されてしまったためにわれわれネイティヴにはかつて立派な先祖がいた痕ですら消された。このことは白人がインディアンを発明したことと背中合わせに起った、ネイティヴ不在の模倣であり、物象化だ。

アドルノがいうように、「随筆は、随筆という範疇の誕生以来ずっと、今のような究極の批評のかたちであった。随筆は、いつも知的構築の内在的な批評であって、かつ最良のイデオロギー批判だった」「随筆は、直接性のふりをするよりは、偶発性をうまくまとめることで気紛れさを直したがる」。ネイティヴの書く随筆は、自然、文化、主権としてのネイティヴの動きまわりを描く。ネイティヴの存在感が「第二の直接性(3)」なのだ。

インディアンはいたがネイティヴなどいなかったと、白人はいい募ってきた。そして白人は自分たちによる先住民支配というアメリカ史をつくってきた。同様に、白人の社会科学者は、ネイティヴの文化を探ろうとしたり、白人に英訳されたネイティヴの神話の本質論的な源を探ろうとした。白人はネイティヴの先祖などいなかったと主張するが、ネイティヴの先祖がいなかったことに指示対象はない。よって、ネイティヴが消失したなどというのは、虚偽である。ネイティヴがいなかったという創造でさえ存在しない。ネイティヴの過去は、時間の経過における絶対的な指示対象ではない。ただ白人が、ネイティヴなどいなかったと、言説上、構築しただけでのことである。対話的な相互作用のない所にはネイティヴの存在感もないし、時代ごとの変化も何もあったものではない。そこにはネイティヴのいた痕が、かすかにのこっているだけである。

白人によるネイティヴの発見、そしてネイティヴの文化面での服従、決疑論的な証拠、名前、物語の大団円。どれもが出来事である。支配は出来事だが、言説ではない。これらの出来事は模倣でしかなく、ネイティヴは、ネイティヴなど消え失せたという白人の言説を否定しなくてはならない。「存在の出来事」とは、第二の存在ともいえる対話のことである。ネイティヴがいないことの模倣にせよ、はたまた、ネイティヴがいることを模倣する相互作用にせよ、ネイティヴにふさわしくはない。

ミッシェル・サールは『理論の限界』で、こう述べている。「人文科学は監視である。精密科学は観察である」「人文科学は神話と同じくらい古いが、精密科学はせいぜいのところ新しい学問にすぎない。神話、演劇、表象、政策は、わたしたちに観察の仕方は教えず、監視の仕方しか教えない」。監視と同様に、神話、演劇、表象、政策にも目的語がない。「目的語のない」神話などつまらない。「目的語を奪われていれば、演劇も理論も政治も貧しい」。人文科学や「哲学は貧相だ」。だが、意思疎通は「存在を不要にし」、「監視を時代遅れのものにする」(4)。よって、サールの、この一望監視装置についての明察を援用するなら、「目的語のない」神話、模倣、表象だけでなく、インディアンもまた、指示対象のない模倣であるために、時代遅れの代物ということになるだろう。対して、ネイティヴこそが、白人の社会科学の主張するような異国趣味的な神話としてよりも、いわば対話的な第二の存在や目的語として、認知されるべきなのだ。

ネイティヴの本質についての普通の感覚、つまり第一の哲学なるものは、ネイティヴの永遠の存在のことである。それはアニシナベ族の場合であれば、霊魂に近い意味を持つマニドーである。マニドーは、創造の名づけえぬ霊魂、名づけえぬ痕であって、また自動詞的なネイティヴの影でもある。そしてネイティヴのシャーマンの見る幻視は、マニドーとつながりがあり、また、ネイティヴの価値観であったり、対話的な創造であったりする。マニドーやネイティヴの語るお話のなかにネイティヴらしい先祖がいるという、あの独特の茶化すような感覚は、ことばの上で起こっていることにすぎない。自然界にのこされたネイティヴの痕も、ただことばの上の出来事である。アニシナベの部族語には、ビミカワーンという、痕とか足跡という意味のことばがある。ビミカワーンは、部族に伝わっているお話での、いわば不在の在というべき存在のことである。ネイティヴの先祖の痕は、ネイティヴにとってはごく自然なことであり、ネイティヴの先祖が現在もいることを示す。逆にインディアン文化は、ネイティヴの模倣でしかない。

ヘイドン・ホワイトが『型の内容』で述べているように、「自然のなかで生活しているか、文化生活を営んでいるかが、自然の出来事と人間の出来事との二項対立の根拠となっている」。だが「物語は、言説モード、話し方、言説モードを取り入れることによって生まれる」。われわれの文脈に引きつけて考えるなら、こうなる。ネイティヴのお話が自然の理屈をとどめているために、ホワイトのいうように、ネイティヴのお話も「人の想像力の機能をどう解釈するか次第で変ってくる。想像されたものであればいつも『真実味』が失われるとは限らない。たとえ想像されたものであっても、現実の出来事について想像の言説を生み出せるからである。」[5] ネイティヴにとっては、自然、シャーマンの見る幻視、夢の存在、文化の模倣のどれも、言説ではなく、あくまでも想像のなかで起こっていることである。言説は商品にすぎないが、想像はネイティヴらしい生きのこりと密接にかかわるのだから。

ネイティヴのお話は想像豊かにつくられたものであり、また、お話がそうやってつくられることはネイティヴにとっては自然なことでもある。だからこそ、ネイティヴのお話は随筆と相性がよい。

「最終的語彙」や、存在には偶然という契機がふくまれていることを無視して、ネイティヴなどいなかったという言説をごり押しするなどということは、ごまかしの歴史だ。ミハイル・バフチンは『発話というジャンル等』で、対話が無限であるといっている。「ことばには最初のことばも最後のことばもない。ことばは対話的であってはじめて無限に拡がる」「過去の意味も、過去の世紀の対話ですら、安定していたためしがない[6]」。監視とは支配のことだ。バフチンに沿って考えれば、ネイティヴらしい生きのこりの「対話的な文脈」であり、第二の自然でもある、わたしが今こうして書いていることの随筆などには、ネイティヴの過去も現在も籠められていることになるだろう。

アドルノはいう。「随筆は起源を尊重せず、もっとも派生的なものにしかつながらない」。いかなる物語も、同時にまた解釈されて、それ自体に戻っていくことのないものからは、解釈されえない。随筆は聖なるものの存在を示す「瞬間を認めない」。そこで、随筆は「異端であることを旨とする[7]」。

バフチンは『芸術と応答性』では、文学に一貫性とか回答可能性を求めようとすることはばかげているという。考えてみるとネイティヴは跡づけることができるといっても、ネイティヴの意識の起源がどこかとなると、はっきりしない。一方、ネイティヴの模倣にすぎないのでインディアンには指示対象がない。インディアン文化は、ネイティヴの先祖のいた痕がない、白人による監視されることを許してしまった文化である。ただのネイティヴの模倣だ。まさにバフチンがこういうとおりである。歴史は御しやすいが、「歴史は過去も現在も未来も知らない。歴史は、時の長短も知らなければ、歴史は絶対的に独自でかけがえのない瞬間という意味で、なにが『昔』でなにが『最近』なのかも知らない」「芸術と人生は同じではない。とはいっても、芸術と人生は、自分のなかではひとつでなくてはならないし、芸術と人生は、自分の回答可能性では、一致しなくてはならない(8)」。インディアンとネイティヴがいるということは、とどの詰まりネイティヴがいないことである。そこでインディアンとネイティヴはどちらも、模倣、動きまわり、美学、実経験、回答可能性の変換という互いの「対話的な文脈」に組み込まれている。

『起源についての一考』でエリック・ガンはこういう。現出と物語の歴史についての研究は、「普遍的な前形成」として「起源の場にふくまれてはいない」。「近代主義者の起源についての考えは、前表象的である。欲望する生物としての人間がことばに先立つ。人は起源をとどめたいがために芸術をつくる(9)」。

ジョン・ピーザーは「歴史研究のほとんどは起源探しに血道をあげてきた」と指摘する。そして近代主義者が求めたがる国家や民族の「起源の瞬間」は新歴史主義に揶揄されたり、ポストモダン批評の巧妙な序曲であるともいう。このように見てくるとインディアンは、超現実的な模倣であると同時に、大きな物語がないことによって、ネイティヴがいることを皮肉るといえよう。

『パラ美学』でデイヴィッド・キャロルは、大きな物語が不正を恒久化するという。「大きな物語は人が想像する権利を認めない。大きな物語は、人が何かに応答したり、何かを発明したり、規範から逸脱する権利も、否定する」。キャロルは「大きな物語によって確立された自己同一性よりも、相違に根差す小さな物語の権利[10]」が重要だと主張している。

ネイティヴは、われわれネイティヴ自身のさまざまな創造を語る。ネイティヴの起源の痕は、自動詞であり、統語的な翻訳という不確かな冒険においては、自らの存在をからかう。また、ネイティヴの起源の痕は、みずからの主権の動きまわりなのである。ピーザーは『根源の理論へ』でこういう。「正しい起源は本来、複数あるべきだ。またそれがどういったものであるのかも、さまざまである。また、正当な起源について考えを巡らせることは、歴史への関心を高めさせるし、民族性、宗教、原理が、『いつも、すでに』他者絡みだという事実を突きつける。またそうすることで、自集団至上主義を覆すのだ[11]」。

インディアンとは誤称であって、ネイティヴという、じっさいの指示対象を持たない。つまりはネイティヴ不在の、模倣にすぎない。インディアンは、白人にとっての他者であり白人による犠牲である。一方ネイティヴは、ネイティヴらしい生きのこりを描いたお話のなかに、はじめからいる。白人は、大西洋岸北部の樹木境界線あたりに住んでいる隠喩としての高貴な蛮人だとか、禁欲的な戦士という紋切り型の先住民観もいだいている。こういう紋切り型のインディアンはただ一方的に白人によって美しく表わされた犠牲者であったり、また逆に、ねじ曲げられたかたちで白人の他者として悪魔のようにしか存在しない。また、インディアンは、対抗シミュレーションという近代主義者の流儀であり、ネイティヴのいないことを物象化したものだ。

ジャン・ボードリヤールの模倣論。この論は、実像が、実像を曇らせたり歪めることや表象の廃虚において、寓意がとらえにくくなり、どんどん移り変わってゆき、実像がシミュレーション（模倣）に向かうことを、喝破する。「模倣しないことは、持たないふりをすることである。逆に、模倣することは、持っているふりをすることである。模倣しないことは当人が揺るぎない存在であることを表わし、逆に模倣は、本人の象徴的な不在をほのめかす」「模倣とは、もはや領土、指示対象、本質のいずれでもない」。ボードリヤールに倣っていうなら、インディアンという名称など、現実であったためしがないということになり、歴史の模倣における存在者の名前ですらあったためしもない、ということになる。模倣とは、「起源も現実もないくせに、現実の手本を使ってなにかをつくることである。こう考えると、模倣とは現実離れしたものであることになる」[12]。

インディアンはアメリカ文化にネイティヴのいないことだ。インディアンはネイティヴの堂々たる存在をねじ曲げる。この他の状況で、ネイティヴの存在を模した表象など、どれも、怪しげな詭弁か稚拙な模倣でしかない。

二〇世紀における目的語の表象研究は血道をあげて、言語における目的語を仲介するものとしての指示対象を論じてきた。ネイティヴの文学に出てくるネイティヴたちが付けている仮面は、指示対象であって、目的語ではない。ネイティヴの文学に出てくるネイティヴの付けている仮面は、ネイティヴにとっては自然な理屈であり、かつてネイティヴのお話があった痕である。それは、白人の人種主義者によってネイティヴが隔離されたことではない。よって、ネイティヴの文学でネイティヴの人物が付けている仮面は、仮面とはいえ、人種主義者のいうような自我から切り離された否定的なものではない。そういったネイティヴ文学の作品でネイティヴの付けている仮面は、仲介するので、いつも「他者と絡む」。ネイティヴは、いわば季節や川の流れのような自然に移りゆくものであり、したたかな創生記である。ネイティヴは、白人によって監視されたりせず、文化的にインディアンで代用されもしない。ネイティヴはまた、社会学に許容してもらったりもしないし、自らの民族の起源を模倣されたりもしない。

ルネ・ジラールが『ヨブ――同胞の犠牲者』で、こう書いているとおりだ。「類推を自己同一性と考えることは幻想だ。かといって類推を相違として扱うことで類似性を骨抜きにするなどは、言語道断だ」。実は「文化研究においてまったくもって類似ほど厄介なものはない。一九世紀には、的外れでほんの些細な類似にも大騒ぎして、少々似ているからといっては、ばかばかしく夥しい理論が生みだされた」(13)。むろんインディアンの本質は「根源的な幻想」でしかない。インディアンというものは、ネイティヴとは似て非なるものでしかなく、アメリカ文化における白人にとっての他者のことである。

審美的な供犠

旧約聖書のヨブは、神政社会で劇的に犠牲に祭り上げられた。ヨブの犠牲は、これまでは道徳的な喩え話とされてきた。アメリカにおけるインディアンの模倣は、白人のキリスト教と結託した民主制で、美化された犠牲である。そのような犠牲は、白人によってアメリカ文学や歴史で構築されたインディアンの犠牲でしかない。白人は先住民を発見し、支配し、差別し、自分たちの文明を押しつけ、インディアンが高貴であると同時に悪魔的でもあるとみなしてきた。白人は、インディアンを二重の意味で他者として扱い、犠牲として祭る。(14) インディアンの模倣は、人種主義と国家主義の悲劇的な喩えにおける、審美的な犠牲である。インディアンという明らかな誤称とネイティヴのいないことが、インディアンをより一層、犠牲にしたのだ。よって当然、ネイティヴのお話である、ネイティヴらしい抵抗と生きのこりを伝えるトリックスターのお話は、そういった悲劇的な犠牲であることを覆えす。

『身代わりの山羊』でジラールは、トリックスターを「供犠を聖化して展開する二大神学のひとつ」と位置づける。聖なる気紛れと聖なる怒りとが、「犠牲が和解の手段となる時には、宗教問題を解決する」というのだ。ここで、われわれの文脈に引きつけて、白人アメリカ人にとっての供犠はインディアンのことであると、とらえ返してみよう。ネイティヴにとってトリックスターは、自分たちの歴史をからかう喜劇的な癒し手である。ネイティヴのトリックスターが、賢く邪悪で信用がおけないかと思うと、単純にしか見えないことも、供犠に似ている。トリックスターは、けっして自分が犠牲になることによって超越するのではない。そもそもが、お話の結末でたいしたものを得ることもまずないようなトリックスターの言動の動機など、はっきりしているためしなどない。「トリックスターが共同体に必要なことをし損ない、皆を怒らせる。ところがトリックスターのへまが、かえって、トリックスター物語の結末を結末らしくする[15]」という仕儀になる。

『火を読む』でジャロルド・ラムセイも、こういう。「トリックスターのとりとめのなさは、飼い馴らされることにも、ちゃんとした常識ある者になるといったことにも抗う」。トリックスターは変転し、神話的に「仲介する[16]」。

ネイティヴにとって先祖から受け継いだトリックスターの伝承の大切さは、いくら強調しても足らない。ネイティヴにとってこの世のあるべき状態とは、とてつもない噂のことであって、平衡でもなければ平和でもない。ネイティヴはこの世とも自然とも均衡を保ったためしはない。白人の神話の、絵に描いたような平和など、ネイティヴには要らない。そんなものは、野蛮と文明を対立させるキリスト教と結託した白人、均衡をとるのがお好きな白人側の、明白な流儀*であり、支配することの大義名分でしかないのだ。変幻自在のトリックスターは平和によって制御されることを脅かす。トリックスターは即興的につくられるし、もともと季節の移ろいや、厳しい冬も笑ってやりすごすことが好きだし、不均衡で美しい世を願う。トリックスターは、たとえ白人にインディアンと翻訳されてしまった時ですら、理性を制御し、先住民を供犠に祭り上げたがる白人を嘲らなくてはならない。

＊「明白な流儀――これもヴィゼナーの造語。一九世紀のアメリカの領土拡張、他者支配を推進するための「明白なる天命」（マニフェスト・デスティニー）に近い意味。ただ、「明白な天命」の指す一九世紀よりも広く、コロンブス到来以来、現在までを指す。ヴィゼナーにはこの表題の批評書もある。」

『死んだ声』というトリックスター小説にわたしはバゲスを登場させた。そして、「居留地で文化的な誇りを失ってまで安逸を求める」よりも、「トリックスターの好機」を選ぶという決意をこめて、「飼い馴らされて荒野でぬくぬく生きるくらいなら、都会で戦う方がましだ」といい放たせた。選択の自由のない居留地で先住民が手にする平和など、「戦争だけでなく、われらネイティヴのせっかくの好機だって終わらせてしまう。それに、今やニューエイジ好みのプラスティック製のビーズや骨として、まいもどってくるのが関の山だ。そんなになってしまえば、儀式の踊りのためにつけた耳の切り傷だって、なんにも語らなくなってしまう。われらは生きつづけなくてはならないんだ(17)」。

アニシナベ族のトリックスターのナナボゾホは、はっきりした、白人にとっては異国情緒的なトリックスターであって、白人が求めるような一貫性を忌み嫌う。ナナボゾホは、マクワ（熊）、ニカンク（骨）、ワブーズ（兎）、ニナグ（ペニス）といった荒唐無稽な夢にでも出てきそうな変身や断片を具象する。トリックスターはいつもネイティヴにとっての、自然の理屈やネイティヴらしい生きのこりといった、白人の価値観とはまったくちがったかたちの、それでいてトリックスターならではの一貫性を保っている。

『野性の知恵』でウィル・ライトはこういう。「もし客観的な自然という概念が一貫性に欠けるのなら、その考えから派生した科学技術や社会行動も一貫性に欠けていることになる。生態学や、社会的な派生であれば、なおさらであろう」「知識という概念は、絶対的な『現実』の『真の』知識と独創的に両立可能な社会制度に『とらえ』られたり『馴ら』されえない、決定的に『荒々しい』ものでなければならない[18]」。

白人に馴らされて白人の教育を受け、文明化されたインディアンが出てくるような、白人好みの均衡を保つ物語は、ネイティヴにとっては逆に一貫性に欠ける。対して、切断したり忌避したり荒々しくふるまうトリックスターは、ネイティヴらしさをとどめており、ネイティヴらしい生きのこりという一貫性を示す。トリックスターのお話は、ネイティヴが白人によって悲劇的な犠牲者にされるお話ではない。

ギリシア悲劇には均衡もあれば暴力もある。『暴力と聖なるもの』でジラールはこういっている。「正義が保証する相対的な非暴力は不均衡だ。つまり『善悪』のちがいは、『純粋さ』と『不純さ』との犠牲的なちがいに似ている。よって、正義が均衡のとれたものであると考えて、正義をまったく公平に執り行なおうとするギリシア悲劇の価値観は、わたしの理論にはそぐわない。わたしは、ひとりひとりがちがうことこそが正しく、ちがいを減らすと正義が損なわれてしまうと考える[19]」。ジラールの考えは、ネイティヴに当てはまる。つまりトリックスターがお話で実践してみせる切断と自然の理屈には、トリックスターなりの一貫性があるのであって、そのトリックスターならではの一貫性が、ネイティヴひとりひとりの個性のちがいや正義、ネイティヴらしい生きのこりの痕となっている。

昔ネイティヴの先祖が暮らしていて、白人によって今では廃虚にされてしまったところで、骨や石や芸術品を手に入れることはたやすい。そういった物を遺物として保持したがる白人がいるが、彼らはご自分の収奪行為が、博物館員や支配的な脚本家としての自分の使命だとでも思い込んでいるかのように、いつも文化財としてのインディアンを発見したがる。白人は自分たちが勝手につけたインディアンという誤称や、インディアンの名前の模倣でも、なんでもかんでも所有する。そこで、白人の想像や白人の存在を歪曲してかかるネイティヴのお話は白人によって監視され消されてしまう。白人はこうして暴力的に先住民を悲劇の犠牲に祭りあげた。しかも白人による支配の痕が、白人の所有欲や、白人文明の模倣的な表象によって消されてしまう。自分たちに把握できないものは、自分たちの「制度の実態、関連性、制度の脆さや制度が永続しはしないということを露わにする。そこで、自分に把握できないことを不気味だと感じるのだ」とジラールがいうとおりだ[20]。

インディアンは白人に差し出された供犠であり、白人が他者を美化して祭りあげた犠牲のことである。ネイティヴがいないことは、裏返して考えれば、つまりは白人に監視、切断、支配されたインディアンなら、いるということだ。よって、インディアンは二重に他者の模倣だといえる。白人は、ネイティヴに欲望をいだくかと思うとネイティヴを妬みもし、ネイティヴを時に賞賛の対象にすれば、時に悲しい犠牲にもする。こういったネイティヴにたいする矛盾した欲望によって、白人はますますネイティヴを模倣として利用したがり、文化面で支配したがる。そして白人は幻想をいだき、場当たりにネイティヴを迫害する。

ジラールは『欲望の現象学』で、「シェイクスピアは、恣意的に供犠を祭りあげたり、模倣的な暴力の重要性がなくなると破壊しつくすという、人間の本質を見据えた」と喝破する。シェイクスピアは、まるでその一世紀後には、白人による支配、妬みや「模倣的な欲望」に抵抗する羽目になる北米のネイティヴさながらに、ともすれば「虚無や狂気にとり憑かれそうになったことだろう」。「犠牲のもたらす波及効果や宗教的な意義に気がついたシェイクスピアは、人類学的で神秘的な幻視を得た」。シェイクスピアが到達したのは、「喜劇の意義を明かした模倣理論のおかげで、二〇世紀にやっと解明されるようになった[21]」幻視だった。

『暴力と相違』でアンドリュー・マッケナは、文明が野蛮に優るという神話の仕組を、こう解明する。「神話はちがいをとり戻すことで秩序を回復する。つまり恣意的に選ばれて聖化された犠牲者と暴力を排除したがっている共同体のだれもが、それぞれのちがいをとり戻すことで、秩序をとり戻す」「犠牲にされる者は、重要人物でさえなければだれでもいいので、いたって恣意的に選ばれる[22]」。

ジラールも『暴力の起源』でこう述べている。「心理的かつ社会的な意味」を帯びる暴力の場合には、供犠によって「迫害者が楽になることができる。とはいっても、すべての供犠が意識的に選ばれたり、執り行なわれるわけではない」。供犠には幻想が入っていなくてはならないからだ。[23]

インディアンとは、供犠の模倣であって、犠牲と暴力という指示対象しか持たない。インディアンが登場させられるアメリカ史では、インディアンがネイティヴに似ていることが重要なのである。インディアンは二重の意味で白人にとっての他者であって、存在する不在といってもよい。インディアンは白人にとって異人種である先住民と競いたい欲望と異人種を忌避したいという矛盾した欲望の模倣である。このようにアメリカという国家で、供犠としてのインディアンは二重に犠牲であり、悲しい犠牲を啓示する。

ジラールは『ヨブ』で、こういっている。「暴力が真の『指示対象』である」「社会は、供犠が悪感情を体よく追い払ってくれることの効用も危険も、重々承知している」「この世から消されると偶像化されるだろう犠牲者ご本人にしか分からないだろう方途で、供犠は、瞬時にして共同体の皆を苦難から解き放ってくれる」。死者に口なしといった回答不可能な供犠。そういった供犠であるインディアンが、合衆国でキリスト教と結託した神政民主制に利用されたのだ。

ジラールはいう。誰も「競争相手を失いたくないという欲望を模倣するのだから」、いやましに激烈な戦いが起こることは避けようがない。よって、「競争相手という障害がある方が、かえって競争相手がいないことよりも望ましいというわけだ」。模倣または「倣る対象には、障害として機能するものが選ばれる。模倣的な被虐嗜好は、自分が阻止したい対象がなくなってしまえば、もう欲しなくなる。そして、もう欲しなくなれば、模倣するに値する対象そのものがなくなってしまう[24]」。トリックスターのお話のからかいは、こういったインディアンの模倣を覆し、インディアンを美的な犠牲にしたがる白人の捻れた欲望を覆す。他者をまねる、白人につくられた表象は、ネイティヴの皮肉なお話で脱構築されるのである。

模倣論が、文学における悲劇の様式として読者の感情に訴え、悲劇の身振りを模していることになる。たとえば白人が自分にとって他者としてのインディアンを模倣として表象すること、つまり白人が自分の「哀れみや恐怖」の対象としてのインディアンにたいして悦びを味わいつつインディアンのことを語ることは、インディアンという悲劇の犠牲をまねることである。

『詩学』でアリストテレスがこう書いている。「悲劇は、本質的には人間そのものではなく、行動や人生の理想的な表現である」。真似は「恐怖や哀れみ」を掻きたてる。真似をすることは「完璧な行為」である。悪運にみまわれた善人だとか、幸運が舞い込んできた悪人を主人公とするのは、悲劇にふさわしくない。「悲劇の主人公はとりたてて高徳の立派な人などでなくてよい。名声や繁栄を享受する恵まれた人で、周りの人々のせいで不運にみまわれる、ほどほどの人物という程度であれば、その人物は十分に悲劇の主人公にふさわしい[25]」。『批評の倫理』のトビン・シーバスはいう。「アリストテレスによれば、悪人が最後になって改心する瞬間に悲劇は破綻をきたす[26]」。不運に見舞われるインディアンの登場人物が白人読者の「哀れみと恐怖」を喚起することはある。しかしそのような悲劇は、ネイティヴの語るお話にはふさわしくない。

むろん、インディアンは不運や失敗の模倣でしかない。インディアンは白人に、高貴か野蛮か、はたまた異国情緒的、かと思えば日常的でもある、という矛盾を帯びさせられている。また、インディアンは白人に、感情を掻きたてる行動があったりなかったりといった相剋を帯びさせられている。インディアンが出る物語のお決まりの大団円では、インディアンが悲しい犠牲となる。

白人はインディアンの模倣に「悲劇的な喜び」を味わう。かつては白人がインディアンに魅かれることは狂おしくも抑圧されていた。だが最近では、ニューエイジの流行もあずかってインディアンがちょっとした流行の人種となったものだから、白人はおおっぴらにインディアンを自分たちの皮肉な欲望の対象にして、つまり模倣的な対象にして物象化したがっている。このように、逃亡者のような、白人の客体であるインディアンには、かつて住民が白人に植民地支配された臭いが抜けていない。

ニューエイジャー*は、インディアンは悲しいよと嘆いてみせる。だが、彼らの嘆きにしたところで、しょせん、彼らにとっての心地よい「悲劇的な喜び」を表わす、洒落た台詞でしかない。ニューエイジャーたちにとって、インディアンというただの模倣でしかない孤独な人種は、アメリカ合衆国の過去の神政政治を思い出させるだけなのだ。

*［ニューエイジャー —— インド、インディオ、インディアン、トランスパーソナル、ホールアー

スとコズミックを崇める者。ソフト・オカルト等に酔粋する、恍惚とロマンスを求める者。癒しブームということもあり、特にカリフォルニアで流行っている。かつてのヒッピー文化と重なる部分もある。常にヴィゼナーの批判の対象。」

インディアンは、白人の書物とアメリカの神政政治において発明された者であり、模倣である。よってインディアンは白人にとっては二重に他者である。そこでインディアンは、インディアンという他者にたいして白人がいだく妬み、賞賛、忌避とは矛盾する、恐怖と哀れみの気持ちをも昂らせる。美しい供犠としてのインディアンは、悲劇という「完璧な行為」を模倣し、白人に文化面での争い、恐怖、哀れみを感じさせる。先述のようにインディアンの出てくる白人の書き物では、インディアンが美しくも悲しく犠牲にされて終わるというように相場が決まっている。

ポール・ウッドラフはいう。「詩的な模倣の客体は、それが架空の客体であろうとなかろうと、常に人の振る舞いと普遍的にかかわる」「アリストテレスの悲劇論は、人を表象にたいして感情的に反応させる。彼の悲劇論は、あたかも表象が現実であるということに、ある種詩的な欺瞞のようなものが入り込んでいるかのようにわたしたちに思い込ませる。アリストテレスの悲劇論には、もっと分かりにくい欺瞞が入り込んでいる。悲劇とかかわっている欺瞞である。悲劇が普遍的なものを表象する限り、悲劇はわたしたちに、あたかも普遍的なものがじつは特定のものであるかのように反応させる」(27)。

一方、ネイティヴらしく生きのこり、自由に動きまわることが、ネイティヴの持っているはずの主権なのである。このようにネイティヴは、悲劇における動きや行為をただ模したのではない。よって、ネイティヴが自分が誰であるかを選び取ることは、悲劇における犠牲を批判するという意味で、つまりは悲劇を否定することであるので、ネイティヴ本人にとっては二重の選択なのである。ネイティヴという、白人には把握しがたい仮面は、ネイティヴの語るお話における指示対象である。対してインディアンは、白人に捧げられた供犠としての先住民のことであり、白人にとっての他者を模倣する表象にすぎない。片やネイティヴには、まだ奪われてなどいない倫理的な自由な動きまわりと主権とがある。

偶然の収束

ジョージ・スタイナーは、こういう。「最善の読書行為は、読者に『もっとも面白そうなところにはどうしても触れられない』もどかしさを感じさせながらも、かといって読者に挫折感を味わせることも神秘主義に堕させることもなく、楽しい再読へと誘う(28)」。

白人がインディアンを「発明」した。発明したといっても、インディアンは、白人の民族学的な欲望が生んだ抽象概念だ。インディアンという概念は、白人の先住民文化に対する中傷を表わす。白人がインディアンを微に入り監視する。いかに監視するかという細かな点や監視した証拠は、今となっては、白人の社会科学で過去の廃虚として表象されているだけで、もはやインディアンを再読するための最良の誘いではない。見てきたように、インディアンはネイティヴとは別物である。そこで、両者が同じお話に出てくるはずがない。白人が勝手に認知しただけの、ネイティヴが不在であることの模倣でしかないインディアン。最善の読書行為は、西洋のロゴス中心主義の観点で眺めることで、じっさいには存在していたにもかかわらずネイティヴがいないようにされてきたことをこそ、読み取ることである。このようにインディアンというものでネイティヴを模倣することは、ネイティヴとインディアンとの差異をどんどん終わらせていくだけである。

ジャック・デリダは、ロゴス中心主義および「存在の形而上学」の意義について次のように論じる。デリダの論は、因果律における原因、閉じ、相違の抑圧を無効にする。自分の理論の差延や、変異のワードスター、そして辛辣な脱構築によって、無効にする。デリダのいう差延は、「差異」と、そして真の表象の重荷を超える、言語における時空の好機を合成する「延期」との両者を、結びつけた考えである。そのため「差延とは、力と力のせめぎあう流動的な無秩序と考えてもよい」。また「差延はまったくなにも統治せず、どんな権威も振り回さない」。従って差延の動きは「いかに優れ、独創的で、重要で、超越的であっても、現存在ではない」。わたしはデリダの差延は、ネイティヴのトリックスターの流儀にかなうと考える。更にわたしは、「いわゆる差延の王国はない。それどころか、差延はあらゆる王制の転覆を謀る」[29]というデリダのことばも、ネイティヴに当てはめて考えてゆきたい。

ネイティヴもインディアンも、白人の書き物では「第二の自然」によって、つまり内なる自然を持つ者として、白人には他者だとみなされている。インディアンは、ロゴス中心的な白人にとっては、他者としてのネイティヴ不在の模倣である。この場合、差延は、文化面では存在しないインディアンを脱構築する。インディアンのいないことは、ずっと延期されつづける。ところがその時インディアンは、存在する者として延期されるのではない。ネイティヴの経験の『意味』と差異は、差延によって他の名づけえない状況にずらされることもある。つまりネイティヴらしさの差延は、他のネイティヴのお話にずらされていく。

『批評倫理』でトビン・シーバースはこういう。「デリダのいうロゴス中心主義は、自民族中心主義にとって替る。自民族中心主義は、書くことを格下げし、『書物』を持つ文化かどうか、つまり活字文化であるかどうかによって民族に優劣をつける。そこで、デリダは自民族中心主義を批判するのである」。デリダの「差異論は、言語構造を倫理的な模範にしたり、自己同一性に基づいてではなく差異に基づいて仮定された平等の署名にする。デリダの差異論は、言語構造を牢獄にするのではない」「ある民族を『原始的』だとか『野蛮』だとか『自然により近い』と決めつけることは、その民族の尊厳を奪うことである」。このように、民族の優劣づけは、文学における差延の倫理にもとる。

シーバースは脱構築についてこうも論じている。「脱構築は、これまで批評家が無視してきたことに新しい意味を与え、価値転倒を謀る」「類似性、統一、整合性、体系や作品全体に焦点を絞りすぎたきらいのある、それまでの文学批評とはちがって、脱構築は、テキストの矛盾、不明瞭さ、断続、妨害、余白、シニフィアンの戯れに注目した。……脱構築は体系だった理論は暴力だとみなすので、あらゆる理論に挑む」[30]。

インディアンは白人にとって凡庸なロマンスである。インディアンは自分が白人にとって他者であることを、みずから声高に表明する。片や、とらえどころがなく破天荒なネイティヴは存在の痕として現れるだけであって、名づけることができない。ネイティヴの起源はどんどんずらされる。ネイティヴのお話を読むことは差延であり、そしてポストインディアンの「断片的な洞察」である。このように、ネイティヴは読者を「愉しい誤読」に誘いこむ。

ネイティヴがいないことを意味するインディアンは、白人にとって他者であり、永遠の供犠でしかない。インディアンはネイティヴがいないことだが、ネイティヴは、名目上インディアンのいることだ。インディアンの模倣の修辞を入れ替えてみれば分かりやすいだろう。つまり、インディアンとネイティヴ、この二つの類似語が頻出する箇所で、二つのことばを置き換えてみればよいのだ。そうすれば、文化と排除が、いかにただの擬似統一で皮肉な表象でしかないか、また、脱構築でしかないかが分かるはずだ。つまりインディアンの模倣は、差延および民族学の記録の余白以上に、ネイティヴのお話を期待させるわけである。

かつて実際にネイティヴの先祖がいたという痕は、インディアン文化の模倣などではない。また、インディアンとネイティヴであることを表わす交錯配列法的な転倒は、提喩でもないし、全体のなかの部分というのでもない。このインディアンとネイティヴの転倒とは差異であり、他にたいする呼称であり、感覚である。差異とは、ネイティヴにとってはごく自然なことである。矛盾して聞こえるかもしれないが、差異にこそネイティヴの一貫性があるからだ。まさにブルック・トーマスが『新歴史主義』で、こういっているとおりである。「交錯配列法的な関係を差異から自己同一性へ変える、差異における置換の傾向は、一見、学際的に見えるかもしれない。しかし、専門にこだわるばかりで他を排除し始めるなら、かえって帝国主義に陥る危険と背中合わせである」[31]。インディアンは模倣と差異のことである。インディアンは、文化になり、名づけえぬネイティヴの本来の多様性を無視した紋切り型におとしめることだ。

ネイティヴらしさは、我々が先祖からしっかりと受け継いだ文化遺産によってつくられるというよりは、偶然にふとした拍子に生まれる。たとえば、ネイティヴがみずからつける仮面や痕跡や名前やネイティヴのお話を持つ代名詞は、言語がふと生むものである[32]。また、かつてネイティヴの先祖がいたという痕は、ネイティヴのお話ではごく自然に、そして偶然見つかる。先祖がいた痕は、たとえば、過去にネイティヴの代名詞を使って語られていた口承文学のなかに見つかる。ネイティヴにとっては正典というに値する貴重な口承文学では、現在、ネイティヴが距離をおいて、沈黙のなかで後世の自分を先祖と混じり合わせることである。代名詞は固有名詞がないことである。不在には固有名詞がないという指示対象はあり、そして名前における存在の痕ならばある。インディアンはただの模倣だから、インディアンには指示対象がない。ネイティヴらしさは、ただ固有名詞が欠落していること以上の特徴を持つ。ネイティヴらしい生きのこりを描いたお話やネイティヴらしさのからかいには、ネイティヴの起源の痕が窺われる。

ネイティヴであることの真の代名形容詞は、一人称でも二人称でも三人称でもなく、四人称＊である。ネイティヴ各人を代名形容詞で表わすことは、模倣的であって、ネイティヴの名詞や名前のないところで別の者のまねをすることである。一人称の「わたし（I）」は、語られているお話のなかに、作家や語り手がいることを示す。または一人称は語られているお話にネイティヴらしい意識があることも示す。二人称の「あなた（you）」は、よりしたたかな不在を示す。「あなた」がその本人であり、その「人」が作家であり、語り手の存在としての不在なのだから。語り手は「あなた」であり、その「あなた」が、語り手としての「あなた」の作家、つまり読者の「あなた」の作家である、というわけだ。ところがこれがネイティヴの「あなた」の場合となったとたんに、「あなた」は、先行者がいトリックスターの代名詞であることになる。つまりネイティヴの「あなた」の場合であれば、「あなた」は白人にとっての他者の変身である。またあなたは白人にとっての他者であるインディアンを超えることができる。この場合の「あなた」は語り手でありかつ読者でもある。

＊［四人称――ネイティヴにとっての四人称は本書第五章に詳しい。非先住民にとってはなんとも難解な人称。存在として立ち上がってくる影であるらしい。非先住民には存在しているとは思え

ないものが、先住民にとっては存在しているという意味であるようだ。過去と現在が一緒になった時間概念や、また、生きている人間、死んだ先祖、動植物、精霊の区別がほとんどない先住民独特のアニミズム、シャーマニズムなどに根差すようである。たとえば先住民にとって死者は生きている、また、ある人は人でもあるが同時に熊でもあるというような。」

インディアンの作家は名前における他者である。インディアンの手になる作品では語り手は代名詞で表わされた他者である。この場合、せっかく語られたお話にネイティヴがいても、そのネイティヴは、読者によってインディアンにすり替えられてしまう。読者によって、そして名づけえぬものの収束によってすり替えられる。さもなければネイティヴとインディアンとはいつも同じものであって、あらゆる代名詞におけるあらゆる者との現実離れした統一という奇妙なことになるだろう。このようにインディアンとネイティヴがひとつに交わる場合、作家がただインディアンとして「あなた」を見るとか、作家が「あなた」を読者だとみなす。つまり、作家が「あなた」を語り手が転倒されたことになるだろう不在の読者だとみなし、そして名前の不確かさを帯びる「あなた」にしてしまう。そうやって、作家があなたを抹殺してしまうことなど、造作もないことだ。

ネイティヴらしさというものは言葉のなかにある。たとえば、風や水の痕にある。たとえば、夏の雷を伴う嵐の雨の代名詞の距離は、先のようにインディアンとネイティヴという二つの名称を交錯配列法的に転倒してみた場合のように、ネイティヴらしさというものは、ネイティヴらしい生きのこりのたしかさと重なる。白人が到底考えつきそうにもない生きのこり方であろう。そうやって代名詞の転倒をすることや、読者にとってのネイティヴの存在を皮肉る痕であることは、弁別法＊独特のかすかな痕であるかもしれない。弁別法というものは、四人称の沈黙である。弁別法はまた、名づけえぬネイティヴの代名形容詞的な影である。四人称は、三人称のお話や物語におけるネイティヴの存在であるかもしれない。部族語によっては、四人称を取り除いた、それとは対照的な三人称は、お話のなかの実態または影である。

＊［弁別法――同一文脈中に用いられる二つの三人称の語のうち、始めの語から区別する後の語の形態に用いる。北米先住民語にその形態を備えたものがある。英語でも this と that による区別がそれに相当。］

『東部オジブエー族』でレオナルド・ブルームフィールドは、どれほど酷似した情況でも、「また単数複数のいかんを問わず、あらゆる三人称は弁別法である」という。そしてメクワンを表わすケクワ（熊）――最近の辞書表記ではマクワ――は、弁別法ではマクワンであるという。このように考えると、口承もふくむネイティヴのお話全般では、弁別法である四人称は他の人称の影として存在することが、お分かりいただけるだろう。(33)

インディアンとは三人称を模したものであり、ネイティヴのいないことである。ネイティヴは、白人には二重に他者である。インディアンの弁別法における四人称やネイティヴは、われわれの先祖である名づけえないネイティヴがいたことを示す痕であり影である。

ネイティヴがインディアンにされる過程でとり除かれてしまったものは、部族のお話における四人称の霊魂であるマニドーかもしれないし、マニドーの影であったかもしれない。マニドーはネイティヴの名前における、声なき存在の痕であり、ネイティヴの創造の影であり、名づけえないものの四人称である。

輝く創造物

ネイティヴであることは、痕跡や、名づけえない存在の差延であるので、どれほど博物館に輝かしげに納められていても、ネイティヴであればその者は、たんなる法令でも有形の遺産でもなく、記録でもない。ネイティヴであるなら語らなければならないし、また、ネイティヴらしく抵抗を忘れることなく生きのこり、ネイティヴの主権のある共同体をつくらなければならない。

「透明なミニチュア」の「輝く色合い」に魅せられた作家に、ウラジミール・ナボコフがいる。彼は沈黙や正確さという概念に近いものが、「顕微鏡で拡大した」時に見た昆虫の輝く内臓だったことを回想して、こうも述べている。「この世には事物を縮小、拡大するという本来、芸術的行為によってようやく到達できるような、想像と知識が出合う繊細な次元があるようだ[34]」。

『ナボコフの空想世界』でウラジミール・アルキサンドロフはこういう。「蝶についての本の書評」

によれば、「『科学的』知識が『芸術的』想像と遭遇するようなところがないものだろうかと訊かれたナボコフは、こう答えた。『わたしの魂は、どの出来事の客観的な存在もまったくの想像によるものだと、みなすようになってしまっていて、想像が湧いてこなければ、もうなにも掴めないのです』『うんと離れた場所で同時に起こる出来事を理解するには、純粋な想像力が要るのです[35]』」。

インディアンとは白人の不純な想像を模倣したものである。対するネイティヴは、名づけえぬ先祖がかつていたという痕である。ネイティヴとインディアンは、想像、監視、知識、宇宙的な皮肉がない混ざったものだ。ニューエイジャーは、母なる大地という神話を信奉する。彼らはまた、インディアンの諸文化を勝手に寄せ集めて統合させたような偽物が、論理的な歴史の見直しだと主張するが、そんなものは、わたしには退屈で、いかにも均衡を重んじたがる白人の神話でしかない。ニューエイジャーは宇宙的なインディアンといった物を好む。宇宙的なインディアンなど、わたしにいわせるなら、近代の終焉したポストモダン時代の現代にあっては、ただの物質的なインディアンだ。

近代という時代は、科学や物質文化を旨とし、白人が自分たちの他者をインディアンに仕立てた時代である。近代は、ネイティヴの本質を荒し、ネイティヴの伝統に対する幻滅を生み、ネイティヴの価値観を荒廃させる。インディアンの伝統は、回顧趣味のことであり、白人の科学文明に都合の良い伝統である。

一方、名づけえぬネイティヴの方は、白人中産階級にはとらえどころのない美しく心地よい所に潜んでいる。相手がインディアンであれば、社会科学者が対象として論じることができる。しかし相手がネイティヴであれば論じることはできない。ネイティヴみずからが、自分たちの世界観である、自分たちに当然の理屈を皮肉り、自分たち流の生きのこりを皮肉ったくらいだから、ネイティヴは愉快にも、白人にはとらえようがないのだ。ネイティヴの世界観の核になっているのは、季節やシャーマンの動きを大切にし、悲劇的な叡知を受け容れ、自然のままだからこそ均衡などとれていないお話を大切にする姿勢である。

近代主義者は、ほどよい距離をとってすべての文化を眺めやるといった国際人ぶった高みから、おもむろにネイティヴを見下し、自分たちの他者としてとらえたにちがいない。だが、近代主義者のように律儀に現実にいたネイティヴの先祖を切り離すことは、名づけえないネイティヴのいないことを模倣するにすぎない。このようにインディアンという偽物は、いつも白人に客体として物象化される。

こういった近代主義者は、社会科学の理論をふりかざしてネイティヴの文化を支配し、ネイティヴらしい自然の理屈と動きまわりを歪めてきた。いかに異国情緒あふれる逃亡者のふりをするにしても、他者を物として所有することなど、およそネイティヴにそぐわない。つらつら考えてみるに、白人は、さもなければ自分たちが所有している先住民の偽の文化遺物が、いよいよもって偽物っぽい、げてものに堕してしまうことを怖れて、インディアンを構築する理論と模倣を飽きもせずにつくるのだ。皮肉にも、近代主義者や、太古の「本物の」ネイティヴがのこした、すりきれた文化遺産を買える中産階級にとっては、現実離れしたげてものめいた模倣の方が、かえって「本物っぽく」見える。偽の羽骨でつくられたチョーカーや妙な戸止めのコヨーテにしても、ニューヨークで高値で競売にかけられるゴーストダンスの衣装や部族長の毛布の評価を悪趣味にまねただけの中産階級好みの偽物と変わるところがない(36)。

インディアンと呼ぼうとポストインディアンと呼ぼうと、自分がネイティヴだと証明したがる者であろうと、しょせんは同じことだ。近代を生きた白人がインディアンという他者を美しく階層化してみせただけのことだ。インディアンはネイティヴがいないことを意味する。インディアンはネイティヴの価値観の敵である。インディアンは近代性と通じていて「意思疎通」もする。

ユルゲン・ハーバーマスは『近代性の哲学的言説』で、こういう。「伝達行為理論では、生の象徴的、物質的な再生産は、内的に相互依存する。……本質的に理性は、伝達行為の場面や生の世界の構造において蘇る」「神話における伝統を見直そうとすれば、秩序や部族らしさを喪失する危険を犯さずにはすまない。『真偽』、『善悪』がなにであるかは、いまも交換、因果、健康、本質、富、といったことをわたしたちが経験に照らしてどう考えるか次第である(37)」。

白人は、合衆国憲法にうたってある民主制社会に身をおいていながら、非白人には決して民主的ではなく、自分たちの西洋文明、国家主義、近代を絶対視する。そして、白人の歴史観からネイティヴらしいネイティヴは欠落している。白人によってネイティヴがアメリカから消滅させられたことは、恣意的にあれこれと表わされてきた。他方、インディアンは、近代に対抗する反言説である。白人が先住民に囚われて、象徴的に犠牲者となり、物語の最後には救われて苦悩から購われることを描く、白人の手になるインディアン捕囚記＊という作品群がある。こういった白人の犠牲と救済を描いた辺境を舞台とする物語では、書き手である白人によって、インディアンという蛮人が登場させられる。捕囚記をはじめとする物語では、インディアンがアメリカという国家のかかっていた偏執病の元凶だったとされた。インディアン捕囚記では、インディアンは白人に全面的に寄生していたのだとか、インディアンは常に供犠だったと決めつけられてきたが、とんでもない。白人は、文明が優るとか、先住民は犠牲だといった言説を使うが、じっさいのところ、自分たちの方こそが先住民に寄生することで、かろうじて主役の座を保っているだけである。白人の過去回顧癖や、悔恨や、理性重視の伝統は、どれも近代の模倣としてのインディアンの自然な脱構築である。

＊［インディアン捕囚記——メアリ・ローランドソンの『囚われの記』（一六六二）が有名。］

『詩的人間』でダニーロ・キスはこう述べている。「国家主義は、凡庸な概念体系である」。また、国家主義は、近代の偽物っぽい行動であり、辛辣で悪趣味のアメリカ人が「個人としても、社会全体としてもかかっていた偏執病」である。国家主義には「普遍性もなければ、美的価値も倫理的価値もない」[38]。キスの論を援用すれば、いまだにインディアンへの差別がつづいていることから、白人のかかっていた偏執病や先住民支配がつづいていることになるだろう。また、インディアンへの差別にも、先住民が犠牲であるという白人全般が持っている概念体系が窺えようというものだ。インディアンは、自分たちの個人的な体験が不確かであるために、本物のネイティヴを模しただけの辛辣でげてものめいた模倣に頼るしかない。こういった、げてものめいたインディアンにとっての最近の敵とは、ネイティヴにとっての価値観であり、ワードスターであり、降神術師を崇めたがる消費者である。自分を本物のネイティヴらしく見せようとする者にしても、じっさいのネイティヴよりもネイティヴらしく見えるネイティヴを求めるような水晶玉を使う詐欺師まがいのニューエイジャーたちにしても、自分たちは、さんざん他人の悪趣味を酷評してきたくせに、そういうご自分こそ眉唾ものである。ネイティヴのお話ででもトリックスターの解釈学ででも、好機というものが大切である。ネイティヴの好機は、ニューエイジの消費者を脱構築してくれることであろう。

ネイティヴの作家のしたたかな理論は季節とともに移ろう。ネイティヴの創生記やトリックスターの変幻自在ぶりやネイティヴのお話の永遠の変奏はどれもこれも動いている。つまりネイティヴ文学を書く作家が、意図した動き、他の動きを名づける動き、あるいはネイティヴらしい動きである。ネイティヴの文学では口承でであれ活字でであれ、響きにしろ沈黙にしろ、作家の心の季節のように、移り変わるものである。白人には、改悛や犠牲というインディアンの特徴は比較的分かりやすくても、それとは逆であるネイティヴの作家を理解することはおぼつかない。

ネイティヴにとっての精霊のようなマニドーは動く影であり、精神の痕である。つまりマニドーは、ネイティヴのお話における四人称の影のことである。マニドーは、ネイティヴのお話に籠められている。マニドーは、ネイティヴの作者個人の意図も解釈者の理論も超え、お話の皮肉さえも超える。ネイティヴのお話はネイティヴがいるという存在感を昂らせる。また、お話でネイティヴの作家が意識して示す動きは、いわゆる「第二の自然」という内なる自然なのである。ネイティヴ文学で使われている代名詞は、意図して、考えて使われている。ネイティヴ文学で使われる代名詞は、ネイティヴらしい生きのこりを表わすことによる皮肉であり、ネイティヴらしい一貫性である。

ネイティヴのお話の歴史状況を把握したければ、トリックスターのお話の、作家の意図やネイティヴの文化や登場人物の動きを考慮に入れることも重要である。霊魂を表わすネイティヴのマニドーは、語られているお話にネイティヴがいて、お話がネイティヴらしい意識やネイティヴらしさをとどめていることを示す。たとえば、冬という季節は、ネイティヴにとって、ただの名称以上のものである、そのようにマニドーもまた、ただの季節以上のものである。ネイティヴは名前のなかに影として存在している。そうはいっても当然のことながら、何もネイティヴでさえあれば誰でも、ネイティヴらしい感覚を備えてこの世に生まれ落ちるわけではない。

デヴィッド・カズンズ・ホーイが『批評サークル』で、こういうとおりだろう。「ことばが意図のようなものを可能にする。この逆は真ならず」「『ことば』には実体が備わっている。ことばは特殊な情況でだけ、みずからを露にする。われわれがことばのことを話す時は、具体的には語用について話しているわけだ。またおしなべて、人はことばを意識しないで話している」。ネイティヴのお話における四人称としてのマニドーは、抽象『概念』ではなく、まさにネイティヴの先祖が意識を持って存在していたことの痕なのである。作品にはネイティヴの作家はいないで、作品の意図だけがある。マニドーは、論理では把握できない痕である。

解釈学は存在、経験、沈黙を仲介する。テキストの拡大が解釈である。デイヴィッド・カズン・ホーイによれば「作家の意図はまさに詩と変わるところがない。詩人の本音は書かれた詩に伴いもしない」「詩人の本音はじっさい、詩である。しかし、その本音とは、詩が直接述べていることだけではなく、詩がほのめかすものである。よって読者は、しばしばテキストの外に作家の意図を探そうとする。読者はテキストに示されているものをじっさいにはまだつかめてはいない」。「解釈学的な対話」という時の解釈学とは、「テキストの意図が解釈者によって決められることについての理論[39]」である。

ネイティヴのお話の多くは、白人に英訳された際に白人文化に合うようにと、社会学的な解釈をほどこされ、支配された痕を示す客観主義とやらをほどこされてきた。つまりネイティヴの作家も読者も作品も、ネイティヴのことをつかみきれない白人という主人によって勝手に規定されてきた。ネイティヴのマニドーは、名前や部族名やお話のなかにわれわれネイティヴの先祖がいたことを示す貴重な痕なのだが、白人には分からなかった。

『焔の文学』でモーリス・ブランショはいう。「ことばは、なんとか不可能を可能にしようとするので、ことばは可能なのである」「ことばのあらゆるレベルには、闘争や不安にむすびつくものが、骨がらみで内在している」「みずから死ぬことはできないくせに、みずからの死を喚起しつづけるので、ことばは残酷である(40)」。

他の側面

D・H・ロレンスは『古典アメリカ文学研究』で、こう書いている。先住の民は死に果てており、「今更、痛みを和らげられることもなく」、自分たちを略奪した白人を許そうとはしないのだと。「赤い人は白い人を憎みつつこの世から消えていった。『我らの白人の文明』を信じなかったので、先住民は白人の秘儀においては敵だ」。奇妙なことに、ロレンスによれば北米の地霊は「古からの住人が絶滅するか同化しきるまで、新参者である白人に対して十分な力を奮えない」らしい。

ロレンスは、白い人と赤い人との間にはいかなる「肉体の現実的な和解」もないし「秘儀による心の結びつきもありえない」という。ロレンスの考えた秘儀による異人種の契りは、官能的で、せいぜいのところ人種主義的に白人の他者としてのネイティヴを真似ただけである。こんなものは、いかにも中産階級の白人めいた孤独な回顧趣味でしかなく、ロレンスが近代という合理的な権威に退屈したか、この権威に挫かれたからという他ない。ロレンスも、ネイティヴを悲しい犠牲者として括っている。そのくせロレンスは、ネイティヴを白人にとっての他者に仕立てあげる異国趣味的な「伝統」にのっとって、ネイティヴを救いたがるふりだけはした。

ロレンスによれば、白人は赤い人に複雑な気持ちを抱いているので、白人は今も赤い人を「絶滅させたくもあれば、賛美したくもある」「少数ながら、赤い人を観念としてとらえて褒めちぎる白人もいる。ただ、そういった輩は、自分の肌の白さにすねるような上流階級の、はみだし者だ[41]」。

というわけである。

白人によるインディアンの悪魔表象は、文明が野蛮に優ると考える近代における他者模倣でしかない。白人のインディアン忌避は、ネイティヴはいないという大義名分を掲げて営々とつづけられてきた白人一流の「伝統」である。白人はネイティヴのお話を英訳した際に、ネイティヴのお話を覆した。そして文化研究や歴史学では先住民をいつもインディアンとして取り上げてきたのである。白人はこういったように混乱し、インディアンにまつわると自分たちが考えるもろもろのことと、インディアンをいいかげんに組み合わせた。すなわち白人は恣意的にインディアンと結びつけては、「インディアンの」伝統とか、「インディアンの」呪術、「インディアンの」価値観、「インディアンの」笑い、「インディアンの」芸術、「インディアン」らしさ、「インディアンの」生き様、「インディアンの」アルコール依存症、「インディアンの」供犠、「インディアンの」悲劇といったものを捏造してきたのである。白人が社会学や映画論や文学研究や歴史学といった学問で定着させているのは、自分たちが神話に登場させる悪魔のようなインディアン像であるかと思うと、はたまた最近とみに自然派の生態学者が崇め奉っているインディアン像であったりする。白人が時として掲げるインディアン悪魔説は、ネイティヴが理性的でないことや、ネイティヴの間に相違がないことを大前提としている。つまり白人は近代化を進めつつ、ネイティヴをかき消していったのである。

インディアンにも異邦人（エイリアン）にも、白人にとっての他者性が刻印されている。インディアンも異邦人も、白人にとってはわけのわからないネイティヴという存在を、象徴的には不在の模倣にしただけである。これとは逆に、母なる大地という概念では、インディアンは自然派の生態学者であるとみなされ、白人に崇められている。かと思うとインディアンは悪魔とも されてもいるから、ややこしい。インディアンの内なる「伝統」というものは、インディアンの理性を掘り崩し、かつ近代性を模倣もするというわけだから、いやはや錯綜している。異邦人は白人にとっては他者であり、つまり理性の枠外にいるこの世離れした者である。こういった意味で、異邦人はネイティヴであると考えられるのである。異邦人は、極端に理性的なかたちでもあり、異次元にいる外部の者である。つまり異邦人とは、近代の枠外にいる、近代にとっての究極の他者である。

先住民エド・マックガー＊は『虹の部族』で、「赤い人の土地はきれいなままだったので」、「赤い人は自然に根差した暮らしを捨てなくてもよかったのに」という。しかしこの、法学部卒のポストインディアンでサンダンサー＊＊で、戦闘機を操縦したこともあったマックガーは、インディアンの悲しい犠牲性をいいたてて、かえって自分がネイティヴではないことを暴露しただけだった。マックガーは、先住民の伝統文化は「調和的な社会学、利他的な指導力、暖かい家族の絆、正義」といった「美徳」に満ちているのだと、先住民の伝統を称揚する。こうしてマックガーは、合衆国憲法でうたわれた民主制における理性と自由な偶発性よりも、先住民の伝統の方を認めた。そういうわけだから、マックガーの回顧趣味は近代を放棄していることになるだろう。

*［マックガー――〈鷹男〉。スー族。さかんに非先住民に向けて先住民の精神性や儀式を紹介している。］

**［サンダンサー――平原部族の太陽を崇拝する儀式サンダンスの躍り手。部族によって様々だが、数日ほとんど飲まず食わずで踊りつづける。］

わたしには、マックガーの掲げるニューエイジの「虹の部族」とやらも、本物よりも本物らしいとされるインディアンの伝統とやらも、うっとおしくてかなわない。インディアンが経営するカジノの賭博師や、商業映画に登場するインディアン。わたしには、どちらもインディアンの伝統を掲げ、「虹の」ニューエイジのベンチャービジネスで大儲けようとしているだけの実態が透けて見る。(42)

ジャン・ボードリヤールは『宿命の戦略』でこういう。「模倣（シミュレーション）は現実の恍惚である」「誰でも意外な展開を期待してわくわくして戦略を練り」、「人々は致命的な気晴しを求めているだけだ。ここまでくれば、もうとことん退屈する方が、かえって救われるし恍惚も得やすい」。ボードリヤールのいう「唯一の、しかも致命的な戦略」とは、おそらく理論を指しているのだろう。(43)

わたしには、マックガーは、どうすれば人々をもっと退屈させられるかを知り尽くしているとしか思えない。彼が小賢しくあれこれと練る戦略など、致命的である。インディアンの伝統を白人に受けるように美しく転倒してみせ、模倣してみせるだけで退屈窮まりない。二〇年以上前に、マックガーはミネソタ州のワセカという町で八〇人ほどの農夫たちに講演したことがある。マックガーは人が「母なる大地」への敬意を失ったことを批判し、過度の物質主義が諸悪の根源なのだと述べた。「わたしたちは女性から生き様を学んだ。あなたがたのは男性原理だ」「自然の道から外れる度に問題が起きているのだから、昔ながらの部族思考に戻れ」と。しかし現状に戻れなどとお勧めになるなど、これはこれは、トリックスター顔負けの言い草ではないか。

その夜のマックガーの講演は、ミネソタ大学で将来研究を教えているアーサー・ハーキンズとの共同講演であった。先住民復興主義者マックガーは、致命的な戦略と「母なる大地」の模倣を訴えて、近代主義を批判した。せっかく気晴しを求めてやって来ていた聴衆は退屈した。

もうひとりの公演者で未来志向のハーキンズは、壮大なフロンティア構想をぶち、近代主義をこう批判した。「太陽エネルギーか原子力開発をして『涙の谷』から流れる力をまとめあげないかぎり、天然資源の保護も管理もあったものではない」「本当に己を知るためには、少なくとも一時的に自分自身にたいして異邦人になってみなくてはならない。わたしたちは成長するには、人間以外のものになってみるのも良いだろう」。

この未来志向家と復興主義者は二人とも、一見、反対のことを説いているようで実は、二人とも啓蒙を放棄してわざわざネイティヴのいない模倣を目指した。両者の致命的戦略も近代主義の切り換えとやらも、元来は同じことなのだから。この場で復古志向のマックガーは、先住民の聖なるスウェット・ロッジ＊にかかわる一〇人以上の仲間の名前も挙げた。一方、未来志向のハーキンズの方は、「わたしたち皆が、合成化学物質であれトマホークミサイルであれ、科学技術を制御しなくてはならない」と講演を締めくくっている。(44)

＊[スウェット・ロッジ――先住民が儀式の前に身を浄めるための、屋外で土の上にしつらえた蒸し風呂のようなもの。熱い石を中に置き水をかける。]

同じ頃、活動家のラッセル・ミーンズ＊は、サウスダコタ州ウンデッド・ニーの武力占拠を起こした科で係争中であった。ミーンズは連邦裁判所で陪審員にこう誓った。「生命のすべてが聖なる『母なる大地』から生まれる」「どの生物もひとりの、共通の母から生まれたのだから、人は互いに親族にたいするような敬意をもって接さなくてはならない」と。ミーンズは無罪となった。困ったことにその後、映画俳優として活動している。

＊[ミーンズ――次のデニス・バンクスと並んでアメリカ・インディアン運動の有名な指導者の一人。彼らの起した武力占領事件はレッド・パワーの興隆として全米の注目を集めた。一九六九年アルカトラズ島占拠（一年以上警察と対峙）、一九七二年「破られた条約の旅路」でワシントン

内務省のインディアン局ビル占拠、一九七三年ここで述べられているウーンディド・ニーの武力占拠（七〇日以上警察と対峙）等。当裁判では二人とも無罪となった。」

デニス・バンクスは、同じ頃に開かれていた裁判で陪審員に向かい、こう自己弁護をし始めた。「サンダンスの儀式で皮膚にピアシング*をすると、自分が『母なる大地』から生まれたことを痛感する」「ピアシングでわたしの胸の肉がちぎれた刹那、自分が太陽を崇めるオグララ・スー族の宗教を失うことなど到底できないことを悟った」。後にバンクスは居留地への企業誘致に心血を注ぐようになったが、これまたミーンズの場合と同様、ポストインディアンらしい致命的なやり方である。バンクスはサンダンス教に改宗したが、「わたしは何年も前から資本家であるべきだった[45]」などと述べている始末だ。

*［ピアシング——サンダンスの躍り手は胸や（時に背中にも）の皮膚に小さな棒を突き刺される。棒は皮紐で中央の柱に結びつけられている。躍り手は皮膚が弾けて破れるまで柱の周りを回る。思春期の若者の男らしさを試し太陽へ供えるための儀式。］

ジャン・ボードリヤールは宇宙全体が「均衡にではなく対極に向かっている」という。ボードリヤールに倣えば、「母なる大地」という現実の恍惚を模倣することで人が恍惚に至ることは、創生と自然とをただ凡庸に均衡させてしまうことだろう。恍惚の度合を競う時「母なる大地」という理想は、現実のものだと考えられている。このように名づけえぬネイティヴなど存在していないと思い込ませることが、インディアンの伝統となった。「母なる大地」の模倣を超えることは、皮肉にも当人に他の恍惚がないことである。

しかし、こういった復興主義者や未来志向家や活動家たちの凡庸な模倣には、ネイティヴらしい動きも創造的な変化も、あったものではない。彼らのように「母なる大地」をいくら神聖視しようと、ネイティヴの置かれている現状を否定しようと、はたまた異邦人に変身してみようと、近代を放棄してみようと、どれもこれも、あまりに現実的な模倣でしかない。そのようなことはやっても仕方がない。また、お話におけるネイティヴらしい生きのこりの感覚は、ネイティヴらしい動きまわりとは切っても切り離せない。したがって、ネイティヴが昔の伝統に逃げ込んだり、はたまた未来へ逃避するのは馬鹿げている。

ボードリヤールもいうように「幻想はもう、わたしたちの生きのこりに役立たない。生きのこるには人は、限りなく非現実な到達点を目指さなくてはならない」「現在は、革命ですら見世物になりうる時にしか起こりえないようなご時勢である。よって、心ある人が、マスコミが現実の出来事を殺してしまったと嘆くのももっともだ[46]」。先から挙げてきた復興主義者や未来志向家や活動家たちは、ネイティヴらしい生きのこりではなくインディアンという模倣という致命的戦略を掲げてマスコミを利用する。どなたも困った方だ。

幻視のような噂

ネイティヴが「母なる大地」の申し子だと唱えてやまない者たちもいる。ネイティヴが「母なる大地」の申し子だという考えは、律儀な換喩の習慣としてネイティヴを「母なる大地」という表現で表わそうとするものであり、提喩のようにインディアンの伝統を転倒させることである。この考えは、昔の物語を探ればインディアン捕囚記という文学遺産に匹敵し、未来文学では荒唐無稽な宇宙人としての他者にも匹敵する。インディアンであれ未来からの宇宙人であれ、いずれにしてもそのような異邦人は排他的な絆であり、模倣であり、時空における経験である。つまり、白人が描いた異人による誘拐物語は、結局はインディアンという白人の他者の模倣とも通底するし、また、捕囚記で描かれた蛮人像にたいして白人がいだく恐怖とも連動する。つまりインディアンは、白人の狂想が生んだ他者なのだ。

『誘拐 —— 異邦人との遭遇』でハーバード大学の精神医学教授ジョン・マックがこう報告している。「異界から到来した者と人間との遭遇は、太古の昔から様々な文化の神話や物語で描かれてきた」「神、精霊、天使、妖精、悪魔、食屍鬼、吸血鬼、海獣との遭遇についての記録は何世代にもわたって、おびただしくある」(47)。インディアンは悪魔とされることこそあっても妖精とされたことはなかった。インディアンは神とされることはあっても吸血鬼とはされず、変身を重ねるトリックスターだとはされても宇宙人とはされなかった。インディアンは高貴な異人であり、おどろおどろしい呪術師であったり、罪や救済の模倣として描かれることもあった。ただいつでもインディアンはキリスト教徒好みの悲しい犠牲者としてしか描かれてこなかった。

マックはいう。「捕囚されたことのある者のように、神秘家やシャーマンのほとんどは、自分の体験や知恵からなんとかして悟りを得たがる」。マックは「異邦人による誘拐を百例ほど」臨床した。そして誘拐経験者は、恐怖や悪夢や過度のストレスを持ちつづけることはあるにしても、ただの誘拐という悲劇の犠牲者にはとどまらないのだと結論づける。誘拐経験者にはシャーマンや癒し手もいれば教師もいるし、また「誘拐経験者の意識は拡張して変容することが多い」のだという。

ニューエイジャーは恍惚と夢を欲しがる。彼らのお好きな恍惚とか夢物語では、いつも酷似する超絶経験と、異人（エイリアン）やインディアンのようなものたちとの遭遇による「意識の拡張」が賞賛されている。しかしわたしにいわせるなら、このような経験はあくまでもお手軽に恍惚を模したものである。また、ポストインディアンの幻視者が安易に得る恍惚は、ネイティヴのシャーマンが刻苦の果てにようやく獲得するに至る幻視とは似て非なるものだ。ネイティヴのシャーマンは運を天に任せて、不吉な沈黙のなか、自分を日常から切り離して、幻視を得ようとする。こうしてシャーマンが見る幻視が部族にもたらす癒しは、部族以外の者に明かされることはまずない。シャーマンが見る幻視は信じるに値する。

マックによれば「わたしが臨床した捕囚経験者は皆体験によって変わっていた。彼らは、地球に優しくなったり生きとし生きるものたちとの和を大切にするようになった」。捕囚経験者はまた「周りの人々に、はっきりと愛情表現をするようになったり、攻撃衝動を抑えようとしたようだ」。「人間として異人としての自己を経験し」てしまったために、捕囚経験のあるほとんどの者は複眼的に物事を見るようになった。(48)わたしはここで、この二重の自己が当事者にとてつもない緊張を強いることと絡めて、ネイティヴとインディアンというこれまた二重の自己について考え、また、辺境での捕虜がどういうものであったのかも重ねて考えてゆきたい。

ファニー・ケリーは、ララミー砦付近で移民列車に乗っていた一九歳の時に強敵スー族につかまり、五ヵ月捕虜となった。自伝『スー族に囚われて』で「わたしの苦しみを思ってもみて下さい。復讐にたけり狂う蛮人の激怒が、いつ頭上に降りかかるかと思っただけで、気がふれそうでした」と書いている。

ケリーは、想像を絶するような、第二の感性といってもよいような時間感覚と存在感も身につけた。飢えと乾きにも苛まれた。「友だちは、わたしがこうして自由になれた今でも、わたしがびくついていて、興奮状態から抜け出てないっていうわ。いまいましい体験にまだ、がんじがらめになっているみたいなの(49)」。

奴隷、捕囚、誘拐、隷属物語のどれもでも、誘拐体験者が支配に抗おうとして、つまり自分が犠牲であるという悲劇をなんとか退けて生きのころうとする。インディアン捕囚記や異邦人による誘拐物語では、主人公は打ちつづく試練と移動を語り、最後には逃亡したり帰郷したりする。『先住民捕囚記』でリチャード・ヴァンダビーツは、このジャンルではいつもこういった死と再生の「通過儀礼」があるという。(50)

どこよりも合衆国には、異人による誘拐やＵＦＯの報告例が夥しくある。カール・ユングはそういった「物体」を「心霊力で見た」「幻視的な噂」だと説明する。ユングは『空飛ぶ円盤』で、このような噂の物体は「飛んでいる昆虫のように見え」、「乗っているのは身の丈三フィートほどで、その姿は人間のようにも見えれば、まったくちがうようにも見えた(51)」という。

「第四種との遭遇」という主題を掲げて開かれた誘拐学会に出席したＣ・Ｄ・Ｂ・ブライアンも、「誘拐経験者による異人描写は昔からある」という。たとえば「小さな灰色人」は「平らな顔」で、体毛は薄いと報告された。ジョン・マックは学会の終わりに「これまでの科学的アプローチが誘拐現象の解明には通用しないことが、分かってきた(52)」と感想を述べた。ネイティヴはいつも、自分たちの意識の源が、自分たちにとっては自然な理屈であることを示し、アニシナベ族の場合であれば霊魂マニドーであるとか、シャーマンの高揚とか、生の躍動とか、名づけえないものが大切であることを示してきた。ネイティヴの意識の、ネイティヴらしい生きのこりの痕跡でもない源は、生気論でもなければ、トリックスターのからかいでもない。

たしかに概念からしても描出のされ方からしても、エイリアンによる誘拐体験談に登場する異人はインディアンではない。そうはそうなのだが、それでもなおわたしには、誘拐経験と先住民による白人の捕囚経験は似ていると思われてならない。マックは「誘拐現象」を五つに大別している。先の「小さな灰色人」による誘拐は、次の五点において先住民の出る捕囚記と似ていると唱えるのである。

つまり第一に「信頼できる観察者」によって感情をこめて語られた「誘拐についての詳細にわたる整合性の高い説明」。第二は「語り手に精神病などの問題がなく、語られた内容は信憑性が高い」点。第三は「経験者の身体への影響」。第四は「誘拐時にあちこちで別個に見られたＵＦＯとの関連」。第五は「二～三歳児誘拐の報告[53]」である。

バッド・ホプキンズは何百もの統計を踏まえて『侵入者』でこういう。「誘拐経験者は、誇大妄想狂でもなければ幻想を見たわけでもない。彼らはたまたま辛酸をなめさせられただけの普通の人たちだ」。このように、誘拐経験者が普通の人であるという前提に立ち、ホプキンズは、誘拐経験者は「どう見ても犠牲者だが、幸か不幸か未来を見てしまった先駆者」でもあると考えている[54]。

異人もインディアンもいずれも、お話や物語における他者の模倣である。誘拐、捕囚経験者も、逆境で他者に遭遇した、つまりは物語における先駆者である。捕囚記に登場する蛮人は、近代を放棄した蛮人であったり、技術優先の未来物語では灰色人として登場したりする。捕囚記も誘拐物語も、文学における辺境を舞台に展開し、どちらの象徴的な開拓者にも指示対象がない。まるで鳥のエイリアンが地上の「原始人」と接触したがっているようなものだ。インディアンとは、ネイティヴのいないことだ。異人とインディアン。インディアンも異人のどちらも現実にはいない。

アニシナベ族の神話に絵文字で描かれている姿や、岩に描かれた人間のような姿には、わたしの目には異人だとしか見えないものがある。霊魂マニドーを描いた絵神話や、トリックスターのナナボズホを描いた水際の岩絵やカンバの樹皮がある。これらの絵は、五大湖付近に住んでいた太古のネイティヴとしての「小さな灰色人」の記録をとどめる、部族のいわば古文書と考えてよい。ウィリアム・ジョーンズによるとアニシナベ族の間では「そういった絵はマニドーが描いた」と信じられ、「小人が岩を滑り降りた」「祖先がこの地に到来すると、岩にいた小人が水中に掻き消えた」[55]と伝わっている。

このことは、お話の倫理面を見れば皮肉である。異人の模倣やインディアンは、お話や物語に他者として登場するようにされた素晴らしい犠牲者であるから。ホプキンズは「互いに理解する共通の土壌がない断片的な二つの情報」だけがのこったのだろうと解釈する。異人の模倣は「道徳的に曖昧で自己完結した、外的現実である」[56]と。

白人が書いた捕囚記は「扇情的な文学」で、少なくとも二つの時期には酷似していた。ジュールズ・ザンガーによれば、そのひとつ目の時期には先住民捕囚記は「具体的な証拠も象徴的な証言も」兼備していた。捕囚記に登場する清教徒は、自分たちが蛮人にとらえられたことで自分のキリスト教の神への信仰を確信したことや、その際に自分が神にかけていただいた慈悲を強調した。ザンガーは、先のファニー・ケリーの『スー族に囚われて』の序文でこう説明している。「一八世紀には、一七世紀の捕囚記のような熱狂的な宗教色は薄れ、かたちだけの敬虔さだけがのこった。代わりに蛮人の残虐さ野蛮さが強調されるようになった」「白人女性が捕虜にされた時は、先住民男性の性的な対象として醸す悲惨さが読者を興奮させるものだから、男性捕虜とは格段に違う扱われ方だった[57]」。

こういった捕囚記では、捕囚された誘惑体験者が精神錯乱に陥ったり精神病になったとは書かれていない。ケリーは『スー族に囚われて』に、先住民や白人将校たちをはじめとする、自伝の信憑性を証明する要人たちの宣誓供述書や証言もつけている。〈斑点のある尻尾〉らの族長や戦士がこう証言したというのだ。「我らダコタ族およびスー族の長たちは、ファニー・ケリー夫人の捕囚の事実、並びに部族の者たちに夫人の財産が奪われたことについての夫人の宣誓供述書が正しいことを、ここに証言、署名するものである」と。

とはいっても〈斑点のある尻尾〉たちは、ケリー夫人を捕囚したことを認めはしたが、なにも手放しに夫人の語っているすべてが真正だなどと保証したわけではない。この宣誓供述書には先住民の署名として公証人に承認された五つの簡単な印がつけられている。当時の「本物の」先住民は英語が読めなかった。その上、当時の白人読者の嗜好や、出版社の売らんかな主義も併せて考えてみると、この長がつけた五つの印など、ますます信憑性がなくなってくる。平たくいってしまえば、捕囚記はどれもこれも眉唾物である。ケリーは皮肉だ。彼女は自分の体験記に出てくる先住民が実在していると保証することで、読者受けを狙ったのだろう。

捕囚記全般が本当に起こったことについて書いているというまともな保証など、どこにもない。なのに、なぜ誘拐物語が連綿と書かれているのかは、感情論だけでは到底説明がつかないはずである。ここで、異人やインディアンについての記録を納めた皮肉な古文書保管所のことを考えてほしい。保証書や記録には食い違いがあるはずだ。捕囚された者や、誘拐された者をはじめとするあらゆる隷属者は、判で押したように体験が実話だと誓う。しかしながら、捕囚記にせよ生きのこりについて語るしたたかなお話にせよ、いつの時代でもお話というものは読者を意識した創作だ。

カール・ユングは、宇宙人についての「幻視のような噂」が流されることは人間の主観投影だという。「冒険志向や科学技術の大胆さ」は「これからも夢物語を繰り出す」かもしれないのだと。しかし、そういったファンタジー衝動そのものや衝動の「遠因」は、周りの者にとってはいざ知らず、経験者本人にとっては、ふわふわしたものではなく「苦悩」なのだ。ところがユングは痛みを解することなく「あちこちにある、とてつもない噂は、わたしたちの理性の時代のために取っておかれている」というだけだ。インディアンは、近代人の見る幻視のような根も葉もない話では、理性を持つとされたこともあったし、理性を持たないと決めつけられもしてきた。ユングはいう。「現代ほど、超自然的な購いが待望されている時はない。現代人は、異人による超自然的な購いでも期待するしかない。現代人は一九世紀のようには確固たる伝統に根づいてはいないので、自分が天にまします神に介在していただいて当然だなどとは到底思えず、不安なのである[58]」。

超倫理的な格付け負傷者選別

わたしの父クレメント・W・ヴィゼナーは、ミネソタ州ホワイトアース居留地でこの世に生を享け、一九三〇年代の大恐慌時代に都会に出て職探しをした。*　ネイティヴにとっては、引っ越しそのものはありふれている。というより、引っ越しはまさにネイティヴらしい生きのこりの証といったところである。父は、母親や兄弟姉妹たちを連れて都会を転々とした。不況の三〇年代に差別をされて移民のような暮らしをしただけだが、父は犠牲者のふりをすることもなく、憲法でうたわれた民主制を、彼なりに生きぬいた。

*［実父――州都ミネアポリスに出ている。ヴィゼナーは二歳にならないうちに父に死なれている。父はトリックスターのようにして生きたと考えるヴィゼナーは父を思慕してやまない。］

父クレメントは先住民としては職に就けたためしがない。彼は国勢調査でも一合衆国国民として登録されたし、一九三〇年の国勢調査では部族名も「純血度」も問われることもなかった。だが、彼の両親はその昔、居留地での国勢調査で、身元や純血度について訊かれている。わたしの父は、白人社会に同化しようともしたネイティヴだった。彼は、いわば奉納や超倫理的な格付け負傷者選別であったし、国勢調査の模倣として先住民として登録された第一世代の先住民にあたる。(59)

わたしは、インディアンの模倣は、ネイティヴがいないという意味で「超倫理的」であるといいたい。白人の古文書保管所に納められている白人の手になるアメリカ史では、インディアンは他者だとされている。わたしは「負傷者選別」を、あえてインディアンを救うために用いたい。つまりわたしは「負傷者選別」を、かつて実在した名もないネイティヴの先祖を意図的に犠牲にしてしまうという意味で、用いる。わたしにとって「負傷者選別」とは、ネイティヴの先祖を保管したいという白人の「古文書館的な熱意」のことであり、つまるところ白人の支配欲のことである。ネイティヴは、白人にとっては永遠の他者であり、超倫理研究におけるインディアンの犠牲性において、二重の他者なのである。

ジャック・デリダが『古文書保管所』で、古文書保管所を批判している。どの古文書保管所にも「委託の場や、繰り返しの技術、外部性があり」、古文書保管所は「制度的、保守的だ」から、というのだ。そもそも伝統や保存や死や脱構築こそが、古文書保管所の存在理由である。古文書保管所というところは、白人が他者の痕跡を整理し、外部、公私の偶発性の切断の上に成り立たせている。(60)

わたしは、インディアンというものは白人に保管されている古文書のようなものだと考えている。インディアンとは、白人によるネイティヴの模倣であるばかりか、発見、条約、先祖の記録でもあり、翻訳の伝統であるばかりか、博物館に納められた白人にとっての美的な犠牲でもあるから。白人は自分たちが古文書に書きつけたインディアンを、文化研究や超倫理研究で理解しようとする。だが、こういった学問では、たとえインディアンをとらえることはできても、差異の名づけえない感覚としてのネイティヴをとらえることなど、どだい無理だ。古文書保管は、ただ制度にのっとって活字で自分たちが書いた歴史のなかにインディアンを保存し、脱構築するだけである。

父が都会に出た頃のミネソタ州には一万一千人程（州人口の約三%）の先住民しかいなかった。当時、合衆国の都市在住の先住民の全人口の一割に当たる。一〇年前の三%増であった。蛇足ながら、一九三〇年には約二万二千人しかいなかったアニシナベ族だが、現在は一〇万人を超えている。[61]

というわけで、居留地の両親のあいだに生まれたわたしの父を、国勢調査はインディアンとして登録した。父はじつにネイティヴらしいネイティヴであったが、古文書保管所では、白人の他者として登録されたわけだ。こうして他者にされた時点で父は、実質的に部族の経験も私的自由も奪われてしまったために、二重に他者にされてしまった。

『知の考古学』でフーコーは、ありふれた「人の知への意思」が、規則の遵守、手段、物の分類「機能」を確立するという。「知への意思は、制度による補助や配分に依拠する。この知への意志は、他の言説形態にたいして抑制力めいた力を奮いがち」である。よって、「きちんとした手順さえ踏めばどの社会でも、言説は制御、選択、組織、再配分されてつくられる[62]」。

わたしの父や叔父を始めとする都会のネイティヴたちは、表面だけ見れば、たとえ模倣することでインディアンであり、白人により、いわば本来のネイティヴとしての存在を寸断されていた以上、超倫理的な存在でしかなかった。とはいってもその実、ちゃんとネイティヴらしく生きのこったのだから、わたしは彼らをネイティヴと呼ぶのに少しもやぶさかではない。ある白人建設業者は、先住民は屋外生活しかしたことがないからペンキの塗り方などは知らないだろうといって、父たちを家屋のペンキ塗りとして雇わなかった。そこで父たちは、別の業者のところで、今度はイタリア系移民のふりをしてペンキ塗りの仕事にありついた。このことは、ひとつの模倣が別の模倣をひっくり返し、先住民が自分たちなりに「知への意思」を実践したというしたたかさを伝えてくれる。ペンキ塗りという白人文化でイタリア系のふりをすることで、父たちが都会で生活の糧を得て、しかも尊厳を失うことなく生きのこれたのだ。

わたしの祖母のアリス・メリー・ボーリューは、一八八六年一月に生を享け、一九歳でホワイトアース居留地生まれのヘンリー・ヴィゼナーと結婚した。アリスは、一六年後に夫に捨てられると、子連れでミネアポリスに出て、中心街の安アパートに七年ほど住んだ。

アリスにしても、わたしの父と同じく、実質はネイティヴらしいネイティヴであったが、表向きは、居留地にいた時はインディアンであり、都会では移民だったことになる。彼女は貧しくとも気丈に、したたかなお話をしながらやりすごした。そして孤独な人たちをからかった。そして、目に障害こそあったものの心の広い年下の男性と六〇歳代で再婚して幸せになっている。

祖母アリスは、弱気になってしまって元いた居留地のシャーマンに助けを求めたことはなかった。つらかった思い出を語るにしても、幻視の不安定さという悩みを打ち明けるにしても、祖母のようなごく普通の先住民の都会での苦労話は、とかく華々しさに欠ける。祖母は、もう居留地の男たちの伝統にはうんざりしていたにちがいないが、それでも、好機をからかい、他人に「施す」気概は忘れなかった。本人はネイティヴの経済について論じるときに頻用されるポトラッチという対抗的贈与を表わす用語など、使ったためしはなかった。それでも、言動から察すると、彼女には儀式としてや、富と権力にまつわる遊びとしての施しの真髄がよく分かっていたことが知れる。

アリスは社会福祉に頼って都会で生き、レース、音楽、薬、車などについて皮肉っぽく話したが、なにも自分が貧しいからといって人を妬んだり、悔しそうに皮肉ったのではない。体験を人に施すようにして、つまりポトラッチの痕として話したのである。アリスは立派な住宅街に住んでいるくせに心満たされていない白人たちを、自分の皮肉な施しの流儀でもって、お話で癒してあげる名人だった。

アリスは夫と毎週のようにバスの終点まで出かけて行っては、郊外の主婦たちにブラシやほうきを行商した。するといつも夫人たちから、立派な構えの家に招き入れられては昼食をご馳走になったり家族写真を見せられたりした。二人は、めったに肝心のブラシやほうきは買ってもらえなくても気にしないで、白人の打ち明け話に暖かく耳を傾け、トリックスターらしい自然なからかいで、皆を癒したのだ。彼女のお話には、ちょうどの量の生きのこりが入っていた。ネイティヴの移民の彼女と目の不自由な夫とふたりして、都会で新たな施しの儀式を始めたわけだ。二人は、せっかく恵まれた環境にありながらも鬱々としていた人たちに、ささやかな贈り物を携えて行ったのである。

もともとネイティヴのポトラッチには、富の儀式的な分配と、相手を破産させるという、両面がある。ネイティヴの共同体では、資産分配はごくありふれていて、ポトラッチはただ「施し」と呼ばれたりもする。広義には、博愛、慈善としての寄付、十分の一払うやり方、いくつかの納税手段もあるものの、厳密には、ポトラッチが相手を破産させたり富を蔑むことは、権力と特権とを分けて考えるネイティヴらしい、したたかな慣習である。

わたしなどは、白人がネイティヴの資源を支配して、富と権力の源としての聖なる環境を汚していくのを見るにつけ、義務とはなにだろうと、ついつい考えてしまう。だから、白人によるそのような支配や汚染は、いかなる文化におけるポトラッチをも乱用することだとしか思えない。博愛者ぶることは、制度の力の第二の啓示、切断を仮面で隠すことであって、とりたてて合衆国だけのことだというつもりはないが、天然資源の破壊にもつながりかねない由々しき事態だ。

ジョルジュ・バタイユが『呪われた部分』でこういっている。「一度資源が蕩尽すると、浪費者が特権を得る」「浪費とは、他人にたいして優越感を感じるための、これ見よがしの無駄使いのことである。しかし浪費者は、浪費する資源の有用性の否定を乱用する」「ポトラッチは、商業と同じく富の流通手段ではあるが、出し惜しみを厳しく退ける。ポトラッチは、たいていは侮辱し挑発し責務を負わせるために、族長から競争相手に提供される、膨大な富の公式贈与である。受贈者は、屈辱をそそぐために応じなくてはならない。受納によって負わされた義務を果たさなければならないのだ。暫く時をおいて、受けた物よりさらに気前のよいポトラッチで応えるしかない(63)」。

バタイユが『消尽の概念』で述べるように、厳密にいえばポトラッチは「挑戦され扇動されて応えざるをえなくなったために行われる、無理な出費でなくてはならず」、「ポトラッチでは喪失によってだけ、栄光と名誉が富にむすびつく[64]」。

祖母アリスをはじめとするたくさんのネイティヴは、ポストモダンという時代にふさわしく、都会でのポトラッチをしたのだ。聖なるものをからかって与え尽くしたのだ。祖母は郊外で、ネイティヴの伝統的な道徳を模して、新たにトリックスターのお話をした。そうすることで、ネイティヴらしく生きのこるために犠牲になることを退けたどころか、心から他人に満足を与えようとした。

その昔、ネイティヴのポトラッチ儀式は、宣教師に妨げられたこともあったし、連邦政府に禁じられたこともあった。ポトラッチは、特にカナダのバンクーバー島およびブリティッシュ・コロンビア州沿岸のクワキウトル族（フラットヘッド族）の抵抗とかかわる。「ポトラッチは、子供の命名や、死者を悼むためや、次世代への権利の委譲のためや、結婚の祝儀を贈るために行われる[65]」。そもそもポトラッチということばの原義は、コロンビア川両岸と太平洋沿岸に住んでいたフラットヘッドとも呼ばれたチヌック族の、毛皮交易における施しの習慣のことである。

わたしの先祖がいた頃のホワイトアース居留地では、政府から与えられた利権、強制、条約ばかりがふりかざされ、ネイティヴの主権などないがしろにされていた。先住民が白人と交した条約は、相手である白人をも、与え尽くしという慣習へ誘うはずだった。与え尽くしこそポトラッチというその皮肉な聖約に伴うべきだったのだ。だが、一世紀たった今は、ネイティヴの主権に強欲が巧みに絡みついてネイティヴが経営する居留地のカジノを生んでしまった。遺憾なことだ。

居留地に先住民を移住させるという条約が、その昔に立派なネイティヴの文化があったことの歴史的証拠であったためしはなかった。一八六八年七月にジュリア・スペアーズは、マダリン島からミネソタ州のクロー・ウイングの近くのチッペワ・インディアン局に移ってきた。彼女は「ここの先住民たちに故郷を去るように説得するには、条約締結から一年もかかりました」と手紙にしたためている。(66)このようにネイティヴのお話は、悲劇的な叡知とネイティヴらしさを失わない生きのこりについて伝える。

祖母アリスは、土地割り当てや悪賢い材木の利権にではなく、自分が語るお話のなかに、象徴的な居留地をつくったといえよう。アリスは、悪賢い部族国家や政府役人によってでもなく、また、けっしてインディアンが悲しい犠牲になるという儀式によってでもなく、ネイティヴの笑いの記憶を頼りにして、トリックスターっぽく生きのびてみせた。そうして、いったんは失われていた故郷をつくり直して、嘲りや騙し、偽りの哀れみによって、白人に揶揄されたという皮肉を覆したのだ。祖母は、まさに逆境に抗う笑い、ネイティヴらしい価値観やとりなしで、都会での新しい与え尽くしのお話をした。風景や季節や、お話で、からかわれたトリックスターの犯すへまを笑いのめした。

ネイティヴの与え尽くし、トリックスターがこちらに投げてよこすウインクは、連邦政府の監視を逃れたという皺であり、ネイティヴが仕掛ける、制度にたいする揺さぶりである。ところが白人の社会学者は、トリックスターのからかいや笑いが分からないものだから、いつもネイティヴのことを理解しそこなった。わたしの話し上手の祖母アリスは、笑いとネイティヴらしい理屈のからかいを心得ていた。ネイティヴのお話は自然な与え尽くしであって、ふと笑いを誘う。文学とはそうでなくてはならない。

『文学と精神』でデヴィッド・パターソンがこういう。「笑いは、人の意識を言説の束縛から解き放つ。自由こそ、文学を生むのにもっとも大切な土壌だ」「ことばが引き起こす笑いは、相手からの反応を求める。そこで笑いは、言説をみずからに作用させるような、ひとつの言説のかたちなのだ(67)」。

ミハイル・バフチンはいう。「ヨーロッパには笑いの神秘も魔法もない。淀んだ『官僚的な形式主義』に毒されなかった笑いだけが、哀れさや真面目さによって歪曲されることもなかったし、誤ちを免れることができた。笑いは、哀れな生真面目さの奥にある役所の虚偽には染まっていない」。バフチンの考えに沿うと、白人の好むインディアンという模倣は、ネイティヴが悲しい犠牲にされた過程を示すし、「哀れな生真面目さ」の西洋版だととらえてよい。よって、バフチンが『対話的な想像力』で喝破しているように、「真面目なジャンル」と「言語と文体の高度なかたち」は、「慣習、偽善、虚偽に満ちている。笑いだけが嘘に毒されていない(68)」。

ネイティヴの作家は、自分たちが白人に文化面で支配されることを脱構築してきた。そうすることで文学で与え尽くしをしてきたのだ。ウィリアム・エイプス、ルーサー・スタンディング・ベア、ダーシッ・マクニクル、N・スコット・ママデイ、レスリー・シルコウ、ジェイムズ・ウェルチ、ルイス・オーエンズ、トマス・キング、キムバリー・ブライザー、ゴードン・ヘンリーらが、ネイティヴの意識の絶え間のない動きを描く。笑い、悲劇的な叡知、ネイティヴらしい生きのこりについて書いてきた。ネイティヴのお話は与え尽くしである。

ルイス・オーエンズは、自分の父が動きまわって糊口をしのいだことを、こう誇らしげに綴っている。「うちの家族は二年として同じところに住んだためしがない。たった四〜五キロ先への引っ越しもあったし、家賃が払えないとか仕事を見つけたといっては二〜三か月ほどで転々としていた。いつも家の裏で狩りができるような田舎にいたことは変わりなかったけど。父さんはトラック運転、家畜の世話、柵作り、機械修理とかなんでもやって農場や牧場で働いた。なんでも修理できるようだった」。

オーエンズはネイティヴらしい生きのこりや与え尽くしのことをいっているわけだ。ネイティヴはお話が生まれた大昔から、ひっきりなしに動いてきた。動くことこそがネイティヴにとって生きている証だ。ネイティヴの小説家は、各自が微妙にちがうかたちでありながら、生きのこりとからめ合いながら、名づけえないものと切っても切り離せない動きまわりのことを書いてきた。オーエンズは「いつも未知の世界を探れるので、小説執筆は大好きだ」(69)という。動きまわった思い出と、動きまわるお話をすること、これがネイティヴらしい自然な与え尽くしである。ネイティヴは、お話で読者に力を授けながら、近代を賢く解毒してあげなくてはならない。

ポトラッチの「正しい消費」や与え尽くしは、ある意味での「真の蕩尽は孤独なものであるべき」なので、行為としては完璧ではないだろう。バタイユはこうもいっている。「そもそも他者に働きかけることとこそ贈与の力であって、人はこの力を、損をすることで、かえって獲得できる。ポトラッチの醍醐味は、己から脱するものをとらえること、つまり宇宙の際限のない運動を自分の限界とむすびあわせて、とらえにくいものを掴みとる可能性を探ってみることだ」。

ところが「現代社会は巨大な模造品にすぎず」、「富の真実はいつの間にかやせ細ってしまった。今、本当の贅沢と本当のポトラッチは、労働を拒むことであったり、社会の最下層の人たちが金持ちを侮蔑することであったりする。本当の贅沢には、自分の生活を無限に廃虚となった輝きに変え、かつ、金持ちの巧妙な嘘をひそかに嘲るという、冷ややかな無関心さが要る。……つまり嘘が、反逆心を湧きあがらせるのかもしれない」。ネイティヴの語るお話は、抵抗、生きのこり、新たな施しといった「ずっとつづく義務」である。互酬性ゆえにポトラッチによる「贈与は、一見すると損失のように見えても、じつは、かえって損をした当人が得をするようだ(70)」。

事実確認の古文書保管所

『実践の論理』でピエール・ブルデューはこういう。「人は与えるために所有する。しかしまた与えることによって所有しもするのだ。見返りのない贈与を受けることは、未来永劫にわたっての義務という負い目になりかねないからである」(71)。ネイティヴのするお話は白人への与え尽くしといえよう。だから、白人には、未来永劫にわたってネイティヴにお返しをしていってほしいものだ。

ミッシェル・フーコーは、人間には経済的な「理論においても実践においても」、「権力関係を説き明かす新たな経済機構が要る」という。これを先住民の文脈で読み返せば、勝手にインディアンを社会科学における近代の模倣ととらえようとする白人の合理的な企てに、いかにネイティヴが抗うかが大切だということだろう。フーコーもいうように、「官僚制度や強制収容所の例を引くまでもなく、合理思考と過度の政治権力とは密にかかわる」。そこで、「こういった関係はなんとしてでも絶たなくてはならない」(72)。

かの高名なアメリカ独立革命は、よくいわれるようには北米初の大革命などではなかった。最初の革命は、アメリカ独立革命に遡ること一世紀ほど、南西部のネイティヴが宣教師や植民地主義に抵抗した革命である。つまりネイティヴが一六八〇年八月にニューメキシコを治めていたスペインを敗ったプエブロ革命のことである。『プエブロ叛乱』の序文でマーク・シモンズがいう。プエブロ革命は「スペイン帝国がこうむった手痛い敗北で」、「後に合衆国となる土地での、列強諸国にたいする独立戦争に向けての前哨戦だった」(73)。

アメリカ独立革命は、白人にネイティヴを支配する口実を与えたかと思うと、合衆国憲法でうたわれた民主制という主権をネイティヴから直ちに奪いもするというように、まったくもって矛盾だらけの革命だった。憲法で、白人アメリカ人はアメリカ合衆国という国家を表わすのに「われわれ（we）」という表現を使い始めた。この「われわれ」はアメリカ国民の「より完璧な団結」を示すにふさわしい名称として白人にとっての他者を含んでいるはずの代名詞だった。そのはずだった。しかしこの「われわれ」には、白人の他者とはいってもネイティヴではなく、アメリカ民主制の古文書館に保管されていた他者、つまり白人に都合のよいインディアンしか含まれてはいなかった。合衆国憲法はインディアンに二度言及している。

憲法前文は、「国内の治安とすばらしき自由を確固たるものにするために」、先住民を合衆国内の飛び領土としての居留地に移住させ、先住民をそこに留め置くと告げている。アメリカ独立までのいくつもの戦争でアメリカ側について戦ってきた部族もあった。そういった部族国家は憲法に基づいた条約や裁判所の判決によって守られてきた。＊

＊［フレンチ・インディアン戦争（一七五六～六三）、一八一二年戦争、このアメリカ独立戦争などを指す。いずれも戦争終結後の和平交渉の場にも、先住民の部族国家が招かれることはなく、イギリス側（後のアメリカ側）について戦った部族は、戦後しばらくだけ条約や裁判所の判定によって守られたというのが実態であった。］

しかし、憲法修正第一条がうたう「言論の自由」は、よほど臆さずに主張でもしないかぎり、居留地の先住民には保証されていない。ホワイトアース居留地初の新聞である『進歩』の編集者は、一八八六年の創刊号でこう書いた。「本紙はあまりに新奇で革命的にすぎると恐れる読者もおられるかもしれない……われわれ編集局としては、居留地の指導者たちの見解でもあり住民の皆様の利益にもっとも叶った意見を、ひるむことなく唱道してゆきたい」。この熱意にたじろいだ政府役人は、印刷所を没収し、編集者をしていた先住民が「内務省やインディアン局の役人の許可もなく新聞を発行した」と告発して、二人とも辞めさせた。

ようやく『進歩』第二号が出たのは、編集者側の地方裁勝訴をうけて、政府の許可や検閲なしに先住民が新聞を発行してよいことを確かめてからのことだった。これこそが、居留地での憲法が保証した出版の自由を認めた初裁判となった。その号の社説でボーリューはこう書いている。「読者諸氏には、半年以上にわたるわれわれの苦境をご理解頂けることだろう」「裁判所が、部族が居留地でいかなる新聞も出版できるように擁護してくれた。これは法で保証された部族の他の権利にも該当する[74]」。

憲法修正第四条は、先住民が「生命、住居、書類の理不尽な捜索や略奪を拒む」権利を保証する。しかしじっさいに居留地に移住させられたネイティヴがこういった基本的な保護を受けることはめったにない。集団としても個人としてもである。白人は先住民の身の安全が保証される権利をないがしろにして、居留地でのネイティヴの身の安全を保障するどころか社会科学における理性によって先住民を支配した。白人による文化面での監視、もっともらしい理論、模倣、物質的な虚栄といった手段は、制度ぐるみのものだ。こういった手段や、合衆国の古文書保管所のやり口は、違憲である。しかもそれだけではない。他者としてのインディアンを模倣すること、つまりネイティヴの不在を表象することは、道徳面でも、倫理面でも、ネイティヴの主権を無視する誤りである。

ゲリー・ガティングも指摘していることだが、フーコーは『言葉と物』でこう主張している。「社会科学の知識は現実という特定の概念つまり人間観に基づく」「人は、客体の表象がそのためにある、実在である。人間の実態をこのように主張することは、つまり、人間によって成立しているこの世界で、人間が経験する主体であることを肯定することである。またこういった主張は人間が、当惑するような二重状態であることも、肯定することである。人間とは、世界における客体でもある、また、世界を構成する、経験する主体でもある。近代という時代は、現実を決定的なものにする主体としての人間を受け入れる」。現実のこの「偶発的な解釈は」、「すぐになくなるだろう(75)」。

この「近代の人間概念」とは、所与のものである。「近代の人間観」は、ひいては白人の先住民にたいする監視、翻訳や、手の込んだネイティヴとインディアンとのすげ換えによって、ネイティヴの世界観を歪曲させる。また、ネイティヴのしたたかな創生記を曲解させ、ネイティヴの私的自由を奪い、ネイティヴの存在にたいする違反行為を生む。社会科学は理性を掲げ、ネイティヴの存在と抵抗の痕を消してインディアンの模倣を飾りたてる。近代という制度はこうして、ネイティヴに制裁を加えた。

憲法は、連邦政府の役人、考古学者、社会科学者による侵害からネイティヴの私的自由をいつも保障したわけではない。あちらこちらで政府役人が、ネイティヴの「身柄の安全を保証する」権利に反する「熱狂的な古文書調査を奨励して、補助金まで出しているというのが現状である。かれこれ一世紀にわたる、こういったアメリカという国家による古文書保管や目に余る他者研究は、ネイティヴにたいする私的自由の侵害であり、白人がネイティヴを支配する口実ともなっている。白人はネイティヴのいだいている先祖の記憶やシャーマンの見る幻視や名づけられないもののことごとくを、なかったものとして葬り去ってきた。そうして白人はネイティヴの替わりに、自分たちに都合のよいインディアンを、自分たちの古文書保管所で理性をかざして犠牲者研究の対象としてきた。

第二章　物欲しげな嫉妬

書物に表わされたネイティヴ

フランツ・カフカは、やおらネイティヴの賢者に熱情をいだいたかとおもうと、ネイティヴの荒れ狂う意識やら覚醒の「強烈な光」について夢中になって書いた。カフカはネイティヴの「とてつもない優しさや、白人には分からないかもしれない質の良い笑い、厳しくもあり、どこか安心感も与えるような、流儀の尊重」についても、熱にうかされたようになって書いた。だからこそ、わたしは本書エピグラフで真っ先に、「人がただ先住民でありさえすれば……」というカフカのことばを掲げたのだ。カフカこそが、白人に英訳された時には代名詞としてしか登場しなかったような早くから、ネイティヴがいないことを皮肉った白人作家だったから。

わたしは、カフカは比喩的にはネイティヴだったとさえ、唱えたいくらいだ。美しい拍車も手綱も「いつの間にやら要らなくなって放り出し、とうに馬の首も頭も飛び去ったというのに、平らに苅られたヒースの原も、まず目には入らずに馬を駆る」と書いたカフカは、いかにもネイティヴらしい偶然に何かが始まるという感覚に通じているではないか。

まさにカフカが、自分が描出した疾駆する馬上のその人だったのだ。カフカ自身がいつもネイティヴのお話で描かれるネイティヴの美しい動きまわりやネイティヴの千変万化を体現していた。また、カフカその人が、相互名詞や先行の感受性豊かな手掛かりだった。カフカは文字どおりの意味しかとらえないような他作家たちとは一線を画していた。カフカが作品で、存在者として「瞬時に警戒する」ネイティヴを描き、代名詞的な行為の感覚のことを書いたからである。他の作家たちときたら、物語ででも自伝ででも、血湧き肉躍る冒険ロンマンスしか描かず、ネイティヴを救助と救済のおぼろげな模倣としてしか描かなかった。彼らはネイティヴを名詞としては描かず、夢に関するネイティヴらしいお話も描かない。他作家の手にかかったとたんにネイティヴは掻き消されてしまった。

『焰の文学』でモーリス・ブランショはいう。「実人生では不器用だったカフカは執筆中にだけ真に生きたようなものだ」「カフカは文学におおいに期待して、文学にたいして求める気持ちが強かった。だからこそ、文学から多くのものを得た。なんといってもカフカには、制約つきのかたちとしても特権的な芸術行為としても、丸ごと文学を受け容れる実直さがあった(2)」。

『思いもよらぬ転覆についての一考』でエドモンド・ジャベズは、神が「不在のことば」であると述べた。「神が、いつも時を超越なさり、時の枠外でお書きになる。しかし神が書かれた物は、神が超える対象であった言葉で読むこともできる。神ご自身が、とほうもない超越についての書物、不在のあまりの重みでずっしりとした書物なのだ[3]」。ジャベズに沿っていうなら、真のネイティヴとは、西洋人の「時の枠外」に身を置いていて、そういった部外者としての自分の超越ぶりを笑うべきである。そしてネイティヴは、みずからが白人によって不在や犠牲にされた状況を超えてネイティヴらしい生きのこりという課題に立ち向かわなくてはならないだろう。

ジャック・デリダは「エドモンド・ジャベズと本について」のなかで、書物の切断という受難に書物が耐えることを、こう考察している。デリダは、われらネイティヴが師と仰ぐジャベズの作品を心得顔で述べるくらいだから、デリダは本人さえその気になりさえすれば、「本から生まれた」ネイティヴの「とうてい同一基準では計りようのない運命」についても論じることができたはずだ。「文字どおりであることの重みや労働ぬきにした歴史などは、ありえないからである」。ユダヤ人もネイティヴもどちらもが、自分たちの生きのこり文学のなかに存在している。

デリダは『エクリチュールと差異』でこういっている。「内省は歴史だけを生む」「この折り畳み、いわば轍とは、ユダヤ人であるわたしにとってはユダヤ人のことだ。ずらして眺めるなら、ユダヤ人を選民として選ぶ書物を選ぶユダヤ人は、真の歴史性における充満にたいしても、歴史がそれ自身をその経験論に割り当てることにたいしても、責任があることになる」。

ユダヤ人作家もネイティヴの作家も、寸断されてしまった自民族について語る。これらの「切断された両民族」は、「傷に根を張る詩的言説」を使って、先祖の痕がのこっているという信念を捨てることなく、自民族にかろうじてのこされた悲劇的な叡知を表わしてゆかなくてはならない。そしてユダヤ人作家もネイティヴの作家も「思いもかけないほど近くから発せられる内なる声に耳を傾けなくなってから久しいが、もう一度、その声に耳をすまして、幻視を求めなくてはならない[4]」。

ネイティヴは白人によって「切断されたもの」としての幻視の痕を、自分たちの口承伝承のなかに探し当てなくてはならない。ネイティヴは自然の音のチャンスを、そして湖畔で冬に語られるトリックスターの出てくるお話のしたたかな結末を、今一度探り直さなくてはならない。われわれネイティヴの記憶にのこっている最後のネイティヴ文学というと、自伝しかない。われわれは古代の傷痕なのであって、ネイティヴは生きのこり文学やネイティヴらしい生きのこりをかすかに留めている歴史書のなかに幻影としてのこっている。

「本があるからこそ世界がある。存在とは、名前とともに成長することだ」と、『疑問について』でジャベズが述べている。『わたしは本のなかにいる。本はわたしの世界、わたしの国、わたしの屋根、わたしの謎。本はわたしの息、わたしの休息』だし、そういえることが、わたしが存在していることの証だ」。

ジャベズもネイティヴも本のなかにいて、「本そのものが本の作品なのである。本は、海を生む太陽であり、本が、土地を露にする海であり、人をつくる土地でもある。そうでないなら、太陽も海も土も人も、ただもう光を当てられて行き場を失ってしまった水、砂の楼閣、触れることのない肉体や霊魂を待つことだけになってしまう。そうなってしまうと、匹敵するものも分身も対象物もないただの物に堕してしまう[5]」。

ジャベズは、われわれネイティヴの先祖が幻視を見たことを示してくれるので、ジャベズを読むと、われわれは本のなかにいるネイティヴになれるのだ。ジャベズの唱えている忍耐は、流血の受難という、歴史で排除された傷の、「寓意と字義どおりであること」の、たんなる「対話における被告」であるというだけではない。デリダがいうように、「ジャベズにとっては、本が世界のなかにあるのではなく、むしろ逆に、世界こそが本のなかにある」。よって、ジャベズは「本のなかからだけ」立ち上がってくる[6]。

よろしいだろうか。われわれネイティヴが、本にのこされたネイティヴの先祖の痕なのだ。わたしはこうして、白人にとっての文化的な他者でしかなかったネイティヴの先祖を、まさぐり、とらえ直していているのだ。わたしの随筆はまた、理論をからかい、これまでひとびとに確かだと思いこまれてきたものに揺さぶりをかけ、ネイティヴらしい生きのこり文学における第二の自然として証言しているのである。デリダが『話しことばと現象』でこういっているとおりだ。「わたしのことばは、本当にわたしのことばであるからこそ『生き生きとしている』」「ことばは、外の見えるところに落ちたり息の外にあるとは思えない。ことばが『他のものの助けなどなしに』すぐさま、ことばだけでわたしの個性となる」。

デリダは、「声の力」や「存在としての存在」を解するには、「客体の客観性」について考えなくてはならないという。これはどこか、ネイティヴが口承で動きをからかい、存在の創生をからかうのと似かよっている。声と口承は、存在のすばらしい客体であり、「客観的な存在に技術的に精通」している。なぜなら「本質的には本能にたいするその存在は、いかなる世俗的な体験における統合にも頼っておらず、存在というかたちでその感覚をとり戻すことは、普遍的であり、無限の可能性を開くからである(7)」。

お話を聞いていると、お話のなかにネイティヴがいるのだなと実感できる。ネイティヴの口伝えは、逃亡者としてのネイティヴの動きをつくる。口承には、耳を傾けるべき存在感がある。口承は不滅だ。

ウォルター・オングはこう喝破した。「口承は、芸術や人の価値を、力強くかつ格調高く、口頭で演出する。ところが書くということが人にとり憑いてしまうと、もうどうしようもない」と。オングのいうように、活字文学では意識がより大きな可能性を秘めているとはいっても、書くことは「知っていることを、知られていることから切り離す。そうすることで活字は『客観性』を醸し出す」。このために、口承が「統一させ」ようと働きかけるのとはちがい、活字は「閉じの感じを強めて」完結に向かわせようとする。活字は、口承における存在感や大げさな超越にも喩えられる「『独自性』や『創造』といったロマン的な概念」を、いたずらに強めるだけだ。[8]

デリダは『葉書』でこういう。「真実でも嘘でもないものが現実だ」「それなのに話しことばになったとたんに、人は語られている内容が本当かどうかにこだわるばかりで、真実度を測ろうとするものだから、困る。存在、話しことば、証言」。話しことばはせっかく、「話しことばそのものを超えた、客体となるだろうもので満たされてなどいないからこそ豊かなのに。話しことばが、ことばそのものの存在や本質で満ちている」「生き生きした作品は」、存在の文彩という意味では、作品の折り畳みや複雑さは、「豊かで権威ある話しことばが使われていれば、作品には価値があり、使命も帯びていることになるだろう。ことばが充実していないと作品はやせてしまう[9]」。ネイティヴとは、本のなかの存在の文彩なのであって、美徳、幻視、生きのこり文学をもたらすための、口承における痕である。

ネイティヴがいることは、ネイティヴが、声や自然の音として本のなかにのこっていることである。ネイティヴがいることは、けっして沈黙ではない。沈黙は、自然の外にある審美的なだけのもので、季節の痕をことばとしてとどめただけである。ただ、口承における美しい沈黙であれば、強いられたものではないので、美しい超越なのだ。口承では、沈黙は、名づけようのない休止ではあっても、記憶やお話を生みはしない。沈黙は、ネイティヴがいない原因でもなければ、ネイティヴの賢い抵抗でもない。というのも、『因果の矛盾』でジョン・ウィリアム・ミラーがいっているように、原因は

「不完全さや、相対的な混乱を要請する」からだ。「因果は人に、統一と秩序を与えるふりはする」。だが、因果は普遍的であるものの、抑制されてもいて、無秩序であり、かつ秩序でもある。「因果は動的で、自然のわかりにくさという理想について語る。考えてみれば、自然のほとんどが神秘のままのこされているのであって、説明しきることで自然を統合してしまおうなどという発想自体が、進歩主義に毒された思い上がりだ[10]」。

ネイティヴの口承が白人によって活字にされてしまうと、もうネイティヴは息づいていない。ネイティヴの音、声、記憶のなかの痕の、書きことばへの変換は、せいぜいのところ巧妙さのふりだ。わたしは、翻訳されるといつもきまってネイティヴがいた痕は消えてしまう、とまではいいたくないが、英訳されたものには、とどのつまり審美的にネイティヴはいない。口伝えにおける音のように自然のなかに痕としてのこることが、ネイティヴらしい生きのこり方である。本にのこされたネイティヴの声のこだまやネイティヴがいたという痕は、かってわれわれには祖先がいたことを匂わせてくれる親密なものだ。だが、痕跡のなかのただのほのめかしは、書物の独自性とは無縁である。デリダによると、「生きている現在が、それ自体との自己同一性の欠落や保持する痕跡の可能性から、勢いよく生まれ出る」。痕跡は動きであって、存在の「属性ではなく」、「いつもすでに痕跡なのである」。「生きている現存在である自己」は、その創造と存在の「原初的な痕跡である」し、また、「独自の存在は、痕跡を基にして考えられなくてはならない[11]」。

痕跡についてデリダは『ポジシオン』でこう規定している。存在の差延は、「差異や、差異の痕跡の体系的な戯れである」「存在を差延するものは……記号や痕跡の表象で、存在が公示されたり欲望されたりする、まさにその基である」。生成力のある動きや「変換の効果という観点からみれば、差延は、概念の静止した共時とも分類構造とも相容れない」ことになる。[12] ネイティヴは本のなかに存在する、生きのこり文学における動きの差延といえるだろう。

このように、かつてネイティヴがいたという痕はネイティヴ独特のものである。お話の響きや動きこそが、ネイティヴらしい生きのこりなのである。たとえばゴーストダンスの儀式＊は、先住民活性化運動をしたネイティヴの先祖がいたということを示すのであって、ネイティヴが先祖の声を聴き、先祖がいたことを幻視する踊りだ。ゴーストダンスでは、先祖がわれわれのもとへ聖なる帰還を果たすと伝えられる。先祖の帰還とは、先祖が、アメリカ大陸への新参者にすぎない白人の影響を免れているということだ。

＊［ウォヴォカは、ゴーストダンスさえすれば、幻視の中で先祖が甦り、白人到来以前の古き良き時代が戻ってくると告げられた。このお告げは平原部族の間で広まり、信じる先住民たちは何日も踊り続け、虚脱状態になったことも手伝ってか、幻視を見る者が多出。自分の身体には白人の銃の弾は貫通しないと思う者たちも出た。］

ゴーストダンスの指導者で幻視を見たウォヴォカ（白人名ジャック・ウィルソン）は、ネイティヴを踊りに誘いつつ、こう警告した。「このことは部外者に漏らしてはならぬ。キリストはすでに降臨しておられ、いまに雲のように、ふとお姿を現わされる。死者がすべて蘇るが、蘇った者がいつ、ここに現われるのかは分からない。今秋かも来春かもしれない。時が来たれば、われら皆が病気から回復して若返ろうぞ」。パイウート族のこのウォヴォカの幻視がずっとつづいたことや、彼が伝えようとしたネイティヴらしい生きのこり術のことを、インディアン学校で学んだアパホー族のキャスパー・エドソンが書きとめている。(13) 人種差別をされたことのあるウォヴォカは、こういった英訳された書き物では、活字を介してとはいえ、幻視、対話的な環のなかにいる者としてネイティヴの先祖がいた痕を、ほのかながらも、しっかととどめている。

抵抗と生きのこり文学において、ネイティヴの先祖の存在は口承にのこされた痕である。そこで、ネイティヴの書く物も、われわれネイティヴらしさを帯びていなくてはならない。さまざまな白人の書き物が、われわれネイティヴの先祖などアメリカ大陸にいなかったと記してきた。書き物は、名前の社会集団をしか、外来語をしか、白人の流儀や支配によるネイティヴの切断をしか表わさず、また現実的に不在としての描写への連帯する依存をしか、存在しない格をしか、表わさないからだ。*

*［「存在しない格」とは、先述の四人称のこと。七一頁参照。］

ジョン・ウィリアム・ミラーは『心理学的なことの擁護』で、こういう。「存在はどうしても責任を伴うものだから、人は存在から逃げたがる。しかし存在は、人をわくわくさせてもくれる」。われわれネイティヴは、ネイティヴらしい名前としてはたいして生きのびれないが、先祖がかつていた痕としてであれば、かろうじて生きのこれるかもしれない。存在したかそけき痕まで拭い去ることはできない。痕としてのこれば不在を避けうる。「存在を定義しないので、机上の空論に終わっていることが、心理学の限界である[14]」。こう考えれば、ネイティヴは季節の生気や口伝えのお話から逃れえたであろうに。しかし、書物における美的な沈黙では不確かな切断であるネイティヴがいないことは、ネイティヴの創生におけるからかいや主権の動きよりも、じつはずっと厄介なのである。

対話的な環

ポストモダン時代に生きているのにふさわしいネイティヴは、客観主義や近代性が終焉した文化で、差延やネイティヴの記憶の偶発性を実践する。

ネイティヴしい生きのこりを表わした文学における「対話的な領域[15]」におけるポストモダン的なネイティヴ。それには次のようなものがある——ポストモダン的なネイティヴに先行するしたたかな痕跡、つまり名前や記憶といった無形財産。つまり白人史上主義を曖昧にし、存在を力にすること。そしてネイティヴの存在としての、ネイティヴが審美的にいないことに対するからかい。諸文化の模倣。冒険家や、民族学者や、現地人を鑑賞する旅行者ぶる輩が、ネイティヴの容貌について知ったかぶりをすること。これらすべてが、「第二の自然、つまり第二の直接性」における主題や性格の「弱々しい」没頭である。

バフチンは、「すべてをひとつの意識に還元したり、他者の意識をそのなかに解け込ませようとする傾向」を批判する。またこの世には、「外側の有利さ」というものもある。相手に感情移入するだけで即、「他人の立場に立ってみる」ことができたり、「他人の言語」で物事を理解することができるはずもない。

ネイティヴはインディアンとはちがって「対話的な領域」にいる。そうであるにもかかわらず、ネイティヴは長年にわたって、支配者である白人によって一方的にひとつの意識に還元されるわ、インディアンと一把にされるわ、だった。「他者」の解釈や評価やさまざまな他者理解は、「本来は独創的」であるはずだ。このために、ポストモダン的なネイティヴの意識の意義はまちまちであることもあれば、連続していることもある。「独創的な理解が作品を生みうるし、また、独創的な理解があればこそ人間性の芸術的な財産」や「理解者の創造性」も増そうというものだ。(16)

ポストモダン時代を生きている現代のネイティヴの作家の創作姿勢や、現代のネイティヴが書いた自伝で、これまでの美的な伝統をどう嘲ってゆくかは、ネイティヴの好機、文学、人間性の対話的環境である。ポストモダンのネイティヴ作家のほとんどは無国籍めいた活動を繰り広げている。そういった、ネイティヴが拠って立つ文化の曖昧さは、アメリカという国家によるインディアンの模倣の裏切りや矛盾によるところが大きい。排除してかかろうとする支配者側の意識を政治的に挫くことは、独創的な理解とネイティヴらしい生きのこりを突然、閉じてしまうことでしかない。

ネイティヴの名前を提喩へ変えることは、皮肉でロマン的な変換であるし、また、ポストモダン的なネイティヴの意識を手が込んだかたちで、力強いネイティヴの伝統の模倣におとしめることは、支配者である白人がする歪曲である。ポストモダン時代のネイティヴの自伝のほとんどは、独創的で対話的な環である。安易に伝統にのっとっただけのものでもなければ、保守的な流儀や歴史に寄りかかっただけのものでもない。

ハイウォーターの経歴

有名なポストモダン的なネイティヴの作家にジャマイク・ハイウォーターがいる。彼は『原始の心』で、自分の母親が、「原始世界ではとても大切な」寛容さを失うことなく、「矛盾だらけの現実にも全幅の信頼をよせ」、「なんとか先住民らしさを生き生きとしたものに保っていた」という。

非識字だった彼の母が、母語のブラックフット語とフランス語で回想した。彼は母から「なにもかもが現実」だと教えられた。父親は「先住民としての誇りこそ強かったものの、東部チェロキー族の伝統をほとんど知らなかった」[17]。むろん、インディアンとは模倣であってネイティヴのいないことであるから、ハイウォーター自身のポストモダン的なネイティヴとしてのポーズや語りでは、現実は存在しないということになろうか。

ハイウォーターはこういう。「わたしは両親の居留地に登録されてはいない。わたしは母から受け継いだ先住民的なものや、ぼんやりした自己の返還を要求しつづける生き様によって、先住民なのだ」。〈部族のために成し遂げたことを誉とする〉という部族名が授けられると、彼は先住民としての自覚を強めていった[18]。しかし彼のいうブラックフット族の儀式なるものは、後述の自己ポーズをとるシルヴェスター・ロング・ランスにとっての、ネイティヴの名誉とやらに匹敵するほど、怪しげなものだ。

ハイウォーターは自伝『歌は覚えている』で、「わたしにはまだ獣性が生々しくのこっていて」、「芸術とは本来、変身を司る」ものだから、すべての先住民は芸術家であると短絡した。ハイウォーターのこういったロマン的な表現も、「わたしは個人ではなくブラックフット族である[19]」という物言いも、不自然だ。

ジャック・アンダーソンは、ハイウォーターが自伝で「出自のほとんどを偽造した」ことを暴露した。「彼ほどの人が、なぜそんなことをしなくてはならなかったのかと訊かれたハイウォーターは、天賦の才能だけに頼っていたって、どうしようもないからさと、返答した[20]」。この暴露本の二年後、そして『主な心』の五年後の『影のショー――自伝的ほのめかし』でハイウォーターは、「わたしはずっと自分が誰だか知ろうとしてきた」と嘘ぶいた。このように、詐欺師が芸術家ぶっていたわけで、彼のした様々なずるい真似事は、とても神秘的だなどとはいえない。

思うに、ハイウォーターは、自分をロマン的に演出しようとして自分のネイティヴの顔を消してみせたのだろう。彼は一九歳で文化人類学の博士号を取得したとか、一一ヶ国語を話せるなどと嘘をついたこともあった。[21] 彼の詐欺と模倣は、だいたいは皮肉だった。騙されたお馬鹿さんのネイティヴもいたように、彼には食わせ者らしい滑稽さも野獣のような悲劇性もあったが、本書の「第二の直接性」という観点から見るなら、ハイウォーターなどせいぜいのところ、したたかだっただけだ。彼のポストモダン的なネイティヴらしさは、白人が優生学などを利用して実践したファシスト的な巧妙さに比べれば、まだまだ罪が軽い。「世にまやかしがはびこっているが絶望することはない。うまく立ち回れば手に入れることもできる、すばしいこともあるのだから。ありがたいことだ[22]」と、『消失した真実』でデヴィッド・ナイバーグが述べているではないか。

ネイティヴらしい生きのこり

ネイティヴの部族名や自己同一性は、巧妙につくられた文化構築物である。ネイティヴの部族名や自分らしさが、白人によるさまざまなかたちの発見や、歴史、記憶といった代物や、白人がでっちあげた数々の物語を皮肉る。自分がネイティヴであるという感覚は、ネイティヴにとっては慰めであり、したたかな痕であり、われわれのお話のしたたかな痕である。つまり、創造の皮肉りであり、ネイティヴにとっては自然な理屈の最も内なるかすかな接触であり、危うい幻視であり、とてつもない自己陶酔癖である。対してインディアンは模倣である。インディアンは白人による支配の派生語としての名詞や形容詞である。インディアンというものは、アメリカに太古の昔からいるネイティヴとは別物である。だからこそ、わたしはこうして切迫した心持ちでこの随筆をしたためているのである。われわれネイティヴの抱く先祖の記憶は、水面を渡る風の痕や騒ぐ葉のせわしなさといった、われわれにとってはごく親密なものであり、季節をからかう。ネイティヴの記憶は、われわれの価値観を帯びていることであり、またお話にある生きのこりについての、神話的で、いつまでもつづく感覚である。

『恐れと誘惑』でテリー・ゴルディーは、こういっている。「先住民は自然と親密だというイメージが強い」ために、「自然の敗北は即、先住民の敗北である」。白人の歴史観では、いつもネイティヴが白人に発見され、支配されたり殺される。イギリス連邦文学に出てくるネイティヴのことについて述べたゴルディーは「白人の科学技術は自然を制御せずにはすまないので、必ず先住民を破壊することになるだろう(23)」と予言している。

何度でも繰り返したい。インディアンはネイティヴとはちがう。ネイティヴはとらえようにもとらえようがない。片やインディアンは、白人に発見された、確固たる存在を持たない者である。インディアンはネイティヴがいないことである。インディアンは白人文化の模倣にすぎない。北米大陸にいた先住の民とは、現実の、あの独特の存在感や記憶であり、ネイティヴのお話にみられる。われわれネイティヴは、白人至上主義や白人の誤った歴史観を暴くためにも、部族名*を持ちつづけ、自分たちの新たな活躍の場をつくらなくてはならない。また、ネイティヴのお話は、白人による文化面での排斥や模倣のまやかしを、皮肉らなくてはならない。白人による支配は、われわれに誤った記憶を植えつけるし、悲しい犠牲をもたらすだけの、ふりを育むから。

＊［部族名――部外者には教えてはならないとされる、本人の特徴を表わす名前。］

自伝『白人が踏むのを恐れる所』で、運動家であり俳優のラッセル・ミーンズは「大病到来の兆候」をこう警告している。「『週末の先住民』と呼び称される馬鹿なニューエイジャーどものやっている、われら先住民のパウワウ＊のなれの果てを見てみろ。あいつら白人は、我らに恥をかかせて嘲ろうって魂胆だ」[24]。リチャード・ホワイトは書評で、ミーンズは自伝で「正直さと治療をもってすれば、俺の部族はまた健やかになれる」と書いていることを指摘し、ミーンズが「本物の先住民を、過去に探り、希望を込めて未来に求めている」という。また、「癒しについて」語るミーンズの自伝が「キリスト教の救済物語」の体裁もとっているとも、ホワイトは指摘している[25]。

＊［パウワウ――まじないの儀式。病気の回復、狩猟の成功などのために行なう。酒宴や躍りが加わることもある。］

インディアンは、いつも昔のしたたかなシャーマンが司ったパウワウという儀式や救済と関連づけられてきた。むろん、こういったことよりもネイティヴにたいするじっさいの「嘲り」も問題だし、ポカホンタスやジェロニモやクレイジー・ホースの模倣も、問題含みである。だが、負けず劣らず深刻なのは、ネイティヴが今もって、アメリカという国家をあげて、ネイティヴが白人に発見され、疫病を広められ、収奪、支配され、悲劇的な犠牲にされたことの寓意でありつづけていることだ。

ここで、「科学の領域と考古学の領域」という二つの構造的な条件と知識の広範な実践について考察したフーコーの論について、考えを巡らせてみたい。ポストモダン時代を生きているわれわれネイティヴの意識や経験は、フーコーのいうところの認知であり、一般知識であるといえよう。『知の考古学』でフーコーは、「認知」とは、人類学とか経済学といった「具体的な学問」にかかわるものであって、一方、「一般知識」は「知全般」あるいは「認知全体」という意味であるといっている。「知は、論証だけではなく、小説、内省、物語記述、制度の規則、政治決定にも見られる」と。

フーコーはこうもいう。「『認知』とは、主体と客体の関係、およびその関係をとり仕切る形式上の規則のことである。対して『一般知識』は、客体が認知され、さまざまな言明が形成される、各時代の要件と関わる(26)」。

わたしは、ポストモダン時代のネイティヴについての知の歴史とは、フーコーのいう認知とも一般知識ともかかわると考える。そして認知とは、客観的にいって特定の還元的なものである。一般知識は、知の感受性に富み、一般的であると同時にまたネイティヴの他愛ない模倣でもある。ポストモダン時代のネイティヴとの関連で見てみよう。たとえば考古学の調査や、人類学における文化構築物、気候研究や、病気の証拠や、シャーマニズムについての歴史考証といったものは、どれも認知である。一方、一般知識の条件は多様である。つまり、さまざまな解釈における熊やビーバーのようなトーテムの動物やトリックスターが出てくるネイティヴのお話や、白人と結んだ条約、政府の記録、商品としてのサンダンス、ポストインディアンの小説、映画で描かれた戦士といったネイティヴとかかわるものすべてが、一般知識の条件である。

記憶と多重人格についてイアン・ハッキングは、「知識の種類について価値判断をしてしまうのを避けるために」、知識をこう二分している。彼は「分析のための表層的知識」と呼ぶ認知と、「深い知識」と呼ぶ知とに分けて考えている。ハッキングは『魂を書き換える』で、「記憶、そして個人的なことと共同体的なことの政治学」を検討して、集団の記憶が、その「集団を定義するのに役立つ」という。逆に、個人の記憶というものは「相対的に新しい」。個人の記憶の政治学は「知識をめぐってつくられた、知識を得るための権力闘争であったり、また、知識を要求する権力闘争であったりする」。

ハッキングはこうもいう。「記憶が意図的に抑圧されると、人は誤った意識を持ちかねない[27]」。そうであれば、ネイティヴがみずからすすんで、ネイティヴとしてのせっかくの大切な記憶を抑圧してしまい、替わりに前代未聞の獣的なものとされているインディアンの模倣を信じ込むようになるなど、愚の骨頂というしかない。そういった過った記憶や意識を超克し、ネイティヴの記憶を回復し、知の力を得ることはどれも、現代のネイティヴにとっては、先祖の意識のおぼろげな源であり、ネイティヴらしく生きのびるために必要である。

ネイティヴが自伝を書くのに障害になるものには事欠かない。たとえばネイティヴなどはいないという悲劇、近代の治癒と呪い、映画やカジノでの金儲けの計略がある。そしてポストモダン時代のネイティヴの意識のぼんやりとした根源も、ネイティヴがまともな自伝など書けないように邪魔してくる。どのお話もおしなべてそうだが、ポストモダン時代のネイティヴの抱いている自分たちの先祖の記憶も、必ずしも信じるに足るものではない。ただ、たとえそうではあっても、その人が真のネイティヴでさえあれば、本人の記憶の真正さは、レントゲン断層写真撮影術を使って調べることができる。

認知神経学もまた、回復した記憶が刑事裁判での有罪判決の告訴証拠として使われてきたことを注視してきた。記憶とは、つまり変換することである。近年の医学は、むしろ記憶の「もろい力」に注目している。たとえばレントゲンでの陽電子放出は、脳をスキャンする最先端の「神経イメージ技術」である。記憶は、正確度はともかく、特定の行動パターンを生む可能性があるのだ。『記憶を求めて』でダニエル・シャクターは理性全般についてこう指摘している。「認知に密接にかかわる部位が活性化されて多量の血液を必要としていることが、スキャンしてみると分かる」[28]「脳が本物の記憶を呼び起こしている時は、識別できる」[29]。

『ニューヨークタイムズ』のフィリップ・ヒルツによれば「精神科医や弁護士や科学者には周知のことだが、真の記憶の解明はむずかしい。しかし、スキャンで記憶の真偽が峻別できるから、ここにきて初めて、誤った記憶がつくられる瞬間をとらえることができたのかもしれない」[30]。偽の記憶であったために回想しにくかった出来事は、真正で「正確な」記憶とは別のところを活性化するからである。

シャクターは、回復される記憶の「正確さ、歪曲、ほのめかしの程度は確定しがたい」と、あくまでも慎重な態度を崩さないが、経験と、意味づける記憶の三つの体系と照会させている。第一は統語的記憶、つまり事実や概念的な知識との照会。第二は「人間が技術や習慣を身につけることを可能にする」手続の記憶との照会。第三は「人生における個人的な出来事[31]」のような記憶との照会、である。

ネイティヴの統語的な記憶には、先祖が白人と結んだ条約などの記録を含む。その記憶には、白人が我々の文化に解釈を加え、そして「起源も現実もないのに、現実のモデルを生み」、ネイティヴ不在の模倣を生んだ記憶ものこっている。つまり、またしても白人が、ネイティヴの「領域などというものは元々なかったし地図にも載ってない」といった現実乖離した統語的な記憶をことばの上で捏造することである[32]。そこで、さもなければ「起源も現実もない、現実モデルを信奉する現代では」ネイティヴ不在の文化の解釈や模倣は、誇張することによってひとつのものを現実よりも現実らしく見せるという「超現実」（ハイパーリアル）への、ありふれた統語的な変化になりかねない。こういった手続上の記憶はパフォーマンスであり、ネイティヴが季節や自然の理屈をネイティヴらしくからかうことであり、ネイティヴの狩人や戦士がかつて抱いていた関心のことである。ネイティヴの気ままな記憶は、お話におけるネイティヴの名前、先祖、ネイティヴの意識的な創造の環である。

ポストモダン時代を生きているわれわれネイティヴにとっては、自分たちに先祖がいたことは、あくまでも概念としてとらえられる。立派な先祖がいたということは、白人との条約にのこっている。

ネイティヴの先祖がいたと思えるのは、儀式で踊り手がつける仮面や、ネイティヴがビンゴに夢中になったり、裸馬を乗りまわして興じたりするからでもある。それなのに、皮肉にも、大学の先住民文学の授業では、気ままな随想めいたトリックスター物語は、なかなか教えさせてもらえない。

最後にぜひつけ加えておきたいことは、ネイティヴのシャーマンやトリックスターの見る深遠な幻視は、ハートにのこった記憶であって、そういった記憶は、ネイティヴの気ままなお話にのこった、いわくいいがたい創造の痕だということだ。こういった感情の記憶は、生き生きして神秘的で、寡黙で共時的でもある。いまだに生き生きとしている。

再びシャクターによれば、記憶とは「脳が、体験を意味づけたり、まとまりのあることを伝えようとするもので」、「過去から思い起こしてきて現在を信じ未来を思い描く、はかなくもありながら、力強いものである[33]」。

お話や記憶が脳の特定部位を活性化するのを測ることで、なにが本当に起こったのかを、きちんと提示できる。つまり脳への血液奔流は、真のネイティヴの記憶、つまりネイティヴとしての「真正さ」を測るのにも使えるだろう。裏返して言えば、スキャンは、ポストモダン時代のネイティヴの真の記憶を呼び起こすためにも使えるし、逆に、偽の記憶を暴いたり、白人に排除され犠牲にされてきたというういいかげんな寓意を暴くのにも使えるはずだ。

ポストモダン時代を生きているわれらネイティヴにとって、ネイティヴらしさとは、個人的であり、また、達成可能で気ままで、皮肉に充ちている。現代のどのネイティヴも、ネイティヴなんかいないのではないかという曖昧さと闘わなくてはならないからである。この場合、われわれネイティヴは皮肉なお話、起源をもたないネイティヴを模しただけの誇張をからかい、白人の修辞を超えなくてはならない。(34) しかしむろん、そうはいっても現実は厳しい。さんざんロマン的に表わされ捏造されてきた部族の伝統や、白人史上主義に対するかつてのネイティヴの先祖たちの抵抗ですら、時としてネイティヴの真の絶対的な表象だと構築されてしまうこともあるからだ。文明が野蛮に優るという例の修辞によってである。こういったすべてがネイティヴの記憶、ネイティヴらしさ、存在感を砕こうとする。ネイティヴのとるポーズやらふりやら、模倣の掲げる標語は、白人による支配が生んだものである。今ではいわれない差別に辟易して、カジノで荒稼ぎをすることが現代のネイティヴにとって新しい便利な伝統だと、都合よく考えたがるような先住民も出てき始めているのである。

　われわれネイティヴが何者であるのかは、現実によっても規制されている。ネイティヴらしさとは、ひとりひとりが現実をつくることであって、ネイティヴらしさは、ただの形而上学的なお飾りでもなければ、よくいわれるような白人に支配されてきたことを誤って記憶していることでもない。

　『心理学的探究の型』でジョセフ・ノッターマンは、こういっている。「究極的な現実問題は、本質的には形而上学的だとはいえ、人が自己同一性や存在を感知する規則や手段は、あくまでも心理的なものである」(35)。

現代のネイティヴにとっての好機の痕は、近代という白人が支配した時代に、構造化され、記録されてきた。ネイティヴらしい価値観のネイティヴ独特のからかいやネイティヴの偶発性は、ポストモダンらしい言説である。また、そういったネイティヴのお話の信憑性は「ポストモダンの条件」を予期させもする。ネイティヴの文化を模すことは、近代が「おおむね失敗」したと公言しているようなものだし、それはまた、客観主義、事実、論理的理由といった、一見したところ信憑性がありそうな歴史的事実なるものが信憑性を失い崩壊したことでもある。ケイス・ジェンキンズが「ただワイルドになっていたって、歴史、地理、科学、文学における真実は見つけられない」と、警告しているとおりだ[36]。

ポストモダン時代におけるネイティヴの自己形成は形而上学的であり、また、政府の記録、白人による文化的な支配の遺産であって、近代による制裁をまだ引きずっている。現代のわれわれネイティヴの究極的な語りとは、ポストモダンらしい対話的な環であるべきなのだから、われわれは、これまでたしかなものだと思い込まれてきた歴史叙述や因果関係を、まずは嘲ってかからなくてはならない。近代性や歴史的な客観性のためだと称して、白人はネイティヴの「純血度」を測ってきた。そして連邦政府という「権威が認めた」ネイティヴらしさの冷厳な証拠とやらを記すのに、白人は血を表わす「先祖の生命の液体」という奇妙ないいまわしを使う。だが、一体全体、ガラス管で先住民度を測ろうとでもいうのだろうか。現代のネイティヴにとっては歴史にしても自分らしさにしても、対話的な環なのであって、本質論をふりかざしつつお前たちはこういう者だと決めつけてくる白人に強引に、一方的に発見されたりしては、たまったものではない。

『言説の回帰線』でヘイドン・ホワイトは「歴史は捏造されていることもままある。それなのに、歴史は科学的というより、むしろ文学めいた架空にすぎないということを、頑として認めたがらない人もいるようだ」と、嘆く(37)。

現代生きているわれわれのネイティヴらしさを測る常套手段は、次のすべてをもとにしている――すなわち、系譜物語、認識、修辞、内部分裂、ネイティヴの大義名分や共同体への奉仕、政府や居留地の報告書、自己報告、名前、主張、民族の聖典。いずれもがネイティヴらしさのたんなる模倣を確固たるものにするためのものにすぎない。

他方インディアンは、誤った記憶の原因となる。インディアンは模倣である。つまりインディアンはネイティヴ不在の模倣である。現代のネイティヴのいだいている記憶は、その人らしさを形成するし、神話のようなお話をつくる。映画の広告文や、模倣を育むことや、ベンチャービジネスとなってしまったサンダンスは、じっさいの現代の真のネイティヴの記憶やお話のような脳のパターンを生みそうにはないし、偽の記憶の場合とは、異なった脳のパターンをつくり活性化する。個人の身に起こった現実は、ポストモダン時代のネイティヴひとりひとりが本当に誰であるかを知るのに最適である。

その昔、われわれの先祖は白人と条約を結ばされた。条約がわれわれネイティヴの子孫から、国や共同体での絆を奪い、権利、自由な動きまわりのことごとくを奪った。しかし白人が作成した古文書が捏造した系譜や居留地や教会がのこした記録、部族名、奉仕の手掛かり、先住民のカジノ経営にたいする妬みといった数々のことが、白人によって人種政策、純血度によって先住民らしさを測るという戯言、記憶が戻ったふりをすることなどで、悪用されている。現代のネイティヴには記憶こそが重要である。また、じっさいにネイティヴの芸術を生むことは、ネイティヴがいると告げる、われわれのしたたかな血の文学である。ネイティヴの影、お話、記憶の痕は、「ネイティヴらしい生きのこりについての解釈学」だといえる。(38)

オットー・ランクは芸術作品には芸術家の体験がにじみ出ているといっている。「体験をとおして学んだことによって、芸術家は、疲弊し堕落しきったとしか見えない現実から逃れることができる」「芸術家は、しょせんはかないこの世で、なんとか独創的な創作によって永遠不滅のものを手に入れようとするものだから、『経験』にしか興味がないのだろう(39)」。

このように、われわれの先祖はいわば自分らしさをつくった芸術家だった。そこで、われわれの先祖の記憶や先祖にまつわるお話は、白人によって発見されたものではなく、実体験したことでもない。そうではなく、先祖の記憶や先祖にまつわるお話は、ただ個人の身に起ったことを表わしたものにすぎない。近代と現実性は、人種主義のたんなる客観性をかかげた模倣の模倣ぶりを明らかにするであろう。また近代と現実性は、近代が人類学至上主義であったことや、近代が受容したのがどういう文化であったかや、悲劇的な犠牲の複雑さがどのようであったを明らかにするであろう。そういった、かろうじて痕としてのこっているだけのものを、われわれの先祖の記憶やお話は明らかにするのである。

人種概念も、学問を利用した人種差別のきっかけも、白人が有色人種を排除し支配するためであって、白人は他者を隔離もすれば認可もする。しかし白人が唱える「自明の理」というものは、非白人にとっては到底、自明だなどとは思えない。白人の「自明の理」は、差別されるみじめさからもネイティヴを解き放ってはくれないし、立派な先祖がいたと信じたいわれわれの願いもかなえてはくれない。

『人間の絆』でツベタン・トドロフはいう。人種主義者の掲げる教義は、「科学を自分に都合のよい概念体系確立のために悪用する。というわけで、人種主義は科学主義の興隆と、はなから密にかかわっていた」「白人の掲げる教義は、一貫性のある一連の命題であろう」。トドロフは、人種主義を五種類呈示している。この五つには、周縁にいる「修正主義者」の考えの方はふくまれてはいないようだ。五つの人種主義の命題とは、第一に、「身体の特徴」による人種概念を肯定すること。第二に、「異人種どうしが戦う傾向の説明」となるだろう、人種と文化が密に関わることについて。第三に、「個人の概念体系とは本質的に敵対する、集団心理の教義」としての民族決定主義。第四は、人種主義的な「価値観の細分化された階級」。そして、第五に、理想的な人種主義の理論を実践させる政策や「道徳的な判断[40]」である。

かつてネイティヴは、客体として、白人の人種主義的な宣教師たちに「発見」された。しかし人種主義の理論と実践は、「価値観の細分化された階級」とは相容れなかった。皮肉にもネイティヴは、アメリカの人種主義者の操ることばの綾によって、また、連邦政府による土地割り当てや混血推進政策によって、白人文明に近づけられた。ネイティヴは白人によって、都市文化や理性重視や客観主義や近代性には毒されていない高貴な蛮人としてロマン的に賛美されたりもした。一方、アフリカ人奴隷の方は、白人にロマン的にとらえられることはなかった。奴隷にたいする白人の人種主義的なやり口は、一様で、白人はいつも細かい階級を押しつけた。黒人と白人の間に生まれた混血が文明を象徴するとみなされたことなどなかった。人種主義の概念体系では、どこまで混血が進んでも黒人は黒人のままであったのにたいし、少しでも白人の血を汲む先住民は白人扱いされた。

ネイティヴをはじめとする、白人にとっての他者は、文化面で彼らを支配しようとする白人の科学主義、人類学主義、表象における概念体系のなすがままにされる。科学主義は先住民を客体としてつくりだしたが、どのような表象においても先住民が人間として描かれたためしはない。ジョン・ウィリアム・ミラーがいうように、まさに「客体だけが表象、呈示できるわけなので、客体のみが他の客体とかかわりうる[41]」。

白人がネイティヴの権利、意識、主権のあり様を決定する。どのような白人の発見者、科学者、条約、人類学者、政府役人、使命感を帯びた科学主義者も、そのようなことをする道義的な理由も倫理的権威も、持っていたはずがない。ポストモダン時代のネイティヴのいだいている記憶は、われわれの先祖の存在感を骨の髄で感じるような記憶だ。ネイティヴは、したたかに次の季節を切り出し、勢いよく影の変化に飛びつき、電線に止まった鳥と一緒になってわれわれの名前の跡を辿り、お話にける創造をからかう。自分たちネイティヴの記憶やお話をからかうことは、われわれらしい生きのこりなのである。からかいには、われらの存在そのものがかかっているのだから。

軽い独り言

チャールズ・ディケンズは一八四二年に五ヵ月間、「心から興味をいだいて」、馬車、汽車、蒸気船を乗り継いで合衆国の大平原を横切った。気ままな、文学のための旅だった。

ディケンズは『アメリカ紀行』でこう綴っている。「アメリカ人が、もう少しでも理想を愛するようになったら良いだろう」し、「アメリカ人はあまりに実用本位だが、陽気さや軽快さや、美を養成することが奨励されるようになったらよさそうなものだが(42)」と。

ディケンズはこうしてアメリカ人気質、理想のロマンスや「陽気さ」について美しく表わしたが、彼の文章は曖昧で、どこか現実離れしていてピカレスク的でもある。紀行文からは、白人の彼が、ネイティヴがアメリカにいないことを心地よく感じていることが伝わってくるだけだ。

ディケンズは旅で最初に出合ったネイティヴに、「大英博物館には何千年も前に絶滅した人種の家財道具の一式がある」と教え、傾聴していた相手が「自民族が滅びゆくことに想いを馳せていることが見てとれた」と記している。[43]

かつての辺境だった地にのこされた先住民の廃虚など、わたしにはアメリカ人がネイティヴを裏切った証拠だとしか見えない。しかし、ディケンズはそういった廃虚を目にしても飽み疲れることもない。先住民は絶滅してゆくのだなあなどと、感慨を深めるだけである。ディケンズは、「人種的」他者である先住民とじっさいに遭遇して、先住民をただの犠牲者としてロマン的に表象していった。

ディケンズはまた、旅先での「朝食仲間」だった穏和な白人のことをこう回想している。「件の老紳士は、もう何年も先住民との交渉にあたった連邦政府の役人だった。彼はミシシッピ河以西に連邦政府が用意した居留地に、翌年ネイティヴを移住させるために政府が支払う年額を決める交渉を終え、先住民を拘束する条約を結んだばかりだった」「われわれはこの哀れな先住民たちに、道中またしても遭遇した。みすぼらしい仔馬に乗った彼らとイギリスで遭っていたとすれば、根無し草のジプシーだと思っただろう」[44]。どう取ろうと、このことばは人種主義的な他者表象であって、ここでネイティヴは「卑しい輩」などとされていて、人間扱いされていない。じっさいにはその場にいたはずのネイティヴは、ディケンズのロマン的な独白では不在に付されている。

V・S・プリチェットは、ディケンズの『エドウィン・ドルード』を評して、ディケンズの「天才ぶりは独り言で遺憾なく発揮される」[45]と指摘した。全知の三人称の語り手を使いながらも、ディケンズが『アメリカ紀行』で先住民がじっさいに喋ったことばを引用することは、まずない。

これから一五年ほどして、ロシア人アレキサンダー・ボリソヴィッチ・ラーキーが旅行記『ロシア人、アメリカに行く』で、ディケンズが政府役人と交したような会話を記している。ラーキーが政府役人に、「先住民を白人と接触させるほうが良いのではないですか」と訊いたところ、役人は現行の人種隔離政策という「慣習を擁護しつつ」、「連邦政府は、先住民のほんのわずかな残存者を、彼らを隔離することで救ってやっているのです。間違っても、われら白人アメリカ人が、いいかげんだからとか故意に先住民を絶滅させたとかいって後ろ指を指されないように、赤い人を隔離しているのです」と強弁する。

ラーキーは、「白く尖った顔だち、まっすぐな黒い剛毛から察するところ」、この役人は「白人と先住民の混血」だろうと思った。というわけで冒険家ラーキーは、真の啓蒙ではなく、たんなる理性の役人、つまりご本人がいない物語をのこした、いまひとりの「介在者」に出くわしたわけだ。わたしにいわせれば、居留地にネイティヴを隔離することは、保護ではない。先住民の「最後の残存者」の救済にしても、不誠実な支配の執行でしかない。

その役人はつづけてこうアメリカを弁護した。「連邦政府は先住民について高邁な目標を掲げているのであって」、「先住民の絶滅を望んでなどいません。白人がじっさい先住民に急襲されている以上、先住民に無制限の土地を与えるような愚かな真似をしないだけです」[46]。

ディケンズは、アメリカ人の先住民にたいする明白な流儀に気づきはしたが、読者がどう解釈するかにはいまひとつ確信がもてなかったようだ。旅行記に出てくる先住民についてのディケンズの独言は、たしかに異国アメリカでの冒険めいた雰囲気を醸しだすためであった。であっても、彼はあくまでも距離をおいて先住民を眺めているだけだ。ディケンズは「蒸気船ではへさきが上る」ので船尾にいた方がいいですよと勧めてくれた匿名人物についてはくだくだしく詳述するくせに、船で会った先住民との愉しく「長い語らい」とやらは一言も引いていない。白人の医者や汽車の車掌や牢番や「紳士」たちのことばは引いても、ネイティヴが喋ったことは記さないという徹底ぶりだ。

ディケンズが蒸気船「メッセンジャー」号に乗ったのはシンシナティからピッツバーグまでだった。それはジョン・フレモントの一回目の西部探検の年、そしてチェロキー族強制移住の四年後のことだった。彼は、巨木や川のたたずまいを記したが、強制移住にたいするネイティヴの抵抗や、ネイティヴの主権の直接性や、合衆国憲法でうたっていた民主制のまやかしには、気づかなかったとみえ、触れていないし、当時のネイティヴが確固たる主権を持っていたことや憲法で称えている民主制についても、書きつけてはいない。

ディケンズはつづける。「蒸気船は対岸の大きな盛り土の下で眠っている先住民の大群を起こすほどの轟音をたてた」「何百年も前に、幸せなことに白人がこの世にいることなど知りもしなかった」

この河が、今ではネイティヴの埋葬場所の「すぐ脇を、さざ波をたてつつひっそりと流れゆく。河も絶滅部族を哀れむかのように[47]」と。

ネイティヴの埋葬場といえば、この一九年前にジャコモ・ベルトラミは旅行記『欧米巡礼』で、先住の民の盛り土（マウンド）について、こう記している。「太古の偶像崇拝者が信じていた神々は、始めのうちは先住民の感謝の対象であったが、しだいに崇拝の対象となっていった。先住民にとって神々は情深い英雄だったのだろう」。ベルトラミは、「先住民をつぶさに見たかった」が、叶わなかった。「先住民の遺留物を覆うささやかな土くれは、祭壇となった。先住民にとって記念碑の起源とは、せいぜい、そういうものであろう[48]」。

ずっと後にここを訪れたアレキサンダー・ラーキーは、盛り土は本当に英雄の墓なのだろうかと疑ってかかった。「その日暮らししかしないような遊牧民が、記念碑をのこしたがるとは思えないので、彼らがなぜこういった埋葬の盛り土をつくったのか、頭を捻るしかない[49]」。

同じく盛り土を目にしたアレックス・ド・トクヴィルは、先住民を「平和時には友好的で」、「戦いでは無慈悲」だと書いた。「蛮人は欲望を持たずに生きることができる。彼らは他人種並に、よりよい世界があると信じていた」。『アメリカの民主主義』でトクヴィルは、「現在の先住民が盛り土をつくった謎の部族の子孫だという証拠はない」ことに鑑みて、盛り土は「文明化された別の民族」がのこしたのだといった。つまりトクヴィルにとっては、現存するネイティヴよりも、おぼろげで悲しい犠牲者としてのインディアンのロマンスのほうがよろしかったわけだ。「かつての先住民が話していたことばも栄誉も、こだますらのこしもせずに掻き消えたが、その薄れゆく記憶にある墓には、すべてがのこっているのだろう。だから、彼らが苦労して作った盛り土という記念碑は自分たちの凋落ぶりやつまらなさを想起させるだけなのだ[50]」。

ロバート・ビーダーは、一九世紀初頭には誰が盛り土をつくったのかをめぐる論争が始まっていたという。ジェイムズ・マディソン司教が、つくり主を「今日の先住民と同程度にしか文明化されていない別部族」だろうと推論したかとおもえば、サデウス・ハリス牧師は「古代トルテック人」だったと唱えるように議論百出だった。

この論争は「学術論争の域は超え、政府の先住民政策に影響を与えるほどだった」と、ビーダーはいう。アンドリュー・ジャクソン大統領は、もしその「野蛮な大群」が盛り土をつくった文明人を滅ぼしたのであれば、自分たちの先住民強制移住政策*が正当化できるぞと息まいた。「先住民が盛り土をつくった者にしたことを、今度はわれらアメリカ人が、文明の名のもとに奴らにして返してやればよいだけのことだ。最後に笑うのは文明人だ[51]」。

*［強制移住政策――一八三〇年から施行。ジャクソン大統領は、先住民の権利と、後述の最高裁判所判決（マーシャル判決）を無視してまでも、チェロキー族をはじめ一〇万人以上の先住民の強制移住を武力と強権で実行。国民の欲望を反映してフロンティアを西に広げた。］

このような白人による諸説とは異なり、博学の歴史家であり、確固たる存在感のあるネイティヴのウィリアム・ワレンの『オジブエー部族国家史』＊によれば、「白人によって銃器がもたらされるまで、ほぼすべての平原部族は自衛のために円形や卵型の土小屋に住んでいた」という。盛り土で人骨が発見されたために、盛り土は「立派な族長の埋葬場だというのが定説だった」と。ワレンは、ディケンズの『アメリカ紀行』の一五年後に出版したこの歴史書で、人骨は「盛り土の下に埋葬されている者」の骨だと論じた。[52]

＊［オジブエ（あるいはオジブワ）――この呼称もアニシナベ族のこと。白人の呼称では合衆国でチペワ、カナダではオジブエー族。］

ディケンズは盛り土を目にして、盛り土が、先住民が人口激減と、土地収奪をこうむったことの悲しい寓意ととらえて、そこにネイティヴの強制移住と排除を見てとったにちがいない。白人による発見、疫病や支配を生きのびたネイティヴがほとんどいなかった当時にあって、ディケンズは本物のネイティヴに遭遇したがっていた。『辺境史』でロバート・バーホッファーはいう。「白人のもたらした疫病、征服による先住民の人口激減は、族長の後継者選び、白人による統治、経済、どうやって生きのびるかについても、後世に伝えてくる」。[53]

旧世界の疫病が先住民を大量に殺し、わけても天然痘が「致命的だった」と、『アメリカ先住民人口史』でヘンリー・ドービンズがいう。[54]『アメリカ先住民大虐殺』を書いた社会学者の先住民ラッセル・ソーントンも、「一九世紀には天然痘がもっとも破壊力を奮った」という。一八〇一年にジェファソン大統領は、「初めて先住民に、ワクチンなどの接種でなく、種痘をさせた。……二年後、西部へ向かうクラーク探検隊には、遭遇した部族に種痘させるようにとの大統領令も出した[55]」。『アメリカ社会における先住民』でフランシス・ポール・プルーカは、こういう。「疫病が先住民の経済体系を弱めた。未知の力にたいして無力だったので先住民は、自分たちの価値体系を崩壊させられて意気消沈した」「先住民や、先住民に共感したひと握りの白人博愛主義者は、先住民にはアメリカ合衆国の庇護の下の小さな独立国という、ささやかな地位がふさわしいと主張した[56]」。

ディケンズは、シンシナティからケンタッキーのルイスヴィルへと冒険をつづけた。郵便物も乗せていたこの蒸気船は、「ピッツバーグから乗った船よりもうんと高級だった」。チョクトー族の指導者のピーター・ピッチリンも乗り合わせていた。彼は先住民の年金と土地権利にかかわる条約を結ぶために首都ワシントンに赴いた後、インディアン準州にあるレッド川の北ウィーロック・ミッション付近の農家に戻るところだった。

ディケンズは書いた。「ピッチリンというチョクトーの族長＊が名刺をくれて、長らく会話を楽しんだ」「大人になって習ったということだったが、完璧な英語を話した」「彼はきれいな体に白人の普段着を着流していて、品格を漂わせていた。わたしが、あなたの民俗衣装姿を見られなくて残念ですというと、彼は重い武器でも振りかざすように右腕をさっと挙げたかとおもうと、振り降ろしながら、先住民は衣装のみならず多くを失いつつあり、間もなくこの世から姿を消すでしょうよ、といった。故郷では民俗衣装を身につけているのですとも、誇らしげにいい添えた[57]」。

＊［チョクトー族は「文明化された五部族」の一つ。一八三一年にジョージア州からミシシッピ州に強制移住させられていた。］

ネイティヴの出てくる物語での、ネイティヴがこういった偶然の状況、流儀、ふり、主権を示す挿話は、当時はどこで起きても不思議でなかった、ただ少々変わっているといった程度の冒険である。ここでまたしてもディケンズの独り言となる。ピチュリンは、絶滅しつつある部族の自分がまだ生きている皮肉を噛みしめつつ、彼自身が滅びゆく人種として審美的に不在であるロマンスの世界に引き篭るというのだ。ディケンズは、画家ジョージ・カトリンに着せられた「伝統的」な民俗衣装姿のピッチリンのリトグラフ肖像のことについても、軽く触れるだけだ。

こういった先住民との遭遇は、ネイティヴを発見したとか、歴史を修正したとか、文化面で先住民を支配したふりをすることであり、ありふれていた。そしてわたしが「第二の直接性」と呼んでいる、間接的な痕をとおしての接触という点に照らしてみると、先住民とお喋りをした直接経験を基にしているわけであるから、皮肉にもディケンズの手になる先住民描写は、それなりにすばらしいというべきかもしれない。

じっさいにそこにいたネイティヴを有名無実の存在にしてしまうディケンズのやり口は、時代錯誤でしかない。もし、わたしがこの蒸気船に乗り合わせていたとしたら、ネイティヴは犠牲者なのだとロマン的に述べて澄ましているディケンズ氏には一杯喰わせてやったのに。とはいっても、わたしは一世紀以上もたった今、こうして白人によるネイティヴの発見とそれにつづいて起こった支配という裏切りに、抵抗しようとしているわけだ。しかも、わたしがきちんと抵抗するためにも、ピチュリンがじつは、ただネイティヴのふりをしていた奴隷商人だった食わせものだったという、意外な事実についても、目を背けずに考えてみなくてはならない。

このピーター・ピッチリンは、ミシシッピ州生まれで、父親は辺境で外交官めいた役割をしていた評判のよい白人交易家であった。父はまた綿栽培農夫でもあり、奴隷を所有していた。混血として生まれたピーターは野心的に、ケンタッキーのチョクトー学院で、そして一年間ナッシュビル大学でも学んだ後、ダンシング・ラビッド・クリークでの強制移住の条約をめぐる連邦政府との難交渉では、先住民代表団の書記も勤めるといったように、政治家としても手腕を奮った。

『不履行の条約をめぐる裁判の真相』で、ヴァイン・デロリア・ジュニアは、アメリカ合衆国がいったんは、「チョクトー族をいかなる州や準州にも閉じ込めないという確約をしたものの」、「南北戦争が情況を一変させてしまった」という。「すでに結ばれている条約にしたがって、当然、北部同盟に加わるつもりでいたチョクトーやチェロキーをはじめとする文明化された部族*は、勇んで北軍に参戦を申し出た。ところが申し出は、南部白人にたいして先住民をけしかけて戦うのは野蛮だからという理由で、北軍に拒絶された」。時すでに遅く、南軍が迫ってきていたために、両部族は「南軍と条約を結ぶしかなかった(58)」。

＊［文明化された五部族──チョクトー族、チカソー族、チェロキー族、クリーク族、セミノール族。］

『ピーター・ピッチリン──チョクトーの族長』でW・デヴィッド・ベアードがいう。「ピッチリンは先住民社会で育ったわけではなかった。それどころか、辺境にあった父の裕福な家は、商人、旅行者、宣教師と交流する『文明』の基地といった様相すら呈しており、白人移住者との接触も多かった。特に長じてからのピーターには、本人が思っているほどにも先住民らしいところはなかった。それでも、白人との苦い経験も積むにつれて、ようやく彼には自分が白人商人の息子として優遇されているわけではないことが呑み込めてきた(59)」。

ピッチリンは、ミシシッピ河以西のインディアン準州への先住民強制移住に抵抗した。そして先住民のための新憲法をつくり始め、首都ワシントンでは政治的、社会的での人脈を生かして粘り強く交渉した。それでも彼の部族は、先住民代表団が北部と条約を結んだ南北戦争中に出された独立宣言で、みずからの部族国家の代表が連邦政府に尊重されるようにはあえて主張しなかった。そして先のような経緯から部族の代表団は、南部同盟との条約に調印する羽目になったわけである。部族に忠実だったピッチリンは、終戦の頃、長に選ばれた。

当時のインディアン局の局長に教えていた宣教師によれば、チョクトー族は「革命政府の約束」の多くを、真剣に考慮したということである。このチョクトー族の「条約は、部族代表を議員として革命会議に送り、各裁判所で証言する権利を認め」、「北部の州となる特権」を部族に与えるというものだった。

『奴隷所有者、連邦離脱者としての先住民』でアニー・エロイーズ・アベルはいう。連邦政府は「いかなる場合でも、有事には連邦政府が先住民を守るという確信を先住民に与えそこなった」。愚かにもネイティヴなどどうでもよいと考えた、そういった白人の政策は失敗に終わった。が、アベルは、連邦政府のこの失策には「あまり目くじらを立てるべきではない」[60]と牽制する。

ディケンズはこう書いた。「ピッチリンは整った顔だちで、長い黒髪、鷲鼻、広い頬骨で、日焼けしたような肌、鋭く暗い射るようなきれいな目をしていた。二万人しかのこっていない自分の部族が、刻々と減っているということだった。仲間の族長には、生きのびるために文明化の道を選んだ者もいたという[61]」。

ここでの、ネイティヴには「文明化の道を選んだ者もいた」という、ディケンズのもってまわった物言いは、アメリカにネイティヴはおらず、ネイティヴが白人に支配されていただけだと彼が考えていたことを指す。ネイティヴをいないことにして葬り去る常套手段だ。こんな野蛮対文明という二項対立を、ネイティヴは賢く覆すべきだ。当時、先住民はすでに過去の人種であるとか、先住民の文明化とは「過去にたいして勝利を収めること」であると考えられていた。『野蛮と文明』でロイ・ハーヴェイ・ピーズが、こう論じているとおりである。「文明と比べて初めて、蛮性がなになのか分かる。野蛮が文明に屈さなくてはならないのは自然の摂理に適っているというわけだ」。そこで、白人にとってネイティヴを殺すことは比喩的には「過去を殺すことだった[62]」。

ディケンズは『アメリカ紀行』の最終章で奴隷制についても述べている。「奴隷制に少しでも抵抗する心ある白人もいるからといって、奴隷制のおぞましさが減るわけではない。正直な奴隷制反対論者の怒りが少しでも収まるわけでもない。奴隷制がつづくにつれ奴隷制は、罪深い社会にいるごくわずかのまっとうな者たちを圧倒するからである[63]」。ディケンズは、じっさいに自分が蒸気船で会って心酔したピッチリンが、ひと皮むけば奴隷所有者で奴隷商人でもあったなどとは夢にも思わなかった。

ところが実は、ベアードがすっぱ抜いたように、一八三五年に父を亡くしたピッチリンは「かなりの奴隷を譲り受けており」、靴などの購入記録も「彼が大奴隷所有者であったことをほのめかす。一八六六年の国勢調査から、一三五人の自由黒人がかつては彼の動産であり、うち三一人はピッチリン姓を名乗っていたことも分かっている[64]」。

ディケンズは、じつは奴隷所有者であったピッチリンが、自分が勝手に抱いていた、ふわふわとしたロマンスにそぐわないとは気づかずに、ピッチリンとの別れをこう綴る。「壮麗で完璧すぎるような紳士が立ち去ってしまった。群衆のなかに姿を消していく様は、はき溜めに鶴といった感じだった[65]」。

その混血先住民ピッチリンは後に、原画をジョージ・カトリンが描いた、かの有名な、自分の「リトグラフ肖像」を送ってくる。

ディケンズは「ピッチリンに白人文化に入ってほしくなかった。『本物の』先住民のままでいてほしかったのだ」と、『満足から六〇マイル』でM・H・ダンロップが解説している。「もっとも語りにくいことを語り終えるとディケンズとピッチリンは、バッファローについて冗談をいって、別れの握手をした。ディケンズが歓待を約束しつつイギリスを訪れてくださいと誘ったところ、相手はこういいのこした。「われら先住民の助けを必要としていた時には、イギリス人はわれわれに好意的だったが、その後は、われらのことなど気にもかけなかった」。ディケンズは甲板を横切るピッチリンを見やって、相手が自分とは『別の人間』なのだなあとか、甲板をうろついている凡人とはちがうのだと、ひたすら感じ入る」[66]。こうして、結局ディケンズは『アメリカ紀行』で、無知、ロマンス、文学の流儀によって、自分が出くわしたただひとりの先住民を、ぼんやりとした独り言としてしか書きとどめなかったというわけだ。

慎重な救出

われわれネイティヴの先祖たちは安定していたためしがない。ネイティヴの部族名やお話は英訳されて肝心の皮肉さを奪われてしまった。子孫であるわれわれには、白人によって、ネイティヴの名前も出てこないようなロマン的な見世物興行やら、相も変わらずの模倣がのこされているだけだ。それでも季節は石を切り、熊はわれわれの記憶のなかで突進する。創造力あふれるお話がわれわれらしい生きのこりをとどめている。沈黙や別れはわれらにはそぐわない。ネイティヴにとって季節の最良の記憶とは、熱、嵐、烏、カワウソたちがお話に出てくることである。そしてネイティヴが見世物にされたり切断されたり、支配されたりしないことである。

白人によって発見されることは、ネイティヴの存在ではなく、まさにネイティヴの不在を引き起こす。修正や回復は自然でもなければ、部族名があることでもない。ネイティヴらしい先祖の痕をとどめた、新たなるお話は、創造を皮肉り、伝統を自在に変える。また、われわれがつくってゆくべき新たなるお話は、「明白な運命」の流れを汲むアメリカ白人の流儀に打ち勝ち、ネイティヴの不在や白人による支配を引き起こすだけの白人の掲げる大義名分にも打ち勝つ。そしてわれわれのお話はわれらの先祖が存在したという痕をとどめている。

伝統主義者は時代に迎合し、過去の流儀というポーズをとる。しかし伝統にしがみつくことは、因果律のある模倣であるにすぎず、また、嫉妬して文化的切断や排除に走る人種主義でしかない。それらはネイティヴの意識においては、穏やかというよりは皮肉でしかなく、かえってネイティヴらしくない。むしろ現在のわれわれが先祖から認めてもらいたければ、われわれはネイティヴとして存在し、様々なことを皮肉り、ふとした偶然の一致というものをほのめかしつづけなくてはならない。

伝統を転覆し、主な記憶のふりをする沈黙という傷を完治するには、時期を待たなくてはならない。しかし、季節のように、われわれが沸々と思い出す記憶は、沈黙の痕やネイティヴのらしさとは別物である。われわれネイティヴは、不在ではなく、季節のような存在なのである。われわれの存在は、過去のネイティヴにとって自然な理屈であったものの痕であり、自然のしたたかな存在の痕である。われわれは、失われた文明のブリキでできた耳のような、硬直した遺物ではない。ネイティヴのお話の皮肉、あちこち自由に動きまわるという主権、われわれらしい生きのこりは、どれも大切な記憶であって、われわれが悲劇的な犠牲になったりする記憶ではない。

『記憶の執拗さ』でフィリップ・クベルスキーはこういう。「記憶術は、過去をなんとか現在化して忘却を出し抜こうとする」「自己のない記憶は、まともな記憶ではない。自己のない記憶など、匿名の者たちの歴史のようにしか見えないであろう。つまり回顧とはほど遠いものにしか見えないであろう。しかし、このことは、まさに世界から切り離されている部外者の目に、そう見えるだけである。記憶というものが過去から慎重に救い出された断片であるという考えは、部外者には当然であると思われる」(67)。

考えてみれば、社会の周縁にいたネイティヴの名前やお話は、いつも誰か部外者に解釈されてきた。時には特異な文化として区別され、アメリカ文化から切り離されたりした。白人のお陰でかろうじて救い出された過去であるといったように曲解されたことすらある。現代の多くのネイティヴが、自分たちには先祖などいなかったと白人に決めつけられてきた経緯を、ネイティヴとしての余裕を持ちつつ、かえって皮肉る。だが、数は多くはないにせよ、現代のたくさんのネイティヴが、自分たちには存在感のある先祖がいないことに暗く笑い、どうしてよいか分からないものだから、エドワード・カーティスの写真で禁欲的なポーズをとらされたインディアンが表わしているような、ロマン的な過去へ回帰しようなどと、血迷ってしまう。

ネイティヴの先祖が、現在のわれわれと、はっきりと関連している。とはいえ、むろん、ネイティヴの先祖がいつの時代に生きた誰であっても、われわれの存在に先行すると考えてよい立派な先祖であるというわけではない。その上、誰がネイティヴであるかは、本人がそう認めてもらえたかどうかとか、居留地に住んでいたかどうかや、連邦政府の記録にどう記されているかとか、伝統を言動でほのめかすかどうかといった、さまざまな政治的な要件によって決められてしまうこともある。

ネイティヴの先祖がかつてどう感じたかを想像するのはむづかしい。現代のわれわれネイティヴの語るお話や季節こそが先祖の創造の痕をとどめている。片や、白人の社会科学の論文や先住民を発見したという記録は、白人に都合のよい皮相な模倣にすぎず、そんなものにはポストモダン時代のネイティヴにとっては真の先祖としての存在感はない。

陽気な調停

植民地主義によって、アメリカ大陸全体でゆうに一億人の先住民が、病気や奴隷制や暴力や孤独によって命を落とした。白人文明はネイティヴを排除したがった。ネイティヴが犠牲者であるというアメリカという国家のロマンスのためにも、実在のネイティヴになどいてもらっては困ったのだ。キリスト教が唱えてきた、白人が先住民を支配することが進化なのだと考える、野蛮に文明が優るのだという標語が、そして音楽つきのもっともらしい野外歴史劇が、このことを伝えてきたのだった。ネイティヴを排除することは、白人の邪悪で不自然な大義名分だった。さらに困ったことには、じつに広範に、高い教育を受けたネイティヴでさえが、自分たちの先祖がアメリカにはいなかったのだというロマンスを真に受けてしまった。一九世紀末には、滅びゆく人種としてロマンスに対抗するネイティヴの模倣が溢れかえっていて、ネイティヴなどいないという証が、祭や野外歴史劇や博物館で、臆面もなく呈示されていた。

二〇世紀に入いると、民衆の祝祭や野外劇でインディアンはもう流行らなくなり始めた。その頃を境として、今度はロマン的に、インディアンはいないことにされていった。本物のネイティヴは、近代に入ると、白人の目をくらませて逆に反近代的な回顧癖のなかに、いったんは姿を掻き消して潜伏するしかなかった。

『アメリカの野外歴史劇』でデヴィッド・グラスバーグが、こういうとおりであろう。「公の歴史のイメージ群にはアメリカ史を扱う野外劇もある。白人移住者が北米に来て、先住民が『運命に定められたとおりに』衰退してゆくことで、歴史を扱う野外劇が幕を開ける。白人到着前に、早くも先住民のシャーマンが自分たちの衰退を予言するというのが、白人観衆に人気のある場面だ」。

こういった野外劇では、自然は優しく女性らしく無垢などではない。白人にとってはアメリカの手つかずの自然は征服すべきものであった。そして非先住民が先住民役を演じるようになることで、ネイティヴもアメリカの風景から追い出されていった。たとえば「セントルイス野外劇協会は、野外劇と仮面劇で本物の先住民は使わないように決めた」。そこで演出家は、野球の模範試合に球団を呼ぶくらいの低額だったにもかかわらず、ミネソタからチペワ族を連れてくるという先住民ウィリアム・ホール・イン・ザ・デイの申し出を断わって、替わりに化粧を一六ガロンと麻袋を用意させて地元の白人を先住民に扮させた[68]。このようにしてネイティヴは自身の不在を模倣する。

やたらとネイティヴを崇めたがるニューエイジャーは全体論的なロマンスを揚げる。ニューエイジャーはアメリカにネイティヴがいないという事態を、一応、覆すことは覆した。だがその修正のずさんさときたら、目に余るものがある。ネイティヴのなかにはこうしてニューエイジャーによって、修正された伝統を楯にして、自分たちを卑下したり、よそ者を避けたがる者さえ出てき始めたからである。排斥されたことのある者は、新たな排斥を許しはしないものだ。また、包含の模倣は、あくまでも現実ではなく模倣にすぎない。ひとつの排斥行為は、別の排斥行為のとるにたらない転倒である。また、包含というロマン的で壮大な神話で、覆されたひとつのことを終わらせることは、別のことを終わらせることでもある。それでも、現代のネイティヴとの関連を皮肉り、ネイティヴの存在を皮肉ることは、ネイティヴらしい生きのこりではすぐに反撃される。ネイティヴにたいする差別も、ネイティヴによる逆差別も、また新たなる復讐を生み、さらなる犠牲者を生む。すみやかに止めなくてはならない。

スロットマシーンなどのカジノで大儲けをした先住民もいる。彼らは白人に妬まれないようにするためにも、まわりの世界をもっと受け容れなくてはならない。そうなのだが、悲しいことに、成金先住民はベンチャービジネスで儲けたことに味をしめて、ますます大胆に金儲けに爆走してゆく。

わたしの父は、文化面でのネイティヴの儀式を重んじこそしなかったが、シャーマンのいない、ネイティヴの伝統もなにもない、ないものづくしの都会にいても、屈することなくネイティヴらしく生きぬいた。彼の世代の多くのネイティヴが、一九三〇年代という恐慌の最中に居留地から都会へ移り住んでいる。好奇心と、当時は今よりも豊かだったユーモア感覚が、彼らを生き生きと生かしめた。

大恐慌は、自分たちは犠牲者ですと、おずおずと訴えられるような生易しい時期ではなかった。それに、白人によるネイティヴをはじめとする他者にたいする差別は烈しく、人種差別にしても、かつての野外劇や学術文書でネイティヴが美しい模倣として表わされたようには、悠長に文明のためという美名のもとで実践されたりなどしなかった。替りに当時のネイティヴは、人種、肌の色、髪、頬、骨、相貌などをめぐる、それは奇怪な基準をもとにした、あからさまな差別にみまわれた。むろん、一九世紀の先住民強制移住にたいするわれわれの先祖のネイティヴの抵抗は、現在の、白人による抽象的な他者排斥にたいするネイティヴの抵抗とはおよそ比べものにならないほど、激烈極まるものだった。そうではあっても、昨今の、ネイティヴによる白人排除を、ネイティヴの抵抗であるなどと勘違いしてはならない。過去を切り離したようなネイティヴをただ模倣するのであれば、剛勇でもなければ抵抗でもない。ウィリアム・アペス、ブラック・ホーク、ポンティアック、テカムセ、ジョウゼフ族長、ジェロニモ、クレイジー・ホース、シッティング・ブル、ウォヴォカといった勇敢な指導者たちの魂が、現代のネイティヴに受け継がれている。現実のネイティヴの存在、ネイティヴらしい生きのこり、またネイティヴの主権としての動きまわりに、脈々と受け継がれている。

アメリカにはネイティヴがいなかったのだと、いい募る白人の歴史叙述にしても、居留地にネイティヴを押し込める政策にしても、むろんネイティヴにとっては深刻な問題だった。だが、われわれネイティヴ本人が心に刻んだ、自分たちがいわれなく差別されたのだという記憶や、そこからむらむら沸き上がらせてしまう復讐心の方が、じつはもっと厄介だ。かつて強制移住させられた部族で、最近やっと成功を収めた者のなかには、チャンス到来とばかりに、今度こそ自分にとっての他者を排斥する側にまわってやろうと、息まいている者もいる。だが、そうなってしまうと新たなネイティヴのお話を語るには、ネイティヴらしい快活さに欠けることになる。

むろん、ネイティヴが白人から実際にこうむった強制移住、切断、排斥のすべてが不当だった。ただ、だからといって、ネイティヴが白人にたいして、今度は数の逆転を謀ろうとしたり、目には目を、歯には歯をといった策略をめぐらせることは、たとえ復讐に身を焦がしているにせよ、間違っている。今こそネイティヴは、他者としての白人を受け容れ、相手の罪を許し、たがいを尊重する賢さをもちあわせなくてはならない。純血度を示すような昔ながらの部族名を持とうという政策が、居留地でまま見うけられるが、このような政策などは、排除と支配にたいする呪咀でしかない。

劇的ペルソナ

次に、八種類のネイティヴの劇場を想定して、ひとつひとつ検討してゆきたい。ネイティヴらしさ、またそのネイティヴらしさの源としての、ネイティヴが先祖から受け継いだ遺産、創造、顔つき、系譜、記録、状況、トリックスター、犠牲性にかかわるもの、の八つである。*ネイティヴがとるポーズやポストモダン的なわれわれネイティヴの記録の痕をとどめるこれらの劇場のなかには、おおらかに白人をも包みこむものもある。どの劇場もむやみに白人を切り離そうとしたり、逆差別をして排除しようとはしない。本人らしさを奪うような劇場でもない。ネイティヴのお話や歴史や会話が体現しているこういった明らかな、われわれと先祖とのつながりは、ポストモダン時代のネイティヴの劇場であり、ネイティヴらしい生きのこりに根差す。各劇場を見てゆこう。

＊［本文中にあるように、ここでヴィゼナーは、カフカの未完の遺作『アメリカ』、特に最終章とされる「オクラホマ劇場の特徴」を念頭に置いている。また、オクラホマは「文明化された五部族」を含む部族の強制移住先であったことも含め、先住民にとって象徴的な意味も帯びた地でもある。］

● 譲与によるネイティヴ

最初に挙げる、われわれの先祖のネイティヴとのつながり、そしてネイティヴらしさの印象にのこる表象は、譲与という与えられた、ありふれたものである。これは白人にたいしても包含的で、ネイティヴらしいネイティヴの先祖がわれわれに譲与したものである。かつてネイティヴは美しい不在としてしか白人のロマンスには出てこなかった、他者でしかなかったおぼろげなネイティヴが、この劇場では、どっしりとした存在感を持つ。つまりわれわれがポストモダン時代に生きているネイティヴであることこそが、われらが先祖から受け継いだ遺産なのである。ネイティヴにたいする人種隔離や支配の流儀を終わらせるように、皆で手を携えようという姿勢さえあるなら、たとえ本人が先住民でなくとも、その人は、この劇場ではネイティヴだ。心ある人々であれば誰でもネイティヴだという、この夢が叶えば、ようやく世界中の人々が、自分がネイティヴとかかわっていることや、ネイティヴと大切なものを分かち合っていることを喜べるようになるだろう。たとえば、『オーバーオールを着た先住民』の作者ハイメ・デ・アルグーラや、『アメリカ豹の女』でアグネス・ウィスリング・エルクを登場させた、「女戦士」とも称されるリン・アンドリューズ、『イクストランへの旅』を書いたカルロス・カスタネダ、『原始の心』でネイティヴのおおらかさをうたいあげたジャメイク・ハイウォーター。詐欺師だとか部外者だとかいわれて批判されたこともあったようだが、この劇場では彼ら皆が、ごくふつうの権利をもつネイティヴだったといえるだろう。ネイティヴがいるという、そういった遺産は、ネイティヴの作家や出版者が、ネイティヴとしての系譜を名づけ、記録し、模倣する必要を減らす。また、ネイティヴがインディアン・アーツ・アンド・クラフト法＊によって特別の保護を受けなくてはならない素地もなくしていけることだろう。

＊［インディアン・アーツ・アンド・クラフト法── 一七二～三頁に後出。職人が自分のつくった作品を先住民製だとして販売、展示するには、本人が部族の成員であるか、部族や芸術組織の正式会員でなくてはならないとする法。］

● 創造によるネイティヴ

つまり芸術のことであり、作品に表わされたネイティヴのことである。ネイティヴの地位を確固たるものとするためには、反発を覚える読者が出るほどにネイティヴらしい、あくの強いネイティヴを作品に登場させなくてはならない。自作にネイティヴを登場させる芸術家や作家のほとんどが、広義にはネイティヴと考えてよい。なにも本人がネイティヴの血を汲んでいなくてもよいのだ。ネイティヴとむすびつく作品を書くほどの人であれば、ネイティヴとしての存在感を持っているのだ。たとえば戦士ウィネトウを登場させたドイツ人のカール・メイ、そしてフェニモア・クーパーの『モヒカン族最後の者』、ロングフェローの『ハイアワサの歌』、ジョン・ナイハルトの『ブラック・エルクは語る』、フレデリック・マンフレッドの『緋色の羽』、ディー・ブラウンの『ウーンディド・ニーに俺のハートを埋めてくれ』、ゲリー・スナイダーの『亀の島』など。皆、比喩的にはネイティヴだ。画家ジョージ・カトリンや写真家エドワード・カーティスにしても、この美学という劇場ではネイティヴだ。彼らはアメリカの美学史や文学史にネイティヴの金字塔を打ち立ててくれた。＊

＊［ヴィゼナーのこれまでの批評に照らすと、彼はここではやや包含的すぎるが、新たな方向性であるのかもしれない。］

● 容貌によるネイティヴ

顔つき、話し方、立ち居振る舞いは大切である。これにたいして皮膚や髪の色、顔つきは、外見でしかなく、ネイティヴの模倣やふりでしかない。しょせん、頬骨の高さや肌の色に絶対的な価値などあるはずもないし、生まれつき「純粋な」ネイティヴらしい顔つきをしているネイティヴなど、もうほとんどいない。現代のネイティヴの自己同一性は一見して分かるような痣ではないのだ。肌の色や顔つき、鼻や乳房や尻のかたちが、たまたまネイティヴのようであろうとなかろうと、そんなことはどうでもよい。むしろネイティヴの道徳や要求とは、ゆるやかで、まわりを包みこむものでなくてはならない。もういいかげん、純血度に拘泥するのはよそうではないか。文化面での排除や人種差別で儲けることや、ニューエイジの観相学といった邪悪な仕組は終わらせようではないか。アイアン・アイ・コーディのような俳優は、自分のネイティヴ風の外見を利用して映画出演したが、そういった、大学に通っている先住民よりも先住民らしく見えるような非先住民も、この世にはいる、というだけのことだ。彼らは、ネイティヴであることは外見とは無関係だという傍証でしかない。

●系譜によるネイティヴ

名前や血統といったものは物理的な系譜にすぎず、ネイティヴであることの決め手にはならない。小説『非嫡子』でシドニー・ラーソンは、「わたしは前進するためには後退して、受け継いだもろもろの遺産、家族、教育、父親がどういう意味なのかを探らなくてはならなかった」と書いている。そして本人がグロス・ヴェンターの非嫡子として生まれたからこそ、あえてこのようにいう。「非嫡子は、嫡子であるとはどういうことかについて考えてみるには最適だ。父親が誰か分からない混血先住民で、金もなく心のおもむくままに生きているだけのわたしなんか、どう考えても『非嫡子』だ(69)」。

象徴的にはネイティヴとは、いつかどこかで捨てられて養子にされたり、誤って表象されてきた。そこで、ほのめかし、実践、ネイティヴとの関連や忍耐強さという点で、ネイティヴはネイティヴなのだと考えてよい。どのみちネイティヴは社会のはみだし者なのだから、養子めいたネイティヴを探すのは簡単なことだ。必ずしもネイティヴの血を汲んではいなくても、ネイティヴの共同体で育てられれば、その人はネイティヴなのである。『辺境最後の男たち』を書いた自然主義作家グレイ・アウルは、ネイティヴとして生きた。といったように、当劇場では、ネイティヴの女性と結婚して生涯森に住んだジョン・タナーをはじめとする一九世紀に捕囚された白人もネイティヴだとみなす。

●　記録によるネイティヴ

これまでは出生証明、居留地や寄宿学校での登録、儀式、写真、肖像画に記録されることによって、本人がネイティヴかどうかが決められてきた。印、名前、聖なるネイティヴの場や写真はふつう、現代のネイティヴであることの根幹として、もっとも権威があるとされているが、たとえどのような記録であっても、ネイティヴのお話を抜きにしてネイティヴとしての存在感を勝ちとることはできない。たとえばイシ＊は、人類学者に彼の部族の最後の者とみなされた。イシは一個人として見ればネイティヴらしいが、今日的視点に照らして芸術家として眺めてしまえば、彼ほどのネイティヴであっても、皮肉にもインディアン・アーツ・アンド・クラフト法の違反者だったということになってしまうだろう。

＊［イシ――ヤヒ族の最後の一人。長い潜伏生活の後、白人世界に突如現われ、死ぬまでの四年間カリフォルニアの博物館で保護された。合衆国で最後の「野生」先住民として有名。この文脈では、イシが木や木の実などを使って道具や民芸品をつくることに熱中していた事を指す。］

● 状況によるネイティヴ

結婚や、ネイティヴの共同体で働いたり貢献することによっても、ネイティヴになることはできる。こういったことは、顔つきや血縁と同じくらいにはネイティヴであることとかかわる。『踊る癒し手』でカール・ハマーシュラッグ医師は、ネイティヴの共同体で自分が生まれ変わったと書いている。セント・ドミンゴ・プエブロの、あるネイティヴが、「先住民を治療してくださってるくらいだから、先生だって踊れるんでしょう」といったために、ネイティヴの血縁はいなかったハマーシュラッグだが、頑張ってネイティヴの踊りを学んだのだ。

● トリックスターのお話によるネイティヴ

ネイティヴのトリックスターはことばの綾であり、ネイティヴの語るお話に出てきては、荒々しくシャーマニズムやネイティヴの主権や生きのこりを表わす。トリックスターについてのお話は、白人による偽の歴史などの創造や、白人の計略に満ちた流儀や因果律や関連づけを皮肉る。ネイティヴらしさの痕は、先住民がかつて支配をうけたという、白人によってでっちあげられた歴史はなく、トリックスター然としたしたたかな、ふりをすることと密に関係する。当劇場における現代のネイティヴとの関連には、議会議員も含まれるし、また先住民の戦士のつけた頭飾りや戦士が和平のために吹かすパイプも含まれる。いかにもという部族名をつけてもらって、いちいち感動するような手合いも、この際、心からこの劇場のネイティヴに迎え入れて差し上げたい。

●自己犠牲によるネイティヴ

最後に挙げるこの劇場は、ネイティヴが自らとってみせる犠牲者としてのポーズである。ために、当劇場はどうしても精彩に欠けるが、よく見る現象を舞台に乗せているだけだ。この劇場の出し物は、現代生きているネイティヴがネイティヴらしくあることである。劇場では先祖にたいする哀悼の意も表わす。当劇場のネイティヴは屈折しており、自ら犠牲者のポーズをとり、白人人種主義者好みの滅びゆく人種になる。ここのネイティヴは表象として、つまり白人人種主義者の使うことばの綾として、舞台に立つ。長らくネイティヴは白人に犠牲にされてきたし、白人に支配され、譲歩させられてきた。つまるところ、近代の犠牲にされてきた。現代生きているネイティヴには、差別されることに自暴自棄になって、進んで自分を白人にとっての美しい犠牲者にしてしまう者もいる。こういったネイティヴが、たとえやり場のない怒りを腹に収めたとしても、白人との接触以来、自分たちが殺され疫病に倒れ、共同体も占領されたという敗者の歴史に甘んじるしかない。

ジミー・ダーハンは、自伝で、こうアメリカ合衆国にたいする憎悪をぶちまけている。「政府だけでなくアメリカ文化もだ。この国を憎まないでなんかいられるか。お前らは、お前らも『アメリカを変えようとしているからって』、真っ当な理由があって『不正』に憤慨してる俺様の味方面をするのか。ふざけるな(70)」。

白人が、苦しめられてきたネイティヴの先祖を、巧妙に美しい犠牲者にでっちあげた。時に白人は、ネイティヴを自分たちとの不利な条約に署名させられるような哀れを誘う者として表わし、時に病的なほどにネイティヴに対して謙虚になってみせたりもする。かと思うと、ネイティヴがぐれて周りに当たり散らす様子を描いたりもしてきた。教育の場においても娯楽においてもである。白人はネイティヴは禁欲的だと映画で表象するかと思うと、ロマン的で悪魔のようだというわ、悲しい英雄として文学に登場させたりするわ、といった風で、したい放題にネイティヴを表現してきた。しかしネイティヴは、白人からはひっそりと逃亡をつづけてきた。ネイティヴの犠牲を舞台に乗せる当劇場に本当のネイティヴの姿などない。真のネイティヴは存在するから、不在を描く劇場とは縁がない。

ワード・チャーチルは、この美しい犠牲の劇場で、みずからとるポストモダン時代のネイティヴとしてのポーズを跡づけて見せた。彼は近代主義者にネイティヴが犠牲にされたという大義名分に仕えるようにみえる。それは執拗な侵略や、差別を跳ね返そうとする幻視ではある。

チャーチルはインディアン・アーツ・アンド・クラフト法（一九九〇年）を批判した。この法は、消費者保護のために「先住民を悪し様に表象した商品の製作者を、厳罰に処す」という連邦法である。この法は、職人が自作品を先住民製だとして販売、展示するには、本人が部族の成員であるか部族や芸術組織に属していなくてはならないとしている。しかしわたしには、大して効力があるようには思えない。チャーチルの見たという、にぎにぎしく商標だらけの幻視を見てみれば一目瞭然だ。「わたしは何度も、『現代先住民芸術』の現状を凝縮したようなインスタレーションの幻視を見た。そういいたければただの眩惑だったと考えてもらって結構。実物大のプラスティック製の先住民の男を見たのだ。そいつはサンタフェ風の高い服を着て監督用の椅子に座っていた。トルコ石、毛皮、レザーを身につけ、アフターシェイブ・ローションかコロンをぷんぷんさせ、かっこ良くレーザーカットを入れた黒髪の長髪。はだけた絹のブラウスに毛布地のベスト。コカインを詰めこんだメディソン・バッグ。ゆうに五千ドルはしそうな古いコンチョ・ベルトをして、グッチのローファーで決めてる奴さ」。

チャーチルは他人には、いわば「優生学的な規範」や「ドイツ第三帝国的な人種的純血省」といった類の、不器用な寓意やら人種差別的な統計を使わせはしない。だが、ご本人は、こういった表現を、自分の気性の荒さに敵対するインディアンや学者たちに向かって使いかねない感じだ。

チャーチルは、勝手に先住民の純血度を管理する「行動計画省庁」をつくり出したといえよう。彼は本物のインディアンの伝統から力を奪うと公言しつつ他の者たちを酷評する。彼の発想は、得をする人種がいるなら必ず別の人種が損をすると考える、狭量なものだ。彼にかかると、「一生、苦行を積まなくては、本物のラコタ族の指導者になどなれっこない」ことになり、ひいてはエド・マックガーのような部族の儀式を紹介する先住民は「大嘘つき」だということになってしまう。しかし、わたしにいわせればここでチャーチルが使っている「本物の」という表現が、すでにうさんくさい。たしかに『虹の部族』でマックガーは、伝統にのっとっているというより、ただ回顧的に、おおげさなネイティヴの模倣を呈示した。しかしチャーチルは、せっかくその後のマックガーが『母なる大地の精神性』では新たな幻視への使命感を打ち出そうとしたことは評価もせずに、こう皮肉るだけである。あまりにひどい「虐殺めいた茶化しのことを書くマッックガーが、自分を安売りしすぎて、先輩作家たちの誤りの轍を踏まなかったことを祈りたいものだ」と。しかしこの「虐殺めいた茶化し」という表現にしてからが、退屈という「致命的な戦略」にすぎず、すでに人種差別的なのであって、使っているご本人がネイティヴらしからぬことを問わず語りに知らせてしまう。

チャーチルのいう行動計画省庁とやらは、ネイティヴではなくインディアンを唱道する美学にもとづいている。チャーチルはこうもいう。「インディアン・アーツ・アンド・クラフト法は、先住民が要請した法だからという理由で、法としてまともに扱ってもらえなかったのは遺憾だ。」「じっさいこの法の声高の唱道者のほとんどは、つまらない輩だったが、それでも遺憾であることには変わりはない。白人にわれわれの先祖が植民されたことや、虐殺された過程についての本質や、力学を理解したり、逆境に立ち向かう剛毅な先住民がいないわけでもないのだが[71]」。

チャーチルはしかし、彼自身の本質論的なポーズを自己相対化したことはした。彼はネイティヴがずっと内部分裂してきたことは知りつつ、彼なりにネイティヴの芸術や純文学のために、いらいらとして策略をめぐらせる。チャーチルは、条約での関連も居留地にのこった記録もないにもかかわらず、証拠を掲げるという奇妙な策略で、怒りっぽくインディアンとしてポーズをとる。チャーチルは目立つ過激な作家だった。彼はこの劇場にいる現代のネイティヴだと考えてもよい。つまりチャーチルは、美しい犠牲の痕をとどめたこの劇場への侵入者なのである。

一方、先見の明があったジャマイク・ハイウォーターは、もうこの一二年前に似たような危惧をしていた。「先住民にも排他的な俗物がいることには面喰らった。先住民の多くは、自分たちがちゃんと先祖からの遺産を受け継いでいるとは自覚できていない」「なぜ知的で芸術性も高いネイティヴの画家、作家、俳優や代弁者の真価を、白人はあるがままに受け容れられないのだろうか。なぜ、たとえばフリッツ・ショールダーの経歴は、彼の絵などまったく解さない先住民や、先住民についての紋切り型を鵜呑みにしているだけの白人知識層に敵視されてしまうのだろうか」[72]。

美的な話や記録は、先住民が犠牲であるという感じを強める。こういったものの書き手は、過去のネイティヴの観察者であるか、これから苦難に耐えようとしている者であるか、忍耐の継承者であるか、あるいはネイティヴの存在か不在の証人である。つまり、ネイティヴらしい生きのこりの痕としての存在か、逆にネイティヴの転倒した事実性としての不在の証人なのである。

この八つの劇場の共通項は、なんといっても近代である。ネイティヴが自ら犠牲者のふりをすることは、われわれネイティヴにとっては決して過去にネイティヴの先祖がいた痕でもないし、ネイティヴに先行するような望ましいものでもない。ネイティヴのお話では、このような死やネイティヴの魂のしきたりは、美しい始まりではないどころか危険をはらんでいる。こういったネイティヴの魂のお話はすべて、たとえシャーマンの見る幻視でも、ネイティヴの魂の痕跡であるし、われわれが存在していることを示す。ネイティヴのお話というものは、先住民が悲しい犠牲であるという西洋近代の掲げた大義名分などではない。西洋近代の好む苦しみという主題は、ネイティヴという存在の模倣でしかない。近代の呈示したがるネイティヴの悲劇は、事実を映したものではなく、表現者が節操もなく消費者に堕していて、表現者が自作品の鑑賞者の欲求に迎合した証である。ネイティヴにとってはごく自然な理を皮肉ること、つまりネイティヴの存在や同意や主権のあの独特の感覚は、知的でありポストモダン的であるし、また、白人到来以前にまでも遡って先祖らしい先祖を探ることである。

北部の森林地帯に暮らすアニシナベ族は、昔、死者が霊魂と踊れるようにするために遺体を飾った。死者は遙かなる「魂の道」を行くと考えられていた。どの部族も、死者が存在すると考え、死者の魂が次なる存在段階へと旅をしてゆくととらえながら死者を悼む。悼むといっても、死者に先立たれてしまった自分が哀れな犠牲だというふりをすることではなかった。アニシナベ語には犠牲という抽象語などない[73]。

一九世紀に『オジブエー部族国家史』を書いたウィリアム・ワレンはいう。「オジブエー族は死後の住処が西にあると信じているので、死者の生前の必需品をすべて随葬して旅支度をしてあげた」。昔は「大平原を通るとされている魂の道」を「帰途」ということばで表わしていたという[74]。

一九世紀末に先住民の学者ウィリアム・ジョーンズは、アニシナベ族が「ふたつの魂」を信じていると書いた。ひとつは死体から離れて「霊界入りし、いまひとつは墓にのこる[75]」。魂とは、影のかたちをとったわれわれのあいだの距離のことで、永遠の記憶へと通じる旅路をゆく動物や鳥の人格化である。魂についてのお話はネイティヴらしい生きのこりの源となっている。

争う犠牲性

インディアンを模倣することは、犠牲者を所有することではない。インディアンのいないことは、ネイティヴが犠牲となったことを示す新たな表象である。とはいえ、突き詰めて考えると、インディアンという犠牲とはなにだろうか。インディアンという犠牲とは、近代主義者の主体だろうか。それとも、人種差別者にとっての差別する相手なのだろうか。それともインディアンというものは、白人が支配し先住民が苦しむ状況を美しく表わした、まさに白人の掲げた大義名分としての、模倣に基づいた名前の新たな表象のことだろうか。わたしには近代とは、論理やら憲法を盾にした、白人による他者支配のことだとしか思えない。

近代は、まさに概念体系を利用して他者を所有する。近代は、つまるところ、白人文明の記録や言語でインディアン文化を表象する。われわれの部族名は現実にあった名であり、われわれにとっては存在の核となる大切なものである。しかし、エイリッヒ・フロムは『生きること』でこう述べている。愛、憎しみ、犠牲といったような普通名詞は、われわれにはただ曖昧で「現実味はない」。「アメリカ文化は所有という様式が強いために、アメリカ人であれば存在についてよりも所有についてよく知っている」。所有といっても、わたしにいわせればアメリカ白人は存在を所有するだけではなく、不在をすら所有する。また、フロムがいうように、アメリカ人の所有という様式は、「固定された叙述可能な物を所有対象とする。存在は経験を示す。そして経験はおおむね叙述できない。十分に叙述できるものとは、人が仮面としてつけているペルソナである。つまりそれ自体が物である、自我としての仮面ペルソナである。つまり、生身の人間には死んだ物のイメージはない。生身の人間は死んだイメージではないので、生身の人間を物のように表わすことはできない」。つまり、インディアンの犠牲性について語っているわたしの文脈に引きつければ、フロムの次のようなことばが、まことにいい得て妙である。「存在は現実についてである。存在とは、偽の、幻覚とは対照的な現実についてである[76]」。

ネイティヴの手も感情も、ネイティヴにとっては音や石の痕であり、科学のではなく自然のからかいである。口承文学のなかにネイティヴがいるというポストモダンな感じは、想像である。つまり想像力の変化であり、想像をからかうことである。ネイティヴの手も感情も、活字によって明らかになるものの活気でもないし、表象でもない。とりあえず文字は、手を聞こうとして、魂と石の影の距離を聞こうとして、待つようなものだとでもいっておこうか。

近代という時代は、科学、表象、文明を旨とする。近代は、直線的な時間のある歴史であり、自然というよりは記録重視の活字文化である。ネイティヴならではの存在感は、名づけようにも名づけようがない。片やインディアンは、近代が付ける仮面、ペルソナである。インディアンというものは、必死になって失われた過去との関連を見つけようとすることではない。近代はまた、家系であり、文化の模倣でもあり、不在にさせる動機でもあり、また、自分らしさの終焉でもある。一方、ネイティヴの姓名や部族名にまつわるお話は、ネイティヴの手や感情が表わす自然である。そのようなネイティヴのお話は、かつてわれわれネイティヴの先祖が存在したことを示す。近代はまた、意図や科学と骨がらみである。近代は、自然を所有して沈黙させることである。近代は、石にも霊魂が宿ると考えるようなアニミズムではなく、まさに自然を所有して沈黙させる。このことこそが、近代主義が、因果のある表象や文化的模倣によってネイティヴの存在のからかいを壊した証拠である。この近代による ネイティヴの破壊は、ネイティヴのお話、石、構造的意義を持つ皮肉の、ことごとくにおよんだ。[77] 白人によるネイティヴの寸断、安易な霊的交渉、白人文化の流儀はいずれも、創造的であるとか人間的であるとか、ネイティヴの癒し手であるとか、生きのこりについての悲劇的な叡知を帯びるネイティヴらしい存在感とは無縁である。

近代性は、科学によって自然をねじ伏せる。近代という時代は、こちらがいくらネイティヴらしく生きのころうとしていても、せっかくのその気持ちを摘んでしまう。ウィリアム・コノリーのいうように、近代は「世界をとり仕切」ろうとする。近代人にとっての自然は、「人が発見する法則の影響をこうむりやすく、ただ将来使うための天然資源の備蓄の場や、審美的な鑑賞対象にされている」[78]。自然を変えることは、すなわち白人がつけた名前や流儀によって、白人がネイティヴやネイティヴの経験を所有することを指す。ネイティヴのいないことは、ネイティヴが美しい犠牲者に変えられ不在にされたことである。

犠牲者とは、苦しむ者である。つまり悪、拷問、気性の荒さといった経験に耐える者である。犠牲者は苦しむ者であって、鑑賞対象としては美しく見えようとも、本人は悲惨である。犠牲者は、犠牲という名を所有する者ではない。犠牲者から文化を奪い取ることは、近代の表象の犠牲であることである。苦しみの所有は、存在ではなく移ろいである。苦しみの所有は、排除するための大義名分であり、その際、暴力は犠牲者にとっては倍加される。これが審美的な犠牲学の定理である。したがって犠牲者は、暴力をふるうための大義名分でもないし暴力を容認する者でもない。犠牲者は、文化面での修正でもなく、表象の名前でもない。犠牲者はひたすら苦しむ。犠牲者は、犠牲について、余裕を持って審美的に表現する者でもない。犠牲者は、生きのこりについて語ることで、自分の存在感と悲劇的な叡知をかろうじて回復する。

ネイティヴを犠牲者とする白人が呈示する表象は、どれもこれもまやかしだ。「誰も、他人と同じようには苦しまない。誰も他人と同じように生きるわけではないし、危険について話したりも、危機に対処したりもしない。痛みにしても、同じ共同体でもさまざまに感知、表現される」と、アーサー・クレイマンとジョアン・クレイマンはいう。「苦しみのこういった地球化は、文化変容が起こる厄介な兆しである。厄介なというのも、こうして経験が商品化され、こうして苦しみを文化表象することで、今度は経験がつくり直され、薄められて曖昧にされたり、歪められたりしてゆくからである」[79]。ネイティヴの場合のように、文字を持たなかったために自分たちの先祖について書かれた物がない場合や、提喩としてのペルソナを持つ場合には、たとえ実際には先祖がいて苦しんだにしても、その苦しみははっきりとのこされてはいない。自分たちには伝統がないと早合点してしまって「残存者としての罪悪感」に打ちひしがれてしまうネイティヴもいる。

暴力をこうむったり心に傷を受けた残存者、美しい犠牲にされた者は、自分たちの心の傷が本人がいだく「生きのこるという使命感の根源となる」時にしか癒されないのだと、『心的外傷と回復』でジュディス・ルイス・ハーマンが分析している。「社会行動は残存者の活力となる」からである。白人にネイティヴが犠牲として物象化された苦しみや美的に表わされたペルソナは、「心の傷のようなイメージ群や身体に受ける衝撃」が「不毛でもなければ不完全でもない」なら、使命感やネイティヴらしい生きのこりについて語ることができる。「残虐行為は葬り去られることを拒む」からである。想像されたものであれ現実に起こったことであれ、悲惨なお話を語ることは、傷を負う者が、「社会秩序を回復するためにも必要であるし、個人として癒されるためにも、必要である」[80]。

近代は、様々な先住の民に文化変容を強いる。ネイティヴの模倣は、一九世紀末から二〇世紀初頭にかけて滅びゆく人種として表象されることで、現実にいたネイティヴを不在にした。そして白人はネイティヴを支配し、美しい犠牲にした。名前、条約による強制移住、排斥、教育、文化的浸透、同化や掃討といった、残虐非道なアメリカの国策は、ネイティヴの見る幻視もネイティヴらしさもねじ曲げた。アメリカ合衆国とは、一神教を掲げて神政政治を行なう、明白なる文化画一化のための制度に他ならなかった。

近代主義者が、アメリカを論理的な国家であると考え、科学こそ優れているとうぬぼれる。こういった近代の傲慢さは、いつの時代でも深刻な矛盾をはらんできた。近代を信奉する白人が、ネイティヴに対して行なう寸断と排斥は、本人たち白人にとっては理にかなうものだった。しかし、彼らに犠牲にされた側にとっては、たまったものではない。近代による犠牲者は、運命に苦しむのではなく、白人が信奉する理性や科学によって絶対視される事実とやらに苦しめられた。しかも、犠牲者は、支配のための概念体系を押しつけられ、画一化された白人文化や礼儀正しさをも押しつけられた。ユダヤ人やネイティヴといった他者の模倣は、こういった近代が掲げた惨い大義名分を耐え忍んだ。

『近代性とホロコースト』でジグモント・バウマンはこういう。「近代は概念の新たなる役割を生んだ」。近代国家の「際立った特徴は画一化である。近代国家は画一化するために概念体系を利用し尽くした」。文明の、もどかしくも執拗な使命とは、「それまでは周縁であった階級や地方を、国家という概念を生む中心である国家身体に密着させようとする」ことだった。こうして、概念体系による国家の統一、画一化が進められた。そうするうちに、それぞれ別の理由からとはいえ、ユダヤ人やネイティヴなどが白人によって殺され、卑しく他者表象され、主流から切り離されていった。ユダヤ人もネイティヴも、支配者の文化的な「効率」を上げるために切り捨てられた。「近代は、隔離された諸集団の間の違いをつくっている外的相違を均した。少なくとも象徴レベルではそうであった。均されて違いがなくなってしまえば、現実そのままの知恵について哲学的に思索するだけでは足りなくなった。これは、理由をつけてユダヤ人をゲットーに押し込めたキリスト教文化圏がすでにやったことだった。支配者は、社会的、法的に自分たちが他集団と平等になることに怯え、他者に文化面でも侵食されることに怯えた。そこで、支配者によって集団間の相違がつくりあげられなくてはならなかった」(81)。

近代は、正確さ、平均化、継続を標語として掲げた。白人文化に支配されたインディアンの模倣によって、ネイティヴとインディアンとが一把にされた。一度、インディアンと一把にされてしまえば、ほとんどのネイティヴが白人文化に支配され、合衆国憲法では民主制が称えられているにもかかわらず新たな白人の伝統に絡めとられ、文化面で差別されていった。そして白人は、現実にいる、自分たちにはとらえどころのないネイティヴから、合衆国という国家に都合の良いインディアンを切り離した。近代ではインディアンという模倣は、滅びゆく人種として逃亡者とみなされた。だがインディアンというこの模倣は、このようにして新たに、アメリカ文化の多様性のひとつのお飾りとなった。まさにその時が、白人にとっての三重の他者であるインディアンが生まれた歴史的瞬間であった。生まれたてのインディアンは、自然界にかすかに痕をのこす程度の存在であり、母なる大地の皮肉であった。と同時に、この新しいインディアンは、支配され犠牲にされるうちに、審美的な、ネイティヴの不在になっていった。

クロアチア人の容貌

後に〈長い槍〉として名を馳せることになるシルヴェスター・ロングは、ノースカロライナ州で、一八九〇年に黒人として生まれた。〈長い槍〉は野心的で冒険好きで、気前がよく、賢い運動選手で、俳優でもあった。彼は、あれこれと格好の良いポーズをとって、ネイティヴ以外の者にすら賞えられた。しかしネイティヴとしての回想となると、どこか怪しげで、結局、ポストモダン時代にふさわしいネイティヴとしての存在感を持ちあわせてはいなかったようだ。彼はネイティヴのまねをするのには長けていたが、結局、自滅した。そしてせっかくの格好の良さもろとも消えてしまった。

〈長い槍〉は白人と先住民の混血だったが、「黒人」として育てられた。子供時代に差別されたため、したたかな詐欺師となって怨念を晴らしていったようだ。彼は、自分はチェロキー族だと悪魔めいた自己規定をした。じっさいは父親は、先住民と白人の血を濃く汲んでおり、先祖にはアフリカからの奴隷もいた。母親は先住民と白人との混血で、彼女の母親はクロアチア人として登録されていた。「クロアチア人とは、一九世紀末から二〇世紀初頭にかけての先住民とイギリス人とのあいだの混血で、アフリカの先祖がいることもある。通称ランビーという[82]」。

〈長い槍〉は自分の体には先住民の血が流れていると嘘をつき、「入学者は一四〜一八歳が望ましい」とあったので、一九歳だったところを偽ってペンシルバニア州チャールズ居留地の学校に入学した。奨学金でニューヨーク州の有名な聖ヨハネ軍事学院に進学。入学試験での成績さえ芳ばしければ、かの名門、ウェストポイント陸軍士官学校に入学を果たす初の先住民になれたかもしれなかった。そこまでこぎ着けた。

彼は一九一五年にウッドロー・ウィルソン大統領に自分は「東部チェロキー部族」だと自己紹介して、陸軍士官学校入学への「力添え」を乞う手紙を出した。大統領の力で受験が許されたものの、学力は及ばなかった。『ワシントンポスト』社説にはこうある。「大統領が純血のチェロキーを陸軍士官学校に入れようとしたことは、この先住民の受けた教育の高さを認めたわけで、アメリカという国にとっても名誉なことだ」(83)。〈長い槍〉は、自分にネイティヴの先祖がいると捏造し、人種主義的な政治状況にあって、好機をとらえてポストモダン的なネイティヴのふりを選びとった。人種隔離政策を押し進めた当の大統領が陸軍士官学校にネイティヴの詐欺師を入れようとしたなどとは、いやはや、滑稽なことだ。

『〈長い槍〉——詐欺師の物語』でドナルド・スミスはこういう。「〈長い槍〉の嘘は昂じていった」。〈長い槍〉は一九二六年にミネアポリスの『サンデー・トリビューン』にインタヴューされた頃には、カナダ西部のアルバータ州にいるブラックフット族同盟のしたたかな長におさまっていた。「平原諸部族が〈長い槍〉を指導者と仰いでいるらしい」。独特のポーズや流儀で先住民めいた容貌を利用するのに長けていた彼のことだから、ネイティヴ以外の人種にも化けることもできただろう。〈長い槍〉を評して〈灰色ふくろう〉は、ネイティヴのポーズをとり皮肉な変身をしたにせよ、〈長い槍〉が文明化されてしまった他のネイティヴたちと比べれば、「高い教育を受けたにもかかわらず、素晴しい蛮人である」と賞賛した。[84]〈灰色ふくろう〉というのは、イギリス人入植者で、辺境での冒険好きの狩人でもあるアーチボールド・ベラニーの筆名である。このように賞賛はしたものの、アーチボールドは〈長い槍〉に会ったことはなかった。アニシナベ族であるアーチボールドの娘アグネス・ベラニーは、『沈黙の敵』という映画に出ていた顔だちの整った俳優〈長い槍〉に「怒りを覚えた」。そこで、「あなたみたいに黒っぽい肌をした先住民なんて見たことがないわ、とか、一体どの部族の出なの、きっと違う種類の先住民なのね、と〈長い槍〉を皮肉った」[85]。〈長い槍〉は根っからの役者だった。だが、たとえ彼がとっていたポーズは本人の外見以上にはネイティヴらしかろうと、彼は真正のネイティヴの先祖ではなかった。

ウィリアム・ダグラス・バーデンは、オンタリオ湖の北の森林を舞台としたサイレント映画『沈黙の敵』（一九二九年）を撮った。ニーワ役を〈斑点のあるヘラジカ〉に、バルク役を〈長い槍〉に演じさせた。野心的な踊り手でボードビル役者だった〈斑点のあるヘラジカ〉は、メイン州ペノブスコット居留地の生まれだった。「〈長い槍〉は格好のよい男で、本人の経歴も外見に釣り合っていて、押し出しだけはよかった[86]」。

〈長い槍〉も、一九世紀のたくさんの先住民の例にもれず、本物のネイティヴのふりをした。彼の先祖はわずかに先住民の血を汲んでいて、インディアン学校を出てはいた。彼は運動選手、作家、俳優で、バッファロービルのワイルド・ウェスト・ショーで巡業した美食家だったし、ストックホルム・オリンピックまでジム・ソープと行ったこともあった。フランスではカナダ探検隊に加わり、第一次世界大戦で戦った。彼が生きた時代は、アメリカでは先住民を登場させる奇妙な見世物興行、先住民のふりや騙しの流行っていた時期のことだった。こういった時代背景に鑑みるなら、〈長い槍〉は輝かしい勝利を収め、わくわくする人生を送ったことになる。彼の選んだ記述的な名前にしても、彼がネイティヴの長だったことにしても名誉なことではあった。そこで、彼はぼんやりとはわれわれの先祖たるにふさわしいようである。彼は先住民の「長」としての逃亡者のふりを「臨機応変に使い分けていた」。

〈長い槍〉は生涯に二度大怪我をしている。彼は第一次大戦終戦の頃、カナダの『カルガリー・ヘラルド』の専属記者だったが、編集者には自分が陸軍士官学校卒の大尉だったと嘘をついていた。自伝『〈長い槍〉』（一九二八年）は好評だった。「すばらしい叙事詩」だとか、「部外者には分からない先住民の価値観を、先住民本人が説明しており、権威がある」とか、「気迫に充ち、ありありと昔を彷彿させるこの本は、まるでロングフェローの『ハイアワサの歌』やフェニモア・クーパーの冒険物語のようだ[87]」と。

人類学者ポール・ロダンも『ニューヨーク・ヘラルドトリビューン』で、「子供時代から語り起こしている貴重な本」で、「まだ根強い、先住民にたいする偏見を矯正するのに絶好」だと、褒めた。しかしわたしにいわせれば、チェロキーのふりをしたアフリカ系作家が、ブラックフット族のふりまでして「権威ある」自伝とやらを物したというだけのことだ。書評で使われた「矯正」ということばは皮肉である。「矯正」は、博学であるとか、ネイティヴを皮肉るというよりは、白人読者が先住民を救済することを表わす。書評で使われた「権威ある」という褒めことばにしてもそうで、なにかしら純粋な先住民がいるという前提に立っている。しかし「権威ある」などと褒めてみても、じつは自伝『〈長い槍〉』はネイティヴ不在の「稀なほど忠実な」模倣でしかない。

　しかし人類学者ロダンは「〈長い槍〉が先住民としての本心を自伝で明かすことは、ほとんどなかった」ことは、「『先住民は自分のことをぺらぺら喋ったりしないものだ』から、かえってこの本の権威を高める」[88]と宣う。ここでもネイティヴの沈黙は、「ばかげた考え」だとみなされるか、はたまたネイティヴが本当にいない証拠であるかの、どちらかだという風に、曲解されている。

『ウィネバゴー族の自伝』を書いたロダンは、コロンビア大学ではフランツ・ボアズ教授の下で学んだ。また後述するが、ボアズほどの人類学者がフォレスト・カータの「論争ぶくみの自伝」でしかない『リトル・トリー』を賞賛するようなことがあろうとは、遺憾なことだ。

　今日そういったネイティヴの自伝を賞賛することは、実在しているネイティヴを無視して、皮肉でロマン的に表わしただけだと思われる。しょせん〈長い槍〉は俳優で、有名人だった。彼の自伝を褒めそやす書評家は、ネイティヴの書いた自伝なのに、その本にはネイティヴがいないというロマンスを味わいたがっているだけだ。しかし、いくら時代が変わろうが人々が理性を持とうが、ネイティヴの先祖について白人が抱いていたロマンスを「矯正」することは並大抵のことではない。現代のネイティヴが書いた自伝を最近の書評でも、ありがたがって賞賛していることからも、時代がそう変わってなどいないことが分かる。

『白人が踏むのを恐れる所――ラッセル・ミーンズの自伝』の共著者デマーヴィン・ウルフは、アメリカ・インディアン運動の活動家ミーンズの冒険とミーンズらしさを、こう解説している。「ミーンズは、監獄での再生や、一三回に及ぶ暗殺未遂、無法者への知的な変身、精神の目覚めを経験した。そうして映画俳優として『モヒカン族最後の者』や『ポカホンタス』に出演を果たして、みごとに英雄として復帰した」。オリバー・ストーン監督は、この自伝の裏表紙に「ミーンズはシッティング・ブル、クレイジー・ホースといった英雄たちの魂を呼びさます」と絶賛。ディー・ブラウンもこの自伝が「現代の先住民を理解するのに欠かせない」と評し、ジェームズ・アボウレズック上院議員も、「ミーンズが先住民の賞賛の的となったことを示す、面白く、読者を勇気づける本[89]」だと称えた。

ドナルド・スミスはいう。「〈長い槍〉は、幸か不幸か、並外れた創造力を持っているし、面白くて売れる本を書くつぼを心得ていた。初版は初年度で完売し、イギリスでは特別版が出され、ドイツ語、オランダ語訳も出た」「〈長い槍〉は、もっとも名を轟かせた先住民になるところだった」[90]。

わたしは大雑把には〈長い槍〉はネイティヴらしい先祖だったというのにやぶさかではない。彼は、回顧録や書き物でネイティヴとしての、つまり白人の他者としての自己像をつくったわけだ。彼がしてみせた、さまざまなまねごとは、本人が自分の逃亡者のふりに意識的だったことを窺わせる。人類学者や奇妙な読者に賞賛された、おざなりの存在としての孤独なポストモダン的なネイティヴ。しかし本人のポーズや大胆な生き様を見るにつけ、わたしは、〈長い槍〉というネイティヴの先祖がいたのだなあと、実感は湧いてこない。彼は白人にとっての他者ではなかった。複葉飛行機の曲芸めいた操縦ぶりも、彼がポストインディアンの偽物ぶりを晒すだけだった。

スミスはいう。〈長い槍〉が散った「空では、〈長い槍〉は『純血』の先住民だとか『非白人』だとかに縛られることなく、風相手に一人の人間でいられた」「空では〈長い槍〉は報告したり、自分が誰かを証明したり嘘をついたりしなくてよかった。雲のなかでは死だけが彼の敵だった。そして彼は死を恐れることなく、噂や醜悪さから逃れ、ニューヨーク上空ですべてを超えてすっ飛んだ。すぐに現実に連れ戻されはしたが」。〈長い槍〉は会員としてニューヨーク探検クラブによく出入りしていたが、自分が詐欺師だという噂がたったので、さぞ居心地悪かったのだろう。頭部の弾痕から、警察は自殺だったとした。〈長い槍〉は一九三二年にロサンゼルスの大英帝国復員兵墓地に英国慈善協会によって埋葬された[91]。

特筆に値する保証

ラルフ・ウェアーは、あまりに上手に研究者のふりを決めこんだので、もう少しでミネアポリス教育委員会の委員に選ばれるところまでいった。

二〇年ほど前の教育委員会への指名が、そもそも彼の信任状についての捜査を始めることになったきっかけだった。しかし、ウェアーの周りの者たちにしてみれば、ウェアーは一方的に害を与える詐欺師などではなかった。なるほどウェアーはわれわれネイティヴの先祖にふさわしいふりをしたし、口が上手だった。とはいえ、ウェアーなど、ネイティヴなど他者として異国情緒の対象としてしか存在しないとみなしていた、ロマンスをでっちあげる学者よりは、まだましであったが。

ウェアーはいわば特筆に値する保証つきで、ちゃっかりアカデミーの前払金も受けとった。

彼は自分が臨床心理学者で、ミネアポリスの病院で一年以上「臨床にあたった」と嘘をついたり、「自分が医師として紹介されても訂正しようとはせず、そのことで咎められることがあっても、冗談でかわすだけだった」。そして「一九七三年に一身上の理由により」解雇された。(92)

というわけで、ネイティヴの社会復帰のためのニューゲイト計画は、コンサルタントとして、たいへんな詐欺師を雇ってしまったわけだ。ウェアーは理事に自分が医学博士だと嘘をついたし、市のインディアン諮問委員会の委員になったり、ミネソタ大学の先住民研究学科で客員講師もした。

超党派の教育振興を唱える「責任ある教育のための市民の集い」は、一九七四年にはミネアポリス教育委員会に、他四人とともにウェアーを指名した。ウェアーはカリフォルニアのサンジョゼ大学から「看護学部学士」「臨床心理学の修士号」を取得したと、育委員会に報告していた。南カリフォルニア大学バークレー分校から博士号取得と書いた雑誌もあったが、架空の大学名すら混じっている大嘘だと判った。

履歴書にはこうある。「オクラホマ生まれ。一三歳で陸軍入隊」「一九四九年～五五年には極東で一年半の前線体験を含む衛生兵を勤め、パープル・ハート、シルバー・スター等を叙勲[93]」。これも虚偽。「同僚は、ぼくを医者にすることで人間扱いしてくれた。ぼくと一緒にお喋りをしたり動いたりしたかったんだ」と、ウェアーはうそぶいた。彼はのうのうと医者のふりをしとおそうとはしたが、とんでもない学歴の方は訂正しようとしなかった。ネイティヴらしい先祖だと考えるには彼のとったポーズは行き当たりばったりだったし、経歴はというと、ネイティヴがロマン的にもいないことと、証明できる経歴がないことで、彼はネイティヴとしては二重に不在だったわけだ。

ウェアーは近代化のためという大義名分に荷担した。ご本人は名声を得てご満悦のようだったが、詐欺をはたらいたわけだ。とはいえ、ウェアーがやったことは自分が犠牲者であることをバネに勝利を勝ち取ったわけで、現代をしたたかに生きているネイティヴらしい模倣だった。まあ、その程度のことだった。思えば、ネイティヴはいつも自力で自身の存在やそれが無理なら存在感をつくってきた。また、ネイティヴは昔、共同体では、自分がネイティヴであると誓言したり部族名や幻視やお話で自分がネイティヴだと公言して苛められてきた。ウェアーは、かつてある共同体では、誓言、あだ名、幻視、物語における個人的な身元を公言してからかわれた。しかし、彼はシャーマンめいたところもあったので、じっさいに彼に癒してもらって、そのことを感謝している友人たちに支えられていた。ただ、あくまでも近代医学という専門職に就く者としては、ある客観的標準を遵守しなくてはならないという点では、問題だったが。それだけの話だ。

ネイティヴのとるポーズはあくまでも想像上のものであり、ウェアーの場合のように、人々に選ばれることで価値のありげな人物にしてもらえることもある。ネイティヴがいないことは、ロマン的な大義名分である。しかし、こと学歴証明となるとそうはいかない。医者のふりをする限り、自分が医者でないことを克服し、賢い聴衆をじっさいに癒さなければならない。そうしないなら、「近代の標準は、何者かのふりをするという愉しみを人から奪ってしまう(94)」。

ネイティヴについてのことばの綾

『スケッチブック』所収の「先住民の特徴」でワシントン・アーヴィングは、「先住民にたいする批判は様々ある。白人との条約の不履行にたいするものであったり、先住民が平和時に突然見せる裏切りや気紛れな敵意にたいするものであることが多い」と主張した。アーヴィングによれば、先住民は「本来は、厳格で、実直で忍耐強く、困難から逃げず窮乏にもよく耐える」立派な人種であった。

他の一九世紀の作家たちもネイティヴについてのこういったロマン的な発見をしていたので、これはなにもアーヴィング独特の観察ではない。他にもネイティヴをロマン的に扱っていた一九世紀初めの作家たちもいた。こういったようにネイティヴをロマン的に発見することはアーヴィングが他の作家の欠点であると考えた先住民にたいする友好的な模倣にすぎないので、彼にしたところが、文学におけるネイティヴのロマンスの伝統に忠実だっただけだ。

アーヴィングによれば、「先住民はしょっちゅう金目当てやただの気紛れから戦いを始めるものだから、せっかく先祖から受け継いだはずのものを失っている、こういった点を、偏狭な白人作家は誹ってきた。植民者たちにしても、こっぴどく先住民を獣扱いしたので、先住民に興味を持っていたわたしは激怒してしまい、先住民弁護にまわったのである。植民者は先住民を文明化するより絶滅させる方がましだと考える。わたしはこれとは逆にこういった作家たちは、先住民を差別するより中傷するほうがましだと考えた(95)」。

歴史家で作家でもあるジョン・ジョゼフ・マシューズは、ネイティヴらしく「果敢に困難に立ち向かった」。マシューズは飛行家としても、また、オクラホマ大学やオックスフォード大学やウィーンやスイスでの学生としても、「実直で忍耐強く厳格」だった。彼には、たしかにアーヴィングが指摘したような欠点もなきにしもあらずだったが、それを上回るだけの魅力もたっぷりあった。

マシューズの小説第一作『日没』（一九三四年）は、アーヴィングの『スケッチブック』所収の

「先住民の特徴」の一世紀以上後の作品である。主人公は、作家本人のように高等教育を受けた先住民チャレンジ・ウィンザーで、オクラホマの居留地に戻ってくる。彼の母親は伝統的な先住民である。故郷のオセジは石油が見つかった活況に翻弄されていて、作品の終結部では「黒い石油やぐらが、東の閃亜鉛鉱から丘づたいに這い出てきた」「ある日、まるで町中の人が空中に溶けていってしまうような衝撃的なことが起こった」。採掘の騒音が忽然と消えて、「石油やぐらが、丘の斜面にのこった命の残骸を晒しているように平原を背に黒く突っ立っていた」「混血の家族が山奥から居留地に舞い戻ってきた。ゴルフクラブも家屋も捨てて、懐かしい通りをあてもなく彷徨いたい一心で、戻ってきたのだった。彼らが、『でももし、それが戻ってきたら？』と訊いてみたところ、町の衆は、戻ってくるだろうよと、口を揃えた」。

『日没』の序文でヴァージニア・マシューズは、実父のことをこう書いている。「父は先住民作家の先駆けだ。父は白人世界で得てきた教育や洗練や二重の文化遺産を、先住民皆のために役立ててくれた」[96]。

マシューズは登場人物たちにネイティヴの記憶が、いかに曖昧か、からかわせる。マシューズ本人にしても登場人物たちにしても、あわれな犠牲者ではない。「『日没』は一見、一九二〇～三〇年代に流行っていた自然主義に迎合した運命論的な作品に見えるかもしれないが、じつは部族文化の内と外の二つの世界で生きる混血先住民を描いている」と、『他の運命』でルイス・オーエンズが喝破している。『日没』終結部は先住民にとっての『他の運命』、『他の物語』の可能性をのこしている。作品は、根こぎになった先住民が直面する困難に目をつむるような、ロマン的な終結ではないし、かといって叙事詩的でも、悲しい英雄として滅びゆく先住民という紋切り型でもない(97)」。『日没』は、ネイティヴ文学の新たなるヴィジョンの黎明を告げる作品となった。ネイティヴがロマン的にいないことを超え、先祖と対話しつつ近代を生きるネイティヴの存在をきちんと呈示している。

ネイティヴ文学に出てくる人物たちは、昔ながらの暮らしや伝統が戻ってくるだろうと考えることが多い。そこで『日没』の人物たちのように「誰もがまったく同じように不思議がった」。この、「それは戻ってくるだろうよ」というなんともいえない台詞、つまりその昔のネイティヴの文化が永遠に戻ってくるだろうことや、ネイティヴの記憶の根源といったものは、あくまでもロマン的につくられたものであり、危ないものというよりネイティヴらしい流儀であり、畏怖の念でもある。だがまた、ネイティヴの文学では意外な逆転が隠されていることも多く、ネイティヴならではの存在感がふとしたことで得られるということもある。ネイティヴの自伝の一人称の語り手たちも、小説の登場人物たちのように、自分たちネイティヴには、道徳を教えたり真にネイティヴらしいお話を語るのに必要な文化、伝統が欠落していると卑下することが多い。「永遠回帰の原理は、一瞬一瞬を、現在の決定に従って過去と未来が出会う場にする」と、『批評倫理』でトービン・シーバースがいっているように(98)。

アーノルド・クルパットも評していることだが、西洋近代の自伝は「本質的に換喩志向」であるのに対して、ネイティヴの自伝はいまもって「提喩志向である。ネイティヴは自己モデルとして提喩を好む。このことは、とりも直さず、典型的なネイティヴの文学が口承だからでもある」[99]。

そのために、「ペンは剣より強し」といった換喩はことばの綾であり、ひとつを別のもので置き換える常套手段だといえる。一方で提喩は、置き換えによって部分が全体を表わす。たとえば「人口調査や世論調査（head count）」、「殺し屋（hired guns）」、「逃げ口上（weasel words）」といった提喩には、先住民文化や先住民の伝統の模倣も含まれる。トマス・マックラリンが『喩え』でいっているように、換喩は「意味構造というよりは特定の文脈から発展する関連を基にして、意味変換をする。『王冠（the crown）』で王を表わすといった換喩は、王と密接にかかわる物で王を表わす。換喩は、隠喩がほのめかすような魔法のような意味の共有は要求しない。代りに換喩は、時の経過とともに培われていく関係や使用の関連といったものに頼る」[100]。

ジェマ・コラディ・フュマラーはこう隠喩の矛盾を指摘する。「隠喩は、自己同一性を肯定するようで、その実、自己同一性を否定してもいるふしもある」[101]。ネイティヴのお話で使われる、ことばの綾や自伝の解釈は、どちらも対話的な環である。ネイティヴのお話におけるネイティヴの存在感は、進化してゆくこともできる「変態」だと考えてよい。

ヘイドン・ホワイトは『言説の回帰線』で、ケネス・バークが『動機の文法』で「換喩的用法は還元的であるが、一方、提喩的用法は表象的であると論じている」と指摘している。ホワイトはこうもいう。「換喩は、用法が還元的であるので、わたしが機械的と呼ぶかたちである。」、このようにホワイトが換喩を機械的とみなすのは、換喩が因果関係を現象させるようであるかららしい。「換喩とは対照的に提喩は、見たところ個別のものをすべてむすびつけることができる」[102]。換喩と提喩との、いずれを使いたいのであれいずれと関連するのであれ、ネイティヴは支配者である白人にとっては客体であるといえよう。新たなことばの綾においてネイティヴは、季節やネイティヴらしい価値観やしたたかな幻視や新たなことばの綾での、影の「自動詞的」な動きを皮肉ることができる[103]。

ヘイドン・ホワイト自身は自伝について詳述してはいないが、ホワイトを援用させていただきたい。そうすると、歴史表象の過程で、先祖というにふさわしいネイティヴの自伝は、提喩的であるために、結合に向かう傾向があるのだと考えてよいだろう。先祖のネイティヴのいた痕を感じさせてくれる自伝は、因果などによる換喩的な模倣や還元的関連だというよりは、ネイティヴの伝統を秘めているはずである。どのようなことばの綾が頻用されるにしても、ネイティヴの先祖らしい自伝は、対話的な環であるし、ネイティヴがいることを示す。こういった姿勢は固定した構造を持つ表象というよりは、独自の生成力を持っている。こういった文学における仕掛けや解釈は、物語の方向でも作家の意図の主題の結合でもない。ネイティヴの自伝は創造的な幻視であり、ネイティヴらしい生きのこりを表わす、先祖との対話的な環のなかに痕としてのこされた「第二の直接性」である。

アーノルド・クルパットは、ルソーの『告白』とN・スコット・ママデイの『名前』のどちらにも「換喩的な志向があるようだ」という。一方、自我を表わす「提喩の例」は明らかに、ウィリアム・エイプスの『森の息子』にもあるし、サラ・ウィネムカ・ホプキンズの、表題からしていかにも部族での集団体験を描いた自伝『パイユート族との生活――過失と主張』にも、認められる。レスリー・シルコウも『ストーリーテラー』で提喩についてこういっている。「わたしには部族との関連でのみ、わたしがわたしなのだと感知できる」「先住民は自伝では、提喩を用いて自己呈示するようだ(104)」と。

ネイティヴの自伝における自己が対話的であることについて、『周縁の声』でクルパットはこういっている。「先住民の自伝では主人公が、自分を他人とはっきり分かつ声を勝ちとることではなく、むしろ本人にとってはかけがえのない多くの声と関係することで初めて、自分というものを立ち上げることができる(105)」。

ネイティヴの先祖の痕をとどめている自伝には、提喩とは本人不在の「本質的な主題」であるものもある。提喩は、ネイティヴの伝統の偶然の一致であり、神話的な表象の偶発や、芸術的な代用による土着主義との関連である。好機がネイティヴの先祖の「考古学的な存在論」では大切である。

『永遠回帰の神話』でミヒャエル・エリアーデは、「存在と現実」について、「永遠回帰は、時や生成によって汚されていない存在論を露にする」という。「永遠回帰」はネイティヴの自伝であればネイティヴ独特の不在のことだ。だが、比喩的な「集団体験」は、けっしてネイティヴの歴史を覆すようなものではない。

エリアーデによれば、「伝統的な社会に生きていた古代人は、自分が宇宙や宇宙的なリズムとつながっていると実感していた。だが近代人は、自分が大文字の歴史としかつながっていないと感じている」。

このように見てくると、現代のネイティヴがいだいている、自分たちが先祖の集団に属しているのだという帰属感は換喩的な原型だといえるだろう。ネイティヴの「伝統」では、ネイティヴは「ネイティヴとしての原型の外にはなにも真に現実的なものを持たないために……ネイティヴはまさに原型そのもののなかに」息づいている。ネイティヴがいることとの偶然性、ネイティヴらしい価値観が強まること、白人への抵抗は、現代を生きているわれわれの先祖との対話である。ポストモダン時代のネイティヴの自伝の解釈における「ひとつのもの」の序曲としての換喩は、せっかく人がたてる音やネイティヴの存在を美しく放棄してしまうことでしかない。ところが、そういう意味で、換喩という比喩は、ただ創造的な戦略に逃れたり、幻視や記憶の曖昧さに逸れることでしかない。

エリアーデがいうように、むろんネイティヴの神話は、先祖が集団としてかつて「聖なる歴史」と結ばれていたことを示しはする。しかし、ネイティヴの神話は、自分の存在そのものを皮肉ることはできないし、自分のしたたかな存在論を皮肉ることもできない。また、ネイティヴの神話は、近代がネイティヴにたいして行なった皮肉にたいして皮肉って返すこともできない。このようにネイティヴの神話には限界がある。(106)

オクラホマ劇場にて

「個人的発見の航海」について述べつつジョン・フランシス・マックダーモットは、ワシントン・アーヴィングの『平原の旅』の序文についてこう記している。アーヴィングはただ「人間観察をしたくて旅をした」。彼の旅行記には、個人的なことも書かれていないし、また描出的でピクチャレスクな大平原という、「土地についての重要な情報」もなければ、科学的記述もなく、さしたる冒険心も示されていない。アーヴィングはこの旅行記で先住民と交した対話は書いておらず、ただ自分の独白として書いた。だが、彼が平原で出合った先住民たちは、個人名でこそ登場しないものの生き生きとしている。作品には、厳格で禁欲的で英雄的な紋切型のネイティヴではなく、ひょうきんなネイティヴたちが息づいている。軍事的で民族学的観察に重きをおく科学主義の一九世紀前半であったが、アーヴィングは彼にしか分からなかったようなネイティヴの特徴を書きのこした。こうしてアーヴィングは、白人による発見と支配の席巻した劇場のようなアメリカで、ネイティヴの笑いを観察できたのだから、異彩を放つ。

オクラホマのインディアン準州にあったギブソン砦とオセジ・インディアン局では、先住民、黒人奴隷、白人の交易商人、狩人、辺境の外交官、開拓者、冒険家たちが交わっていた。アーヴィングがしたような大平原への周遊旅行は当時流行っていた。旅行中のアーヴィングは、野牛や野性馬を見たくてたまらず、「先住民を雇って部落に連れて行ってもらおうかとまで思い詰めていた」[107]。

アーヴィングは、インディペンデンスからギブソン砦まで、辺境の交易商人でインディアン準州の外交官をしていた金持ちの商人オーガスト・ピエール・チョトーと旅をした。そしてオセジ・インディアン局のことを「川岸に二、三の丸太小屋があるだけの辺境らしいごちゃごちゃした所」で、そばにいた毛布をまとったネイティヴの頭には「兜の頂のように、一番上に弁髪めいた剛毛が垂れているだけだった」と書いている。アーヴィングにとって「オセジ族は、自分が西部で見たなかでも、もっとも美しい部族で」「ローマ人のような顔つきで広くて厚い胸板をしていた。彼らは簡素な服や狩人や戦士の習慣を捨て去るほどには文明に屈しておらず、かといって衣服の贅沢をするには貧しすぎた[108]」。旅行記のこういった箇所だけとり出してしまうと、アーヴィングにしてもネイティヴの不在しか描いていないように見えるだろうが、そんなことはない。後に彼は、ネイティヴの存在感、偶発性や、識別力も書き記している。アーヴィングの手になるネイティヴは、フィリップ・フレノーの詩「先住民埋葬の地」のような感傷的に「うたわれたような、ネイティヴの想像上の属性」とはまったくちがう。

新しい準州の先住民と交渉する係であったヘンリー・ラビット・エルスワースは、自作で「アーヴィングはあまりに汚いオセジ族に加わりたがらなかった[109]」とアーヴィングを批判しているが、とんでもない。アーヴィングは当時のどの冒険家よりも、ネイティヴがいたことに気がついた。自作の辺境物語でネイティヴを描かなかった元市長で会社社長のこのエルスワースこそ、ご自分の否定的な先住民観をアーヴィングのものにすり替えようとしただけのことだ。

アーヴィングはいう。「先住民は自分たちだけでいる時ほどゴシップで盛り上がることはなかった。彼らはしょっちゅう自由闊達に戦いや狩での冒険談をする。物まね上手な道化みたいに、自分たちが知っているふんぞり返った白人をこけにした」「先住民は夜ふけまで車座になって火を囲んでは、先住民のあいだでは奨励されていたこともあって、本物の涙もわざとらしい涙もおおいに流しながら会話に興じた。高笑いが木々から反響してくることもままあった[110]」。

アーヴィングは白人である自分にとっては他者である先住民をひたむきに観察した。アーヴィングは旅行記作家であるにとどまらず、一見、そうとは分かりにくいかもしれないが、たいした伝記作家でもあったし、歴史家としても優れていた。初期の作品では回顧趣味や愛国心が描かれることもあったが、この『平原の旅』では、作家本人が、どうかするとネイティヴたちのしたたかな笑いやからかいに、弄ばれそうになる。オセジ族はアーヴィングのお陰で、当時彼らがそこにいたということを永遠にとどめている。たしかに旅行記にはネイティヴはひとりとして個人名では出てこないものの、アーヴィングの言動は、科学主義の模倣というよりは、まるでネイティヴの生きのこりを描いた文学のようだ。アーヴィングがネイティヴにせかされたり笑われる場面もあり、彼はこの作品でいつまでもネイティヴたちと息づいている。「アーヴィングは旅行中に最良の仕事をしたし、自作の出来が地霊を喚起できるかどうかにかかっていることを知っていた」「わたしなどには、先住民文化に旺盛な好奇心を抱いているアーヴィングに物欲しげな嫉妬を感じた[111]」と、『消え行くアメリカの証人』でリー・

クラーク・ミッチェルがいう。『平原の旅』でのネイティヴは、ネイティヴらしい存在をとどめている。

ネイティヴは、存在の痕というかたちで『平原の旅』にのこっている存在の痕というかたちをとらないのであれば、その人は自分が不在の模倣であること、つまり自分が犠牲であることを示すだけである。ネイティヴの存在の痕は独特である。流行を意識したような先住民らしい名前をつけたり、不確かな状況やその場限りの白人へのおもねりは、どれもネイティヴの存在の模倣でしかない。ネイティヴが白人に好まれるように文化的に切断されていたり、存在しているふりだけしていても、実質的にはネイティヴとして不在であるならば、本人が犠牲者に堕していくことを暴露しているだけだ。

一方、ウィリアム・S・ペンと姉のパトリシア・ペン・ヒルデンは自分たちの小説で、せいぜい曖昧な言動しかしないインディアンしか描いていない。二人ともアーヴィングが描いたのと同じオクラホマのオセジ族について書いたが、自分たちの先祖の記録や戸籍登録について書き、自分たちがオクラホマのオセジ族と関連があると美しく書いただけで、肝心のネイティヴらしさに欠けている。

二人のペンが描いたオクラホマとは、白人の土着主義者の自然な劇場を表わす。ネイティヴがいない当オクラホマ劇場では、誰もが勝手に白人の手になる記録を、つまりネイティヴをいないことにした物語におけるネイティヴの不在の模倣を解釈できる。ネイティヴがいないという物語においてネイティヴがいることの模倣を、誰もが勝手に解釈できるわけだ。不在者は、劇場では単独であり、その者にとっては先祖のポーズは、本では決して終わることがない。

一方、『アメリカ』を書いたフランツ・カフカとなると、ネイティヴの描き方はまるでちがう。カフカは「オクラホマ劇場は誰でも歓迎する」という。わたしは、カフカならオクラホマでネイティヴの先祖の痕をとどめる劇場をつくれたのではないかと、ついつい想像をふくらませてみたくなる。普通、オクラホマの地ではネイティヴの不在しかほのめかされていない。そのオクラホマでネイティヴとして存在する者や、たんなる名前や受動的な物語でしか季節の切れ目を学ばない者は、本著を読むことなどやめて、さっさとオクラホマ劇場を後にするべきだ。しかしこの劇場から退場することは、けっして閉館することのないオクラホマ劇場で、ネイティヴの先祖の美的位置を永遠に放棄してしまい、ネイティヴなどいなかったことにしてしまうことだ。カフカの作品に出てくる本物のネイティヴの存在をほのめかしすぎると、しょせんは虚構でしかない文学作品の世界を後にするしかない。痕跡すらないような者は、オクラホマのネイティヴの先祖の痕を舞台に乗せるこの劇場では、沈黙ですらなく、不在である。

ウィリアム・S・ペンは自伝『親族だけが私の罪』でいう。「わたしたちは成長するにつれ、自分たちが先住民なのだと知るようになったが、具体的にどういう部族なのかとなると、皆目、分からなかった」。二人に長らく伏せられていた先祖の部族とは、ネッ・パース族とオセジ族だった。その後、彼はブルックリン博物館の記録保管所で「オセジで一八七七年に撮られた写真のなかに偶然、自分の片割れ」が写っているのを見つけた。アルバート・ペンと記されていたそのネイティヴは、背面光を当てたスタジオ写真で、いかにも借り物といった感じのズボンとシャツを身につけ、二人の白人に仕えるポーズをとっていた。比喩的には白人にとっての不在人物であるアルバートは、こちらを見据えている。彼の凝視は、曲がりなりにもネイティヴの先祖がいたのだという痕を、古ぼけた記録のなかに呪術的に湛えていた。

その写真のアルバートの凝視に見入った後世のウィリアム・ペンは、アルバート・ペンより三世代後の先住民作家で、実名も誕生日も不明である。記録保管所で見つけたこの写真の先祖は、アルバート・ペンの遠縁にあたる。だが、一度先祖のネイティヴとしてのポーズを博物館での逃亡者として「発見」してしまったペンは、自分の姓はオセジ族と関連があることを悟る。

ペンという姓名は、「何百、何千人単位で船で送りこんだ先住民を庇護、育成したがっていた、連邦政府の命を受けてインディアン準州での使命に燃えていた正統派のクエーカー教徒が、父と叔父たちにつけた姓だった」。現代作家ウィリアム・ペンは、自分の父親や祖父はもちろんのこと、何世紀も前のイギリスのクエーカー教徒でペンシルバニア州の創設者となった、かの名だたるウィリアム・ペンとも、同姓である。つまりペンとは、アメリカの名門だが、同じペンの家系であっても、子孫がネイティヴであると、とたんに本人はきちんと記録されていなかったり、そのような人物はいなかったことにされている。

ペンシルバニア植民地を創設したウィリアム・ペンは、文化面でも宗教面でも寛容だった。ネイティヴに厳しく土地譲渡を迫った一七世紀にあって、あえてネイティヴの立会のもとに条約交渉をしたり、土地購入にあたって名誉あるやり方を確立して、ネイティヴの尊敬を集めた人物だ。彼の名声は、宣教師たちによって遠く居留地にも伝えられていく。ベンジャミン・ウェストの描いた絵『ウィリアム・ペンの先住民との条約』（一七七一年）は、一世紀以上にわたってアメリカの野外歴史劇で常に取り上げられるような有名なモチーフとなった。アメリカの野外劇が、「白人が友好的かつ合法的に、先住民に土地を譲渡させながら、うまく先住民を追放した」史実を、ウェストが描いたような「アメリカ人に馴染みのある絵画」が隠蔽していると、デヴィッド・グラスバーグは指摘している。[12] このように、アメリカの芸術におけるせっかくのネイティヴの痕跡と存在も、野外劇によるひどい先住民表象によって台なしにされていく。

ネイティヴの名誉ある名前や先祖がいた痕を保つことは、ネイティヴが美的に生きのびることである。ネイティヴの見る幻視や記憶は、白人の場合と同じ基準では測りようのない、不確かなものだ。しかし名前をめぐる白人の手になる物語は、ネイティヴの創造にたいする皮肉である。創造、相続可能な名前や物語における機知、ネイティヴの先祖が犠牲であったという手掛かりは、ネイティヴらしい先祖がいたという根源である。ウィリアム・ペンの『親族だけが私の罪』に、三世代にわたって盛られているものは、こういった風に跡づけることができる。

ペンの母親は「ぼくたちに先住民であってほしくなかった」「母はぼくらのためを思って、あちこち疑問符がついて途切れた家系図を描いてくれたことがあった。母はそうやって先祖に先住民がいることを隠そうとしたが、ぼくはもうアルバート・ペンが色鮮やかな絹のシャツにネッカチーフをして、ウエストの高いズボンを履き、角ばった耳を髪でよく見えないようにしている例の写真を目にしてしまっていた。そこでようやく母が家系にどれほど物欲しげな思いを抱いていたか分かったようで、唖然とした」[113]。また、同年に出た姉の自伝とも絡めて見ると、彼らの家系の謎が分かりやすくなる。

ところが、『ニッケルズが先住民だった頃――都市部混血先住民の物語』で姉のパトリシア・ペン・ヒルデンの方は、弟とは別のことをいっている。「母は、あらゆる機会にわたしたちに、先住民文化を叩きこもうとして、ビーズでベルトやヘッドバンドをつくらせた」「姉も、日曜日毎に祖父母の家に行っていたのを覚えている。一度、大きくなった他の孫たちが、なにか別のことに夢中だった時、祖父がわたしたちを空部屋に連れていき、収納室から出した小箱を大切そうに開けて羽の頭飾りを引っぱりだした。とても古かった。わたしたちの父のものだった、ということだった」。ペン・ヒルデンは「わたしはまだ子供だったので、漠然と、自分の親族は陰気な黒い帽子をかぶった白人たちだという位にしか思っていなかった。……でも本当は、たとえ入っているとしてもイギリス人の血なんかほんの微かで、わたしたちも先住民――オセジ族だったのだ！」。ネズパーズ族の祖父ウィリアム・ペンはオセジ族として登録されていたし、「ネズパーズ族、メキシコ人やイギリス人の血も入っているらしかった」。(114) いずれの自伝にもネイティヴはいないで、かろうじて政府に「記録」されていた名前に、インディアンがいたことが認められるだけである。

ペン・ヒルデンは、書物における不在を生きる者、あるいは「思っていたよりずっと濃い」先住民の血をほのめかすだけであったかもしれない。わたしが、彼女の自伝にはネイティヴはいないと考えるのは、ペン・ヒルデンが自分にネイティヴの血が入っていることを知って残念がるからであり、つまり本人が、自分がネイティヴであることを美的に思い止まるからだ。自伝の終結部はこうだ。「トリックスターはわたしとともに終わりはしないようだ」「ペンシルバニアのクエーカー教徒だったはずのペン家が、じつはオセジ族だったという家系を、わたしがやっと受け容れ始めた頃、また別の年配の親族が『自宅の小箱にしまっていた記録』を送りつけてきた」。

チャールズ・ディケンズは次のように、名前にも犠牲性とからむ皮肉な側面があることに注目した。「ヴィクトリア朝イングランドの大法官庁裁判所ともあろうところが、これほど混乱していようとは驚きだ。結婚届けによれば、父方の曹祖父ジョン・スウェイン・ペンが本人にまちがいなく、彼がウィリアムの遠い（そして名門ではない）子孫にあたり、フィラデルフィア生まれの混血だったことが分かる。彼はインディアン準州に移住し、そこで妻になる先住民女性と出逢ったことになる。その女性が家系に先住民の血を入れたのだ。彼女の半分はネズパーズ族のウィロワ支族の血で、あと半分は役所には『純血先住民』と登録されていたが、オセジ族の血であったやもしれぬ。いずれにせよ詳細はもう証明すべくもない[115]」。

先住民に寄宿学校で白人による教育を受けさせた記録や、寄宿学校、先住民への土地割り当て、賃貸し契約や、オセジ・インディアン局についての記録は、テキサス州エワースの政府記録局にある[116]。この記録保管所もそうだが、わたしには白人による支配や、ネイティヴの存在に転じるネイティヴの不在の皺には、トリックスターがこっそり介在しているとしか思えない。

ここで、ベストセラー小説『リトル・トリー』を取り上げて、ネイティヴの出自の問題を検討してゆこう。作者フォレスト・カーターは、『リトル・トリー』で自分が先住民の血を汲んでいるとほのめかして、まんまと何百万もの読者を、自作の美的な犠牲者のロマンスに惹きつけた。

『リトル・トリー』は、信憑性のないリトル・トリー少年を一人称の語り手にしている。作品の自然描写でも、ネイティヴの年配者がこの少年を心から気遣う箇所でも、読者が読みたがっているような子供の無垢が強調されている。物語には現実的なものや特殊なものは、まったく出てこない。しかしまさに自伝としての「権威」を呼びこもうとした作家が、この作品でも、ネイティヴとしての声や、ネイティヴ文化との関連を高め、ネイティヴの作家の意図をこっそり書き込んだ文学における偶然性を高めた。この作品にはネイティヴなどいないで作家だけが存在する。作家とは狩人のようなものであり、もともと批評家にとっては、とらえにくい動物のようなものだが、読者も研究者も、特にこの作品からは作家を追い出すことはできない。誰も彼もが、ネイティヴなどいないというロマンスに魅了されてしまっているからだ。ジョナサン・カラーによれば、「読者は、さまざまな記号がある場の、名前になる。実質的な場となるのだ[117]」。ではどうやって作家は場を、つまりここでは物語におけるネイティヴの存在を、確固たるものにしてゆけるのだろうか。

作者は「実話」だというふりをしていても、『リトル・トリー』にはネイティヴがいた痕がない。いってしまえば、そもそも自伝というものは、どれもこれもうさんくさいものだし、読者には自伝が本当に作家のことを書いているのだと把握できるはずもない。作家は創造であり、物語における超越であって、読者はただ作家向きの物語を解釈するだけだということは、わたしも心得ているつもりだ。しかし、そうはいっても、作家は作中にいる。『中産階級の知覚史』でドナルド・ロウはいう。「活字が特定の語り手や書体とは無関係に、知識の伝達を標準化した」。よって、この「活字による標準化は、まさに知りうることを『内容』にした。つまり、知っている者の関与しない、内容として知りえていることとの公式化である。逆に口承では、両者は分かち難かったのだが[118]」。作家はネイティヴの内容でありうるが、口承における存在ではない。一人称の語り手による語りは、語り手の存在感を醸し出すことができる。ネイティヴの作家による作品が「実話」だと銘打ってあれば、その作品はネイティヴの存在感をますます醸し出せるというわけだ。

『デリダと自伝』でロバート・スミスが、こう述べるとおりだ。「存在こそが自伝の核である」「とりわけ存在が自己存在を表わす。自己にとって、存在していることは、みずからをみずみずしく開花させて意識的に存在することである。『存在』と『生命』と自己愛は、じっさいは同じものだ[119]」。

孤児になったのでリトル・トリーは、先住民の祖父母に育てられる。祖母は純血で祖父はハーフのチェロキー族だ。「ぼくは自分がリトル・トリーだって知ってた。じいちゃんとばあちゃんが、うんと愛してくれたから幸せだった。だから泣かないで眠ったんだ」。学校で罰せられる時には、彼を打とうとして、「牧師先生が机から長い棒を出した」時、リトル・トリーは「体の心を眠らせ、痛みを感じるかわりに、精神の心で自分の肉体から抜け出て痛みを見る[120]」。そうやって祖父に教わったとおりに痛みに耐えた。

リトル・トリー少年は、べらべら喋ったりはしない。しかしネイティヴの子供の全知の声で語っている感じを醸しださなくてはならないので、この一人称の語りの「実話」には信憑性がない。途中から祖父の声で南北戦争を回想し始めたりするものだから、声が二重になってしまう箇所もある。たとえば、祖父は「シダが高く群生するところに戻って、北軍から目を離さなかった」「祖父には兵士たちが怖くはなかった。祖父はその時まだ九歳だったけど、いかにも先住民然としていて、敵の見張りのただなかを移動できた。……その夜、黄色い縞の北軍兵士がなにか企んでいるのだろうと思って、狙われていることを古い民家の住民たちに知らせてあげようと決め、朝一番に行動に移した[121]」。

作品の簡潔な文体や二重の語り手のなかに、作者は潜んでいる。しかし作品には、ネイティヴのいない模倣でしかないインディアンしかいない。この生きのこり文学は、ネイティヴが切り離されたという傷だけを晒している。

作者フォレスト・カーターはうまく「実話」を捏造した。エモリー大学の歴史教授ダン・カーターは、「この優しい回顧録」の作家は仮面をかぶって悪ふざけをしているのだと断じる。

アサ・アール・カーター。これが『リトル・トリー』の作家の実名で、「アラバマ州生まれのカーターは、クー・クルックス・クランの暴力主義者であり、右翼ラジオのアナウンサー、反ユダヤ人主義の国粋主義者、暴動を起こさせようとする扇動政治家だった。それればかりかカーターは、アラバマのウォレス州知事の、未来永劫の人種隔離政策を掲げた、かの悪名高い就任演説を書いた公約の代作者として、南部政界で頭角を現わしたいと野心に燃えていた」[122]。州知事のひどい公約が実現された半年後になってやっと、黒人学生はアラバマ大学に入学を果たせた。後にこの州知事は人種隔離政策をあきらめたが、カーターの方は小説を書きつづけ、『テキサスに移住』や『ジョージ・ウェイルズ』も出版している。

ダン・カーターは『ニューヨークタイムズ』に、「このニューエイジの環境保護主義者の導師が、じっさいは大変な人種主義者だった」ことをすっぱ抜いた。「ネイサン・ベッドフォード・フォレストから、フォレストの名をとり」、姓の方は「一八六六年にテネシー州でクー・クルックス・クランの母体を設立した奴隷商人で南北戦争時の将軍だった実在人物カーターの名をとって」、フォレスト・カーターとしたことも分かった。カーターはテキサス州アビレーンで一九七七年に死亡[123]。

『リトル・トリー』は、ネブラスカ大学出版から出たN・スコット・ママデイの先住民文学の古典『レイニ・マウンテンへの道』を上回って百万部ほども売れた。『リトル・トリー』の「主人公に共感した」レナード・ストリックランドは序文で、この作品はトウェインの『ハックルベリー・フィンの冒険』にも匹敵し、主人公は「魂に訴える」とか、「神秘的でロマン的でありながらも先住民の現実に即した本」(124)と激賞した。しかし、作品がロマン的だとは認めるにやぶさかではないが、わたしには『リトル・トリー』が正確な自伝からはほど遠い代物だとしか思えない。

ヘンリー・ルイス・ゲイツ・ジュニア＊は、この作品を人種、民族、ジェンダーの観点から論じた。だが、「『リトル・トリー』が本物かどうかをめぐる論争は政治的にはたいして意味がない」とか、「読者の判断基準が依然、作品の信憑性という概念体系に縛られているのは嘆かわしい」(125)と述べた。しかしここでゲイツは、自分はネイティヴの生きのこり文学には関心がないと公言しているだけのことだ。ゲイツほどの批評家であれば、作者カーターのポーズを検証しなくてはならないにもかかわらず、些事にとらわれてしまっている。カーターは、インディアンを模倣しているがゆえに、読者、図書館員、教師に称えられた。書評や文学作品としての格付けではなく、人種的な虚偽、これこそが議論の核心であるべきであるのに。

＊[ゲイツ・ジュニア――先駆者としても著名なアフリカ系のアフリカ系米文学批評家。]

ディケンズとカフカは二人とも、北米の奥地まで出かけて、そこで見聞した北米の自然や先住民について書いた。ディケンズは五か月、じっさいに旅をして『アメリカ紀行』を出した。カフカは、彼にとって最後の想像上の旅で、遠く北米に思いを馳せ、『アメリカ』を書いた。カフカはディケンズを意識しながら、「わたしはディケンズの描くような、普通のものを題材にして、近代の鋭い感性、そして自分らしい感性を折り込んでみたかった(126)」という。

ディキンズはアメリカを外側から、大陸の壮大な風景で味づけして描いた。彼は遠くに盛り土を見やって独り言をいったり、本物の先住民がいないことを嘆いたり、博物館に納められた先住民の遺物を本物のネイティヴの存在であると勘違いしたりした。一方、カフカはそのようなありきたりのことではなく、内なる創造、つまり名づけえぬ幻視、より凶々しい光のほとぼしりをからかい、沈黙や記憶の縁を軽蔑した。そして自作『アメリカ』の終結近くの章「オクラホマ劇場の特徴」で、名前、英雄的な孤独、将来のとてつもない告知を、狂おしく嘆いた。

カフカは創造、沈黙、不条理をからかったのだ。ネイティヴの栄光が失われている不条理を嘆き、名前やありふれた表現に皮肉を聞きつけて自分ならではの文学を際立たせたのだ。アルバート・カミュはカフカをこう賞賛している。「不条理は、魂があまりにも身体から超越してしまうことである」「不条理を描くには、これと似た対照を示すことで、不条理に命を吹き込まなくてはならないだろう。カフカは、凡庸さやら不条理によって悲劇を表わす(127)」。

『アメリカ』の描き出す風景は、友好的な眼で見た不条理の新世界であり、カフカが描いた北米の風景は、欠如や理由の皺を超えた創造と自然の動きである。そして最終章「オクラホマ劇場の特徴」は、技術者の卵や、古文書保管所のシャーマンになるだろう歴史家や、試演、写真、記録のばかばかしさにとらわれることない本物志向の先住民、といった芸術家たちを魅了してやまない。カフカの「ロマン的なアメリカの発明は、ロマン的でありながら、かえって限りなく現実に近くもある。彼のいだいたアメリカ像は驚くほど完璧だ」とジョン・ウアゼディルが述べている。ただ、「もし、カフカがじっさいに訪米していたとすれば、これほどまでの描写はできなかっただろう」とも、つけ加えているが。(128)

『アメリカ』は、アメリカにじっさいにはいないネイティヴを創造する。つまりこの作品は、ネイティヴの発見を捏造してみせるのであり、ネイティヴという宝のほのめかしである。そして『アメリカ』はまた、はやる心の悲劇的な変化を描き、簡明さも描く。かと思うと、眼に映るあの凡庸な距離も描く。カフカにつくり出されたアメリカは、新たな表象の国家である。カフカはアメリカの地に、もう荒々しい自然ものこってなどいないしネイティヴもいないことを模倣しては、そのことを徹頭徹尾、皮肉ってみせた。

カフカ自身がまさに、作品で描かれているあの「射るような光」そのものだ。彼は白人アメリカ人が理性重視という美名のもとでネイティヴなどいないことにしていることを揶揄した。そして、白人が掲げる一貫性など不条理だと唱えた。ネイティヴの実際の容貌にしても、ネイティヴがみずからとるポーズや記録の最後の連関にしても、いつも変わりつづけているのである。名前、名詞、ネイティヴの代名詞、われわれネイティヴの先祖の頑固な不服従は、皮肉な試演の最たるものだといえるだろう。ここが、かの「オクラホマ劇場」であるからだ。

第三章　文学に出てくる動物たち

心の兎

トリックスターが地球をつくった。われわれアニシナベ族のお話に出てくるナナボズホは、ワーブーズの語り部であり、われわれアニシナベ族が大好きな兎であり、ネイティヴらしい動きまわりのとらえがたい良心の体現でもある。ナナボズホは、石をからかうわ、ビーバーや熊や鶴たちをせかせかと急がせるわ、季節を司るわと、大忙しのトリックスターである。ナナボズホは、冬には日の出を少しでも早めようとするし、春には春で、早く夏にしようとして、いつもせわしなく季節を追いたてる。

そして、白人の流儀や神政政治には、策略で対抗する。

アニシナベ族は、始祖たちであるトーテム＊としての鶴、アビ、熊、燕、鯰科を登場させて、ネイティヴらしい生きのこりのことを語り継ぎながら生きのびてきた。トーテム、あるいはトーテムを持つということは、ネイティヴの存在と創生の痕である。

＊［トーテム——先住民には部族や個人のトーテムがある。動物であることがほとんどだが、植物、無機物のこともある。］

「先史時代から、動物物語はいつでも哲学よりも優れている」と、ポール・シェパードは『他者』でいう。「西洋の歴史は、世界があたかも文字とともに始まったかのように、また、あたかも人間だけが大切であるかのように、とらえたがる。西洋哲学にしてもそうで、真実が論証によってのみ定義され、自然界での経験などはどうでもよいとでも、みなしているかのようだ(1)」。

一世紀以上も前にアニシナベの歴史家ウィリアム・ワレンは、こう記した。アニシナベという部族名は、「鳥や動物や魚や爬虫類の象徴によって知られている、動物たちの科や支族からつけた名である」。たとえば赤い額の、踊りの上手な灰色鶴のトーテムは渉禽カナダツルで、独特の大きなはばたきをして、「雲にまで舞い上がるのが大好きで、地上からは見えない高みを飛んでいる時でも、鳴き声は地上にまで響く」「昔は鶴の指導者たちは、ほかの部族が集ってくると通訳になり、ほかの支族にたいしては自分たちこそが指導者だと主張したのだった(2)」。

エリアス・カネッティは、警句風の回顧録『蝿の苦悩』で、偉大で弁のたつ、トーテムらしさをとどめている動物や鶴を敬う。わけても「鶴の踊りにはうっとりしてしまう。一度眼にしたら、われわれなんか恥ずかしくて、とても踊れたもんじゃない」[3]という。

キーシュケマンはアニシナベ族にいくつかある支族のうち、鶴をトーテムとする支族の雄弁家である。彼は〈鶴科〉の初代指導者の孫にあたり、一八世紀末のスペリオル湖畔の指導者だった。キーシュケマンと、彼を一八一二年戦争のときに大英帝国の味方に引き入れようと躍起になっていたイギリス将校との、有名な出合いの様子は部族語で記されている。そのキーシュケマンと白人にまつわるお話は、外交的で、ネイティヴらしい動きまわりと生きのこりとを易しく、しかも文学としても美しく示す。キーシュケマンは鳥のキャラクターをお話に登場させるにしても、火、ハート、神秘的な声をからかうにしても、人間と動物の類似、ネイティヴの悲劇的な叡知、また、ネイティヴにとって何が自然な理屈であるかを伝えてくれる。キーシュケマンは芸術的で、雄弁で、外交に長けていた。

「わたしは鳥だ。いくら舞い上がっても声は響く」と、キーシュケマンはそのイギリス人にいった。「お前さんはわたしの正体を知りたがるが、まだわたしを見つけることも知ることもできない。お見受けしたところ、本気ではわたしめを求めて下さったことはないようだ。昔から馴染みのあるフランス人だと、全幅の信頼を寄せてこっちを求めたから、ちゃんと見つけたというのに。フランス人は、毎朝東を見れば、わたしや子供たちを暖めようとして光を注ぐように昇ってくる、彼の火が見えるだろう、といった。そして、もし災難が降りかかるようなことがあったら、遠くまで聞こえるように舞い上がって、自分を呼ぶようにと、いってくれた。かれの火はいつまでもわたしの家族を暖めるとも誓ってくれたのだ」「ところが、お前さんときたら、わたしのフランス人の父の火を消してしまった上に、寒くてもひもじくても、わたしを探してはくれなかった。他の者たちはわたしを探したのに。そうとも。フランス人はわたしを見つけたのに。フランス人がハートをわたしのハートに置いたからだ。彼のハートはそこからわたしのなかに入ったのだ。これからだって、わたしの心にとどまっているだろう」。

アニシナベ族は「いくらイギリス側がアニシナベ族を一八一二年戦争で味方につけようとしても、頑として受けつけなかった。だから、アニシナベ族は白人の諸戦争に巻き込まれた他の部族がほぼ全滅していったなかにあって、死なずにすんだ。それどころか、むしろ少しずつ増えているくらいなのだ」[4]。

ミハイル・バフチンは、ことばの視点ともいうべき、内なる関連に注視した。この鶴の話では、部族の自然の理屈と部族がやんわりと白人の誘いを回避することで、部族のトーテムを「発見」したがる白人の社会科学に軽妙に抗い、英訳されることにも抗っていると読める。バフチンはいう。「ことばのどんな側面であっても、比喩として使うことができる」「ことばの様相や、ことばの客体や発話者との関係でのように、ことばにこめられた視点はまさに、再解釈に委ねられる」[5]。

キーシュケマンは雄弁で、「比喩的にとらえれば」鶴が、彼のことばとかかわりがあった。だから彼は鶴の喩えでイギリス人に語ったのだ。たしかに視点、ことばの解釈、内なる先住民との関係の方が、文化的な「意味」を覆すことよりも文学的には優れているだろう。

歴史家ワレンは、こういった雄弁さを、自然や文化と関連させながら歴史的にとらえた。むろん、ネイティヴにすとんと分かるものは、自然とことばのむすびつきなのである。それは自然とことばの分断ではない。だが、白人の社会科学者ときたら、先住民の比喩を、文化としてや、また決まりきった目立つ身振りとして、訳したり構造化した。『今日のトーテミズム』のレヴィ＝ストロースによれば、トーテム思考は「宇宙の外で、まるで悪魔祓いにでもよるかのように人間と自然が分断されてしまうという危機にたいして、人間がいだく切迫感を映していて、つまりヒステリーのようなものである」。トーテム思考は、「第二の自然」つまり人間の内なる自然である。よって「第二の自然」について分かりたければ、逆に人間の内なる自然とはあべこべのことを想定してみれば手っ取り早い。つまりさながら自然そのものから逃れたがっているかのように、自分自身からも逃れようとしてあがき、自分たちが「原始的」で「太古的」な段階から発達してきたのだと、思い込もうとしている文明人の様子を考えてみればよい。

レヴィ＝ストロースはいう。「トーテム思考はどれも特段、具体的な現実に一致するわけではなく、人類学者の心にしか存在しない。つまりは学者が頭のなかで人間と動物をむすびつける考えだ」。トーテム思考で人間を動物に喩えることは、「人間と動物をむすびつけようとするどのような解釈」も避ける。そして「学者の心が、被験者の心と同じくらい重要な役割を果たすという、科学理論という秩序と文化という秩序以外にも、いまひとつの秩序があることをほのめかす(6)」。

ウィリアム・ワレンは、アニシナベ族の創生について、そしてトーテムや指導者に語られた「太古からの伝統」である偉大なシャーマンになるための儀式におけるメディソン・ダンスについて詳述している。アニシナベ族は地球がまだ新しかった太古の昔に、ある大きな塩湖の畔で暮らしていた。すると「深い湖から人間のような姿をした六つのものが突然現われ、人間の住居に入ってきた」。「そのうちの一匹は目隠しをしていたが、好奇心に駆られてそっと覗いてアニシナベ族の姿を目にした。すると、そのアニシナベは『雷にでも打たれたように』即、倒れてしまった」。その一匹は友好的に見ただけだったが、「眼力が強すぎてアニシナベを殺してしまった」。その生物は「水底」に帰った。あと五匹はとどまり、五つのトーテムとなった。これはアニシナベ族らしい生きのこりを語る。

確信をもってレヴィ＝ストロースは、このお話をこう解説している。「こうしたアニシナベ族の『独創的な』五支族が、人間と交わろうとして大洋から現われた、六つの人間のかたちをした超自然の生物の子孫だという神話がある」。レヴィ＝ストロースは「その六つの人間のかたちをした未知のもの」を、一神教が自然界にはいないと考えている超自然の生物だという。つまりレヴィ＝ストロースは人間の動機を動物と関連させるのだ。こういったお話は部族では「断片的に伝承されていって」、結局、人間とトーテムとには「直接関係はなかった」と結論づけた。「神話は、個人の関係と集団の関係のあいだに、もうひとつの、まったくちがう関係を呈示する。このお話のアニシナベ族は、見られたというだけで死ぬのではなくて、超自然的な生物が集団内のほかの者たちとはちがった奇妙なふるまいに及んだので死ぬ(8)」のだと解説している。われわれはネイティヴの創生物語を相対的に表わしたり、あるいはネイティヴ文化における観察対象として表わしてしまうと、これら六つの生物のかたちをとって伝承されてきた、せっかくの部族の夢の隠喩や部族の生きのこりを描いた痕を台なしにしてしまうので、注意しなくてはならない。わたしが考えるに、レヴィ＝ストロースの論は、構造主義にがんじがらめになっていて、的外れである。しかしレヴィ＝ストロースの解釈は、われわれの先祖が動きまわっていたことを示すし、ふとしたトリックスターの笑いや、文学における対話的な環を示している点は素晴らしい。

ネイティヴにとっての自然の理屈とネイティヴらしい生きのこりというのは、隠喩である。隠喩は、変換、つまりほかの経験の想像上の痕跡である。だがそれ以上に、隠喩は不在、存在、トーテム思考、アニシナベ族のお話における部族の動きまわりについての体系だった概念である。隠喩は、ネイティヴの痕跡、トーテム、シャーマンの見る幻視、行動、生きのこりの意識にすら匹敵するほど、ネイティヴの文学を解釈するにあたって、とても重要である。

隠喩は、言語、嗜好や行動において説得力がある。ジョージ・ラコフとマーク・ジョンソンはいう。「ことばとかかわることだけでなく、人が言動を生む普通の概念体系全体が、そもそも本質的に隠喩的である」「感情、美的経験、道徳的行為、意識についてのすべてはとても把握しきれない。そのため、せめて少しだけでも分かりたいといった場合には、隠喩が便利だ。隠喩は理性の想像的な面を用いるので、隠喩を使いながら想像しようとすることは的はずれではない[9]」。

サミュエル・レヴィンは『隠喩的世界』で人が、「日常のことについて隠喩的な概念をもつことが大切だ」と、隠喩を勧めている。ラコフとジョンソンたちの概念表現とはちがって、レヴィンは自分の隠喩論は「概念作用について」であると主張している。つまりラコフとジョンソンの説くような意味や思想としての概念的な隠喩が重要であるか、あるいは、レヴィンのいうような、心がいだく概念や抽象概念である概念作用が重要であるかという問題である。レヴィンによれば、ラコフとジョンソンの『生きる糧としての隠喩』は相互的アプローチという方法をとる。このアプローチは現実を、抽象や非人間化された理論によって説明しようとする客観的な事物の状態としてよりは、あることが人に起こったり、人がその現実に反応するものとしてとらえてよい[10]」。

アニシナベ族のトーテムや生きのこりについてのお話は、ネイティヴらしいものだ。トーテムはネイティヴの隠喩である。また、トーテムは創造やシャーマンの幻視やネイティヴの価値観などと文学的にかかわっている。一方、社会科学の理論は、ネイティヴの神話、隠喩、創造を、ただ進化論で説明しようとしたり、比較文化の範疇分けした表象にしてしまった。このような社会科学による客観的な模倣とやらが、白人による支配やら、文明が野蛮に優るというネイティヴにたいする差別に利用されたのだ。

アニモシュの動きまわり

先住民作家ルイス・オーウェンズは『狼の歌』でこう書いた。「外では動物が耳をそばだてていた。少年は動物たちの魂が近づいてきたぞ、と感じていた。少年も耳をそばだてながら湖畔で断食をし、時が来ると幻視を求めて湖に潜っていった。上体を起こした狼は少年について行ったまま生涯、人間界で過ごした(11)」。

アニシナベ族にとっては、森林狼*もトーテムの動物である。トーテムなのであって、アニモシュ**ではない。森林狼は他の部族のトーテムでもあるが、すぐにアニシナベ族にとっては無くてはならないトーテムとなった。一八世紀までには、ビーバー、ヘラ鹿、鷹などの二〇以上のトーテムがあった。なかには遠隔地でつくられ、われらの部族のお話にも翻訳にも出てこないような目立たないトーテムもある。藪にいる狼、つまりコヨーテをあらわす、われわれの部族語はない。したたかなコヨーテと匹敵するアニモシュは、藪にいるとらえどころのない狼よりも、よほどわれわれの部族とは交流があった。冬に集団でそりにつながれたり儀式で犠牲にされたり、というように、今やアニモシュは、ネイティヴ文学に出てくる隠喩としての混血犬になっていて、文学的なトーテムになっている。どの動物よりも人間の身近にいるものだから、アニモシュはネイティヴの文学では人間扱いされている。森林狼は、自然界にじっさいに生息している動物だが、文化のトーテムでもある。神話に出てくるトーテムとしてのアニモシュは、生きのこりについての部族のお話では創造の慰めを皮肉ったり、白人の進化論によってネイティヴが寸断されたことを皮肉る。

＊［森林狼――カナダ森林地帯、米国北部産の大型狼。］

＊＊［アニモシュ――雑種犬。先住民は昔から雑種犬と共に暮らしてきた。ヴィゼナーの小説では、作家自身を含む混血先住民のこと。］

犬にまつわる日常表現はたくさんある。「気取る（put on the dog）」、「事を荒だてないようにする（let sleeping dogs lie）」、「意地悪な人（a dog in the manger）」「勝者（top dog）」「下剋上（tail wagging the dog）」「下劣な者（hangdog）」「だめになる（go to the dogs）」「口やかましい人は案外と悪意がない（barking dogs seldom bite）」等[12]。犬をはじめとして人間が飼っている動物には名前がついていることも多く、隠喩では動物と人間の能力の双方がほのめかされる。たとえば「吠える犬は滅多に人を噛まない」は、怯えている犬も指せば、獰猛なふりをする人をも表わす。「見栄を張る（put on the dog）」の起源は、白人の貴族が連れていたペットの小型犬だったかもしれない。

思えば、ネイティヴのような白人にとっての他者は、近代の貴族の何千年も前から「見栄を張って生きていた」といえるだろう。ジェームズ・サーペルもこういっている。「見栄は、西洋の堕落や中産階級の感傷過多の生んだ副産物にすぎない。見栄は、見栄など無意味で、ただの近代の突飛さだと思い込んでいる人に、問題提起をする」。昔の人が「動物を馴らしてきた証拠」が発掘されている。「原始人は、他の有益な目的を見つけるずっと以前から、犬などの愛玩動物を飼っていたのかもしれない。今となっては、ペットに愛情をかけることなど、非実用的でつまらないことだったとしか思えないかもしれないが[13]」。

犬のアニモシュは、部族にとっていつもペットだったわけではなく、人に好かれてはいても「弱肉強食（dog eat dog）」の文化で、「みじめさ（dog's life）」に甘んじて生きてきて、caine, cur, bitch, mutt, mongrelといった表現では、曖昧で二重の意味を帯びた動物として、からかわれてもきた。ポール・シェパードによれば、犬の「獣性」は「人間性や文明の対極にあるもので」、「犬は、近代の裕福な社会ではよい暮らしができる。だが、貧しい所や時代には豚やスカンクなどよりも嫌われる[14]」。

ジェームズ・レイチェルズが『動物からの創造』で、こういっている。「チャールズ・ダーウィンは、動物は人間めいた論理や道徳の力をもっていると考えた。そして、自説を批判するのは、演繹に基づく実験科学のすべてを否定しようとする無知蒙昧さだと決めてかかった」。

レイチェルズは、動物の利他主義についてこういう。「動物人間同感同情説*がまちがっているというくらいなら、人と動物の類似は安易に過小評価されてしまいかねない。それくらいなら、そもそも人と動物とを比べることなんか止めてしまえばいい[15]」。

*［動物人間同感同情説――人間の感情を人間以外のもの（とくに神）に帰する神人同感同情説と訳されるのが普通。ここでは文脈から、動物人間同感同情説と訳す。］

動物人間同感同情説では、人間のもつ感情や、文明人の流儀や動機を、動物や自然のせいにする。

だがこういった考え方は、科学や文学では誤解を招きかねない。「動物と人間が密接につながっていると想像しただけで、動物の隠喩が、生涯にわたる疎外から身を守るために、深遠で、しかもずっと使える便利なものだと分かる」と、シェパードはいう。逆に、動物と人間は別物だといってしまうことは、「人間と動物がせっかく分かち合っている土台を否定してしまうし、また、われわれ人間の正気を支え、世界が崩壊しないようにしている統一感覚を台なしにしてしまう。動物人間同感同情説は、人間の自然界とのつながりを強めてくれる(16)」。

ジョン・ストダート・ケネディーは、感情、動機、思考を、心の経験の根源であり、主観的で、動きや人間の行動とは独立した根源であると考えている。しかしケネディーがふりや意図的なことばの綾もなしに、動物も人間のように内省をすると考えることは、やみくもに「動物人間同感同情説を盲信すること(17)」だというのだ。

しかしわたしはあえて、動物人間同感同情説に馴染む文学もあるといいたい。隠喩を豊富に使うネイティヴのような文学では、動物を人間に従属させたり、人間が動物の意識を模倣するというよりは、むしろ動物の生物としての存在感をつくり出している。

意識や内省について皮肉な仮説をたてたウィリアム・ジェームズはいう。「人は、内向的で対照化されたものや馴染みのある自分の外にある物を、自分たちの思考活動や、内省によって直に知っていると思い込んでいる。しかしこういった考えは眉唾ものである(18)」。たしかに、科学者や、キリスト教徒のような一神教の信者や、人間の霊魂は唯一神に創造されたと信じる白人であれば、人間が利他的な行動をするのが動物のおかげだとか、人間の意識が動物の意識から来ているとは考えない。こういった白人は、動物のふるまい、人間の理性、意識の三者を分けてしまう。

『動物人間同感同情新説』でケネディーはいう。「動物にも利他主義や意識の手段があるにちがいないという科学的な定説は、ダーウィンの進化論である」[19]。小説家も科学者も、それぞれの理論やことばの綾をもつ。小説家も科学者もわれわれの創造や歴史のなかでの存在において、自然の感覚や進化の様式をつくる。ケネディーはいう。「意識、感情、思考、目的は、人間ならではのものだ。動物にも意識があるなどとは、とうてい考えられない」「論理的に考えてみただけで、動物人間同感同情説の、ばかばかしさは分かりそうなものだ。ところが人はあまり論理的に考えないものだから、科学者までが動物人間同感同情説を信じるのだ。とんでもない」[20]。

象の涙

ジェフリー・モーサフ・マッソンは『象が泣く時――動物の感情生活』でこういう。「動物も泣く。少なくとも動物は痛みや悲しみを声にするし、助けを求めて哭くことも多い。そこで、動物にも不幸な時もあるとか、動物たちが幸せ、怒り、恐れといった基本的な感情を持つと信じている人は多い。どの動物も複雑な感情生活を送っているのだろう」[21]。

小説家は、科学的な因果関係だとか客観的な表象といった、様式には縛られない隠喩や詩的な表現を使って、動物や自然を描く。「しかし、動物人間同感同情説を否定したとたんに、われわれの日常使っていることばが説明できなくなってしまう」と、ケネディーはいっている。「日常言語で隠喩や類推を使えないなら不自由だ」。そして動物人間同感同情説における類推は「誤解を生みかねない」。一方で、ケネディーはこうもいう。「まったく客観的なことばなど、ありえない。いかに客観的に見えようと、日常の発話と比べると不自然なことばなのだ[22]」。

自然がお話を生む。自然こそがことばの綾なのだ。手つかずの自然はトリックスターよりも荒々しく、名づけようもとらえようもない。一方、ネイチャーとかナチュラは安直な外来語である。われわれネイティヴは、自分たちの存在を動物のなかに跡づけたり、お話に出てくる動物のなかに跡づける。ところが、せっかくのネイティヴのお話は、白人によって書き換えられてしまい、論理にからめとられて発見され、社会科学者に英訳された。そういった時に、ネイティヴの口承伝承はただの先住民文化の証拠として、差延されてしまった。

作者による創造の本質とは沈黙であり、また、作者による創造の本質はことばの綾や発見や、観察、表象、比較、変換のある閉じた構造を使った物語である。同様に、文学に出てくる動物は荒々しいことばの綾であって、つまりは架空の生き物である。他のものは白人に馴らされたり文化的に支配された、ありふれた直喩でしかない。とはいっても、狩猟部族の心にいる動物ほどとらえどころのない動物などいないだろう。狩猟部族の心のなかの動物は、作家の心のはかなさのように、とらえようにも、とらえどころがないのだ。

このように、心に動物を持つので、作者は動物であるともいえる。したがって、作者が描き出す動物は、動物でもある作者と同じくらいに、動物であるのか人間であるのか、にわかには区別しにくい。動物としての作家、そして不慣れな狩人としての作家が、文学で作家にされた動物であるという認識において、やっと野生動物を打ち負かす。

ロラン・バルトはこういう。形式ばらない限り「ことばという耐久性のある仲介物に、作家としての自由を吹き込むふりをすることなどできない。ことばの奥には、大文字の歴史全体が、確固たる自然な秩序という流儀で、どんと控えているからだ。そこで、作家にとってことばは、まったくもって否定的なものでしかなく、いわば馴染みのある遠くの設定を与える人間の地平線のようなものでしかない[23]」。

常識、因果律のもたらす結果や表象や種疑念や進化理論とは、どれも好機のことであり、手つかずの自然という概念である。最も推し量りがたい動物が人間っぽかったり、小賢しい理性をかざしたり、皮肉に沈黙したり、厳しげな哲学を持った、つまり妙に人間に馴らされた動物である。ところがどっこい文学に出てくる動物には、独自の意識や視点を持って自分らしくふるまう個性あふれるキャラクターもいる。

ルイス・オーエンズは自作で、頭でっかちで甲状腺を病んだ犬のカスターを登場させた。なんとかして友人にカスターを飼わせようとして、ある人がこういう。「先住民と犬は相性がいいんだ。……太古からの名誉ある仲間なんだ。良い犬だと、辛いときでもちゃんと宿を暖めて待ってくれるし、敵が忍び寄ってくると吠えてくれるよ。カスターはすてきな犬さ。顔を見てみろ。今はたまたま、ちょっぴり神経質なだけだ[24]」。

ジャック・ロンドンは『野性の叫び』で、賢い英雄みたいでいて、労働者のようでもある犬バックを登場させた。「バックは、犬なので新聞は読まないが、もし読んでいれば沿岸の犬たちに危機が迫っていることが分かったはずだ」。忠犬バックは、「威厳をもってロープを受けとった。たしかに、したくもないパフォーマンスだったが、バックは、自分が知っている人間たちを信頼していたし、自分より優れている人間には敬意を払ってもいた」。バックは流儀にたいしては賢い、人間の分身のような犬で、能力もあれば尊厳もある。バックは二重の意味で白人にとっての他者だ。

作者ロンドンは進化論者である。彼は正義を提唱し、英雄的な個人主義を賛えた。『野性の叫び』では、動物と人間が、同じ気質や季節を分かち合う場面もある。「麗しい春だったが、犬も人間もすっかり他のことに気をとられていた[25]」。彼の短編では、自然の方が人間より存在感があることもあれば、自然が個人主義を超える視点で書かれていることもある。「自然は肉体にたいして親切ではなかった。自然は個人にはまったく無関心で、種としての人間にしか関心がなかった[26]」。

バックはトーテムとしての犬で、文明の野性的な面を表わす英雄的な隠喩であった。つまりバックは進化やキリスト教の手先ではなかった。「バックは自己とも自然ともまったくひとつになっていた。バックほど強く全性や完璧さを感じさせるものは文明人にもいない」と、ジャックリーン・タバニアー＝コーヴァンは褒める。「バックは、われわれ現代人がまだ、二〇〜三〇万年も前の原始人と同じ感性を秘めていることを教えてくれる(27)」。

『アメリカ文学における動物』でマリー・アレンは、ロンドンの描く犬たちが「ロマン的でありながらも現実味もある英雄たち」で、ただの自然主義をはねのけたという。「ロンドンの犬は、ただ生きのびるのでなく大勝利を収める。適応上手なので、高貴なことをやってのけながらも、作り話めいた感じを与えない(28)」。

ロンドンがそういった英雄めいた皮肉な動物たちを登場させつづけたのは、彼がただ現実主義者や進化主義を信奉していたからではない。むしろ、人間と動物との間の厳格なまでの均衡が彼の文学において声なき全知と素晴しさを要請したからである。ところが、そもそもが律儀なだけの現実主義の作家たちが登場させる動物キャラクターときたら、こじんまりとしていて、「人間に都合よく」牙を抜きとられてしまっている。こういった現実主義者たちが描く、自然のなかで聴かれるというよりは、皮肉な沈黙のなかでの方がよりはっきりと姿を見せるような、精彩に欠ける。こんな動物たちは、まるで進化の過程でポーズが止まってしまったようで、たとえ人間の姿をしていようとも、人間の声なき戯画でしかない。

マーシャル・サンダースの『美しきジョー』（一八九三年）は、馬小屋生まれの、飼い主に虐待されながらも、結局、良い家族に救われていく犬のジョーの「自伝」である。冒頭でジョーが窓辺で心地よさそうにしていて、賢げに、こう語り始める。「ぼくは美しいジョー。中型の茶色の犬。きれいだから美しいジョーって呼ばれてるんじゃないよ。ただの雑種だもの」「自分のことなんて話したくもない。長い間、かわいそうな犬を苛めてやろうなんて考えもつかないような、いい人たちのところにいたんだ」。

美しいジョーは白人の流儀にのっとって読者や主人たちにちゃんと敬意を払う。ありふれた犬が媚びへつらい、自分が犠牲だと呻きたてるわけでもなく、体験談をするという名誉に浴している。隷属させられたり、居留地に押し込められていたネイティヴの多くは、当時書かれた生きのこり文学では、腹を据えて別のことを表現していたが。

美しいジョーはこうもいう。「ママのご主人は牛乳屋だった。馬一頭と雌牛が三頭いて牛乳缶を乗せるぼろの荷車を持ってた。……あいつときたら、ぼくがよちよち歩きの頃から苛めまくって、ぼくを馬小屋の角に蹴り入れたりした。おまけにママをいつも殴ったり飢えさせてた」。

『美しきジョー』は動物虐待のひどかった頃に書かれた。人間を描いたものとしては英雄的な冒険物語、虜囚記、教訓物が、この作品の出された一九世紀末に流行っていた。ジョーの自伝は、語り手の雑種犬がキリスト教文明における自分の神話的な想像をいつも意識している。おまけに、しぶしぶ読者にお別れをするという、お定まりの終わり方をする。「もうおしまいにしなくっちゃ。少年少女の皆さん、さようなら。犬の分際でもう一言だけ、いわせてもらえるなら、『君たちに神様のご加護あれ』っていいたいなあ。ぼくなりに、犬や他の動物たちがご主人たちを愛してるってこと、動物はご主人たちを喜ばすためにだけ、生きているんだってことを、伝えたかったんだ。それさえみんなに分かってもらえたら、ぼくのお話もささやかながら、お役にたてるだろうから[29]」。犬が神に懇願する。しかも名づけの儀式は、この犬の皮肉な自伝では転倒される。

『女性、火、危険なものたち』でジョージ・ラコフはいう。もっとも流儀にのっとった理性ですら、「人が秘めている獣性に根差している」「想像は、ただ架空だというのではない。とくに隠喩や換喩といった想像こそが、われわれの動物的経験に培われたふつうの体験に理性を加味する[30]」。

逃亡距離

ある秋の日、わたしのライフルは冷たいアルミだった。あの、どこにでもいそうな赤いリスの死をこうして回想している今、思い出のなかの銃身はいやましに冷たい。樫の落ち葉がかさこそと鳴り、紙みたいなカンバの梢を渡る風は唸っていた。ほかのリスたちは、わたしからは安全な遠くの木々でうずくまった。へっぽこ狩人のわたしとのあいだに距離を置いて。冷え冷えした景のなかのリスたち。

わたしは練習どおりに太腿を狙った。想像していたような動物との絆ではなく、わたしの武器が、彼らの死をもたらした。しかし今ではちがう。こうして書いている、語ることばも失った今はもう。

ポール・シェパードが『優しき肉食獣』でいっているとおりだ。「手に携える武器しかない人間は、狩りが娯楽というよりは挑戦であるという自然界の掟の及ばないところにいる」「死をはじめとして動物の生命の謎に直面するとき、狩人は、儀式的に表わされる名誉と畏怖の姿勢に霊感を与えられる(31)」。

太陽も木の葉も揺らめいていた。わたしはライフルの引き金に指を当てたまま待った。そして赤いリスを撃った。弾は肩を砕いた。あいつは樫の幹近くにころがり落ちて、一度跳ねた。でもなんとかまた登ろうと前脚を伸ばした。あと三本は出血していて使い物にならなかった。それでも必死でわたしの目の届かない所まで登ろうとした。失敗を重ねながら。血が流れた。あいつはのこった目でこっちを見た。わたしの目には、あいつが逃亡した距離が焼きついて離れない。狩人で作家のわたしこそが、あいつのみじめさ、沈黙、ゆっくりと訪れる死をもたらしてしまった。

わたしの世代のアメリカ人は、ボーイスカウトとアイザック・ウォルトン・リーグで、狩猟では獲物に慈悲をかける止めの一発を撃つようにと教わった。少年の頃には狩人として、そして後には作家として、仕留め損なって手負いにしてしまった獲物のみじめな苦しみを終わらせてやるべきだと教わったのである。つらつら考えてみるに、わたしたちは文学における動物という、人間にとって他者である私たちのみじめさを終わらせるべきだと、教わってもいたことになる。

楽にしてやろうとして撃った弾が、あいつの頭蓋骨の皮と肉を裂いた。銃声は尾を引いた。木々に響く谺どころか轟音だった。二発目は顎を砕き、歯を剥きだしにした。悲惨なデスマスク。もう二発撃ち、あいつのみじめさを終わらせた。弾は額を砕き、片目を貫通した。それでも、あいつはあの樫の荒い幹にしがみついていた。鼻孔から血をにじませて。あの秋の日、あいつがやっと死んでくれたとき、狩人としてのわたしも死んだ。

文学に出てくる捕鯨船

『悪について』でエイリッヒ・フロムは、こう述べている。「狩人は自然状態にもどって動物と一体となることで、実存的な自己分裂から解き放たれる」「自然と一体化する狩りを、ことばで表わしたり意識に上せたりするのはむずかしい。だが、知的だということになっている近代人にも、どこかに、狩りをした記憶というものは息づいている。……だから近代作家が、狩りでの殺しにばかり注目するのは合点がいかないことだ[32]」。

フロムのいうとおりであるなら、狩人は自然な存在であり、また作家は世俗的な特殊創造論者ということになるだろう。つまり、狩人である作者は、永遠の動物であり、アニミズムやあまりの凡庸さの、意固地な動物界における他者ということになる。作者はいつも作品で現実世界にもいるような動物を登場させたり、辞儀とおりの直喩としての動物キャラクターをつくったりしている。また、文学作品に出てくる動物は、作家の心にある自然のポーズを、ただ模倣したものでしかなくなるだろう。

ポール・シェパードが『動物論』でいう。ネイティヴのような、「本能的に動物のイメージをいつも浮かべるトーテム思考が、トーテム文化で推し進められていくと、野生動物は、神話のなかで変えられていって、推論によって人間に応用されるようになり、遂には、野生動物が人間めいたふるまいをするこつを身につけていると、みなされるようになる」「なにかにつけて物事の優劣をつけたがる人には、人間に飼われている動物が文明人の幼稚な側面を表わすだけのように見えてくるもので、そう考えてしまうと野生動物たちが、なにかしら神秘的な力や荒々しい情熱の采配によって先祖返りをしているように思われやすくなる[33]」。

マリー・アレンはいう。「文学では、隠喩としての動物の方が、現実のふつうの動物よりも、うんと頻出するくらいだ」。作家につくられた動物は、じつにさまざまである。獣的であったり、肉体的で、便宜主義で、牧歌的で、異国情緒的で、禁欲的で、英雄的であったりする。だが、「人がどれほどうまく動物キャラクターをこしらえても、自然界にいる不気味な本物にはおよばない」。

アレンによれば、神は「一日で容易に鯨をおつくりになった」が、ハーマン・メルヴィルは、「鯨をつくることがあまりに難しいことを示す」。メルヴィルはゆっくりと「鯨の神話に併せて白鯨をつくりあげていく。鯨の外側からだけでなく、次には中からもつくろうとする……『白鯨』の抹香鯨は、とらえどころがないほどとてつもない動物だが、われわれに形而上学的な豊かさを鼓舞するだけでなく、アメリカ的な特徴も刻印されている[34]」。

一般的にネイティヴもインディアンも、自然や自然なものと深く関係するとか、動物たちのトーテムのようだという風に思い込まれている。ネイティヴやインディアンが持つとされるそういった懐古的な属性は、進化論よりも特殊創造説にもとづくものであり、先住民の全知や意識の根源だとみなされている。こういった意味でネイティヴの作家は、進化論や近代主義ではなく、実在する動物をほのめかすのだと考えられている。ネイティヴの作家は土着主義、アニミズム、自然主義を想定する解釈をすると考えてよい。

じっさいのところ、常識というものが本当にありふれたものであることなど、めったにない。せっかくのネイティヴの自然の理屈という感覚が、じつはインディアンの模倣によってや、母なる大地という概念によってや、自然な環境主義という属性によって壊されてきたことを鑑みると、わかりやすい。ラッセル・ミーンズは、「わたしは母の力を確信する」とか、「人が母なる大地を乱用しつづけるならば、いまに大地からの報復をうけて滅ぼされるはずだ[35]」という。そうではなく、ネイティヴの作家は皮肉でなくてはならず、生きのこりという抵抗文学を書かなくてはならない。そうしなければ、ミーンズのような、ひたすらインディアンの真似をするだけの消費者に堕してしまう。

N・スコット・ママデイ＊は、ネイティヴの神話や隠喩や儀式の痕を用いて、記憶をたぐりよせながら、熊や鷹の出てくるネイティヴにとって聖なる風景を描く。ネイティヴのお話への言及が、現実的でありながら、ネイティヴらしい動きまわりの主権でつくられた、想像されたものでもあるから、ママディの描く聖なる風景は、かえってひどく現実的な風景に見えるのだ。彼が描く動物や季節は、ネイティヴの生きのこり文学にふさわしい。

＊［ママデイ —— 一九三四年生まれ。平原部族キオワ族の混血作家。ネイティヴ文学の長老。『夜明けの家』はピューリッツアー賞受賞。］

ママデイは自伝『名前』でこういう。「初めのうち名前は、目で見るものと手で触れるものとでは各々別の定義をもつ、世界の縁でのかたちや特徴、明るい風に運ばれてきた、動物、鳥、物の名前である。虚空でもまた、別の定義となるものである」「そういった名前は、川面を打つ雨足のようなものであり、心のなかにずっとある独特の名前である。また部族語では本質的な名前である。名前の主が自分の名前を一度記憶のなかで変化させると、それだけでもう思い出せなくなってしまうような名前である。名前は永遠に心のなかにあると感じられる、昔ながらの独特の名前となる[36]」。

ジョゼフとバリー・クライツは『動物と人間の歴史』でこう書いている。人間は「動物を愛したり哀れんだりする。かと思うと動物を使ったり、虐待したり、恐れたりもする。動物は人間の仲間であり、歓びであるし、食物にもなる。人は食物や流行っている服装のためや、嗜虐のために動物を狩るし、芸術や文学でのように、動物を求めることが創造的なこともある[37]」。

動物は自然や物語ででも殺される。ただ金儲けのためにつくられることもある。文学や文化では、動物は訳され、比較され、解釈される。文学に出てくる動物は、幻視に出てくるようなこの世離れした場面ですら現実そっくりの動物として現われることもある。かと思うと実物よりも、うんと動物っぽさを強調されていることもある。動物キャラクターは、現実世界にいる本物の動物のように千差万別で、創造や進化ももたらすこともある。野生動物にしても、とらえられて飼い馴らされた動物にしても、どの動物も、いつも人を癒してくれる。

このように考えてくると、ことばも、文学に出る動物の環境のひとつということになろう。つまり物語における名前、記憶、流儀、隠喩、お話におけるトーテムの動物の存在が、文学に登場する動物にとっては環境であると考えられるのだ。自然のなかにのこされた、かつてトーテムの動物がいたという痕は、隠喩や動物のキャラクターでは、うんと強調されている。ひとたび作家にからかわれると、読者は素晴しく不可解な動物や、創造の荒々しいイメージを動物キャラクターに重ねて読むようになる。

それでも、動物キャラクターは、どうしてもその作家自身が身を置いている皮肉な環境やら、作者の文体といった流儀を身に帯びる。描かれた動物は、作家が描く自然と存在の必要性や偶発性として、さまざまな比喩や、直喩、隠喩、換喩の実践を生きのびなくてはならないからだ。隠喩としての熊、狼、雑種犬やトーテムとしての鶴などは、ネイティヴらしい動きまわりやら、ネイティヴらしい生きのこりを伝える。しかし、直喩の動物をただそのまま人間の感情や表情に喩えるだけでは脳がない。

『修辞』でアリストテレスはいう。「散文的なことばでは、物の普通で適切なことばのほかに、隠喩は効果的に使われる」「特に隠喩が、文体に明晰さと卓越をもたらす。隠喩は習得できるようなものではない。形容語句は指示対象としっくりとしないくらいなら、使わない方がましだ[38]」。アリストテレスによれば、隠喩と直喩は「わずか」にしかちがわない。とはいえ、隠喩を軽視すると、模倣物と現物とのわずかなちがいをも暴きだしてしまい、みっともない。

このことについて「比喩的な言葉」という論文でトマス・マックラリンは、こういっている。「直喩はことばどおしを比べる。読者に頭で論理的な範疇や類似をつくらせる隠喩とはちがって、直喩は、二つのことばが比較できることを前提としている。直喩は、二つのことばの比較の基準を示すことも多い」。

換喩は、ある特定の文脈から生まれる連想をもとにして意味を推移させる。その換喩の基となる連想は、意味の構造にかかわるよりは、特定の文脈から出てくる。換喩はまた『読者を出来事や歴史的状況に置く。隠喩の方は、ことばを使う土台となる深い論理に基づいた、二つのことばの関連を主張する[39]』。

「隠喩」で、ジョン・サールはいう。「文の意味と、隠喩が発する意味との関係は、恣意的というより、きちんと体系的である」「文章や語は文字どおりの意味しか持たない。対して、語や表現や文の持つ隠喩的意味は、その語や表現や文がじっさいに意味するやり方で話者が意図しているかもしれない発話のことなのだ」。

「隠喩に込められた意味は、使い手にとっても受け手にとっても、文章の文字どおりの意味にとどまりはしない」。また、「文字どおりの直喩」は「類似を文字で表わしたもの」である。「文字どおりの直喩を分かるためには言語以外の専門知識はいらない。ところが隠喩を分かるにはまず、文字どおりの意味を理解できるようにすることはもちろんだが、世界についての一般的な知識もいる。話者にも聞き手にも分かる背景知識がいる[40]」。

そこで、ネイティヴの隠喩を分かりたければ、ネイティヴについての「背景知識」である幻視世界のことが分からなければ、お話にならないだろう。それなのに、ネイティヴの創造、トーテムの動物、ネイティヴの価値観、動きまわり、名前のからかい、動物の出てくる力強いお話で用いられている隠喩は、どれもこれもうんざりするほどいつも、ネイティヴの意図も意味もちんぷんかんぷんな社会学者に、ロマン的に書き換えられては、記録としてのこされてきた。おまけに、先住民の作家にも、社会科学の一般知識に迎合してインディアンを模倣した皮肉な物語を書いたり、ネイティヴの動きまわりや生きのこりを表わすことばの綾というよりは、まるで書いたのが白人ではないかと思わせるような代物を読者に供する者すらいる。

フィリップ・フィールライトは、隠喩には「緊張感がある」という[41]。隠喩についてドナルド・デヴィドソンはこういう。「隠喩はやや曖昧である。隠喩によって独自で新しい意味を帯びることばもある。

われわれが二つの意味のどちらの意味をとろうかと迷う時の揺らぎこそ、隠喩の力を生む[42]」。ロバート・ロジャーズは、比喩を精神分析的にこう解説する。「隠喩は、表情豊かで、気まぐれで、人の思考と感情の双方に訴えてきて、こちらを当惑させるほどである[43]」。

『隠喩と宗教言語』でジャネット・マーティン・ソスキスは、隠喩を「別のことをほのめかしていると思わせるようないいまわし」であるという。「隠喩の最大のライバルである直喩も、豊かな可能性に満ちていることもある」。ふつう直喩は、「〜のような」とか「〜のようではなく」といった比較である。

それでもなお、「直喩をいつも結局は『同じことをいう』だけの、つまらないもの」だとみくびってはならない。直喩は二つのものを比べる。類似と相違を比べるといっても、相違を比べる点に注目するなら、直喩は想像的な側面や認知の機能のほとんどを、暗喩と共有している。そこで、隠喩と直喩は、機能は似ていて、文法的なかたちが別なのだと考えてよい[44]」。

このようにソスキスは、隠喩と直喩のちがいは「わずか」だというが、このくだりでソスキスは古典的な見解を繰り返しているだけだ。ソスキスは、直喩は「濫喩では使うことができない」とも述べているのだから。直喩では「行き止り (dead end)」や「頁 (leaf of a book)」のような表現はつくれないはずだ。

『生きる糧としての隠喩』でジョージ・ラコフやマーク・ジョンソンは、隠喩についてこう、上手に説明している。「ほとんどの人にとっては隠喩は、詩的想像力の産物であり、修辞の華である。隠喩は別格だ。さらに隠喩全般となると、思考や行動というより、ことばだけに関すると思われているため、ほとんどの人は隠喩なんかなくても一向に困らないと勘違いしている。しかし、われわれの思考や行動は、本質的には隠喩をもとにしているし、隠喩はじっさいのところ日常的に頻用されている」(45)。

作家が登場させる動物は、人間が動物から切り離されてしまい、人間が皮肉な沈黙に身を置いていることの比喩である。隠喩や直喩は、創造、記憶、お話における変化、自然やネイティヴらしい生きのこりについての文学における動物の存在、こういったものすべての痕である。このように比喩は、自然主義、動物らしい意識の痕跡とかかわる。同様に、作品の動物キャラクターには、認識上の比喩もあれば作品の文体、批評的な解釈もたくさんある。ネイティヴの生きのこりを主題にした文学に出てくる動物は、白人による支配に縛られていないネイティヴらしい動きまわりを表わす。

野蛮な意識や獣性の文字どおりの直喩は、どこか懐疑主義に似ていて、白人アメリカ人の「明白なる天命」に似た「明白な流儀」に匹敵し、動物と人間を一神教的に切り離してしまう。対してネイティヴの書く作品は、ネイティヴのしたたかな生きのこりを背景に描き、作品前景には動物を登場させて、動物たちの自然なむすびつきを描かなくてはならない。

N・スコット・ママディ、レズリー・シルコウ、ルイス・アードリック、ルイス・オーエンズ、ゴードン・ヘンリー・ジュニアといったネイティヴの作家は、ひとりひとり経験も文学の流儀もさまざまであるし、作品で動物を描く際に使う比喩も十人十色である。だが、彼らの登場させる動物たちはどれも、神話的、現世的で、ネイティヴらしい生きのこりを体現する。

ママデイの『いにしえの子』の主人公グレイは、ネイティヴらしさの隠喩であると考えてよい。「グレイの父はキオワ族、母はナバホ族だったので、彼女のなかには二つの文化が入っていた」。グレイはビリー・ザ・キッドの死を想像して、「熊と眠ることを夢見た。熊は大きな腕に彼女を引き入れて体と髪を舐めた。熊が猫みたいに丸く屈んでくると、巨体に吸い込まれるようだった。熊の息はことばのように深くゴロゴロと響いて、いつまでも熱く吹きかかった(46)」。

『いにしえの子』の熊は、トーテム、つまり作者の夢が生んだ熊であって、神話にふさわしい。この熊の動きは、現実の人間のようでいて、現実離れしてもいる。この熊の熱は、自然界にいる現実の動物の熱であるが、また人間のようでもあり、かつ神話のようでもある。なんといっても熊は疎外された人間を癒してくれる。キリスト教は、女性より男性が、動物より人間が、蛮性よりも文明が優っていると位置づけたが、その価値観はけっして絶対的なものではない。お話のなかでも自然のなかでも熊は耐える。ネイティヴの作家も、熊のように耐える。

『聖なる足』でポール・シェパードとバリー・サンダースはこういう。「文明生活を超えて生きる野生の熊は、性的にも勇気の点でも攻撃的になり、とてつもない欲望にはけ口を求めては、規則や抑制を覆す」「しかし母性的な気遣いをする時期の雄熊ときたら、それはもう丁寧で秩序そのもののようだ。このように熊は両性の特徴を兼備しているのでジェンダーなんか超えているようだ(47)」。

『いにしえの子』の芸術家セトは、自分がネイティヴだという実感を持てずにいた孤児だった。セトが巾着型の薬袋＊を持ち上げて先祖の精神に回帰してゆくくだりでは、すべてがまるで熊に導かれるままに起こるようである。セトの永遠回帰はネイティヴらしい動きまわり、生きのこり、ネイティヴの主権を隠喩のかたちで表わしている。「セトが薬袋を開けてみると、臭いが拡がった。大きな熊の足を引き寄せると、彼には恐ろしい落ち着きのなさが取りつき、心臓が激しく打ち始めた。急に体に熊の力がみなぎってきたので、その力を外に出してしまいたかった。闇のなかに座っていたグレイはといえば、祖母の声が自分の口をついて出てくるのに驚いた。セトが熊の前足を持ち上げると、グレイにはその足がまるで巨大で男根のように窓を背景にそびえるように見えた。前足が棒みたいに振り降ろされるとき、足のひとつひとつの爪が月の角のようだった(48)」。ここでの熊と薬袋の隠喩は、ぼんやりとしておどろおどろしいが、「月の角」の直喩の方は直截的なので、トーテム的な薬のおどろおどろしさと影を和らげる。

＊［薬袋――メディスン・マンやメディスン・ウーマンが儀式で使うものを入れた薬袋。入れられているものも様々だが、大きさも様々。例えば、薬草、鳥の羽、動物の前脚の干物、骨、花粉。］

インタビューで『先祖の声』についてチャールズ・ウッダードが訊いたとき、作者ママデイはこう答えている。「わたしは自分を熊だと思っていますから、熊については真剣なのです」。「わたしが熊のお話と密接にかかわっていて、熊の力を持っているからですよ。わたしは、しょっちゅう熊に変身していています。時々はその戦いに直面しなくてはならないのです[49]」。ママデイは諸作品で熊に変身したといえよう。

ママデイは『夜明けの家』では、動物キャラクターの隠喩を、隠された存在や、創世とネイティヴの慰めを伝える実験的な神話として読者に差し出す。熊のことを述べること、ただそのことが、キャラクターたちの音、動き、記憶のなかに跡づけられる。

登場人物のアベルは木を切って三ドル稼いでいる。アンジェラは「アベルの動きを驚いて眺めていた」。斧の音はずっとつづいた。「アンジェラは穴熊か熊が水面を平手打ちするのを見たことがあった。彼女は熊の柔らかな鼻面や、薄い黒い唇や、大きくて平らな頭にも触ってみたかった。手を丸めて熊の濡れた黒い鼻面にも当てて、一瞬でいいから、熱く噴き出る熊の命を手に収めてみたかったのだ。外に出てポーチの石段に腰を降ろした。ふと気がつくと、彼がそこにいた。森よりも高くそびえるようにして」。それから熊の熱っぽい創生をからかうように、ふたりは契る。「彼アベルは黒っぽく巨大に宙ぶらりんにそびえ、ほの青い光に染まっていた。その刹那、彼女は水辺にいた大きな穴熊のことを思い出して、熊の青味をおびた黒い色や息の噴出を想った[50]」。

『夜明けの家』についてスーザン・スカベリ＝ガルシアは、こう解説する。「アベルの熊のような体躯と肉感的イメージは、これまではただ、孤独な白人女性がダークで自然のままの男性を理想の恋人と想い描く夢想だとしか論じられてこなかった(51)」。

ママデイはこういう。「わたしですら、自作の『夜明けの家』でなにが起こっているのかはきちんと説明できません。もちろん使えると思った洞察をもとにして書いたのですが、なにしろ普段は意識下に押し込められているような洞察なのですから(52)」。

作者は意識的にこういった隠喩を使う。そもそもが、こういった隠喩が作者に作品を書かせる動機でもある。熊の隠喩は、いわば作品世界に突如現出した古代なのだ。このように、隠喩は、ネイティヴにとってはごく自然なことであって、ネイティヴの現実と生きのこりを刻み込んでいて、ネイティヴらしい生きのこりなのだ。オズワルド・ダクロットとツベタン・トドロフは『言語の科学の百科辞典』で、こういう。「動機は写実主義とかかわっている。動機はジャンルによって規定されるのではなく、作品がジャンルの規則を用心深く覆い隠すものである(53)」。

レスリー・シルコウは『儀式』で描いた創生物語で、動機についての皮肉な隠喩として神話めいた妖術使いを登場させ、読者を囲ませる。ああ、抜け目のない妖術使いたちが、先住民に競合させるために白人をこしらえたというのだ。どう見ようとこれは、ネイティヴを白人による極端な支配と競合させる直喩的な誘惑を克服する隠喩である。「ベトニー老人は頭を振り、『それが妖術のトリッキーなところじゃ』といった。『妖術使いたちは、なんでもかんでも白人が悪いと信じ込ませようとするのじゃ。するとわしらは実際になにが起こっとるのか見なくなるのじゃ。白人から離しておきたいのじゃ。

無知で無能で自分の破滅をただ唖然と見入るだけになるのじゃよ。白人はな、妖術師の道具にすぎん。機械を持ち、自分たちの信仰を持った白人と四つに取り組んでいけるのう。わしらが白人を造ったんじゃからの。そもそも先住民の妖術が白人を造ったのじゃ』」。

むかし昔の大昔
この世ができた初めには、
地上に白人いなかった
ヨーロッパのものもなにもなく
この世はずっとこのままで
つづいてやってくはずだった
一つのことを除いては
それが妖術だったのだ
この世はすでに完成品
白人などがいなくとも
すべてのものがあったのだ
妖術までもあったのだ＊(54)

＊『儀式』からは、荒このみ訳を基にさせていただいた。」

ルイス・オーエンズはこういう。「ベトニー老人のいうことと妖術のお話は、先住民の口承伝統と世界観、つまり先住民のいだく責任を強調する」。こういったネイティヴの責任感は、終局を退ける隠喩である。『儀式』で描かれた行動、関連、意図は、白人の重視するような因果関係こそはっきりしなくとも、ネイティヴには儀式なのである。ベトニーのいうように「白人などの外部者を責めて責任逃れをすることは、自分をあわれな犠牲者におとしめるだけである(55)」。

動物キャラクターは、人間の意識を表わす直喩とではなく、環境とかかわる。シルコウは自然界にいる動物を登場させている。シルコウが使う隠喩は動物たちの動機であり存在である。この作品で使われている直喩は人間の性格分析のためではなく、動物の動きを表わしたり動物を環境に喩えるためのものだ。たとえば次のように。「アメリカライオン＊が樫林から出てきた。歩きも、飛び上がりも、走りもせず。長い草が風でちらちら光るように動いた。……落ち着きのなさは、アメリカライオンの美しさの極みで、まるで風で山の雲でも動くように山頂の稜線のリズムをとり、かたちや色を変えてゆく。溶岩のように黒っぽかったかと思うと、たちまち雪原のように明るく(56)」。

＊［アメリカライオン――ピューマの類。］

幻視的な雑種犬

ママデイ、シルコウ、オーエンズといったネイティヴの作家たちは、印象深い動物を登場させた。動物創造の隠喩はキャラクターで、なかには名前がついている動物もいたり意識を持っている動物たちもいる。動物キャラクターは、ネイティヴにとってはごく自然なことであり、ネイティヴならではの存在感が生んだものだ。

たしかにこういった作家は直喩を動きや比較として用いる。しかし直喩を動物や人間の性格のたんなる属性として使っているわけではない。直喩はジャネット・マーティン・ソスキスが指摘するような、「～のような」や「つまり～」ではない。直喩は、物語ではありふれた比較である。もっとも制限つきで直接的な直喩は、ジョン・サールがいう「文学的直喩」である。

『トラック』で、ルイーズ・アードリック＊は動機や動物の存在といったぼんやりとした隠喩を使うというよりも、文義的で散文的な直喩といった比喩を使う。ママディ、シルコウ、オーエンズは、直喩を使うことはめったにない。アードリックは『トラック』で、たとえばこういった表現をする——「体中、犬のように震えた」「犬のように隠れている」「ひとりで病気の犬みたいに茂みまで逃げる」「雄の野牛みたいに毛むくじゃらの剛毛」「屈んで若い雌牛のように水を吸った」「熊が小犬みたいに、すぐ後をついて行った」「巨大な髭男は目の弱った熊みたいに不格好だった」など。[57]

＊[アードリック —— 一九四五年生まれ。ノースダコタのワペトン生まれの白人の血の入った先住

民作家。先住民作家として有名な故ミッシェル・ドリスの妻でもあった。」

アードリックは登場させるヘラ鹿、豚、熊、猫などを名づけるが、『トラック』に出てくる強烈な動物というと、なんといっても犬だ。アードリックの手になる犬たちは、だいたいはふつうの動物であり、屋外で動物キャラクターが出てくることは、まずない。ふつうの動物は一般的で文義的な直喩なのである。

「わたしは動物のように考えるので、彼らの隠れ場を知っている」と、トリックスターのナナブッシュはいう。ふつうの動物は、散文的直喩では、人間か獣かの二項対立の獣の側に属す。「半獣となって穴に住んで病気を克服したモーゼ」も出てくる。「動物は、自分たちの数が減っている現状を理解したとモーゼがいった」というくだりは、一般的な動物意識を表わす[58]。

『トラック』では犬が何匹か出てくる。名なしの犬でも個性的だ。「リリーには、豚の皮を食べて太鼓のように腹が張った、小さな雄牛のようなずんぐりむっくりの汚い犬がいた。そいつときたら、リリーみたいにトランプには目がなく、スタッド・ポーカーやラムをしている間中、樽みたいな太腿でカードの上に、がっとまたがっていた。最初の夜、犬はフラアーの腕に噛みついたが、ご主人がゲームの所定の位置につくと後退りして、唸るのもよした[59]」。

ルイス・オーエンズの『骨のゲーム』の犬のカスターは、カスターという名前の実験的な隠喩ゆえに印象深い＊。皮肉な名前のつけられた動物もいれば、名なしでも十分強烈な動物もいる。たとえば、ある人物が番犬を飼うことを勧める場面。「そうだよ、犬を飼えよ。……でっかくて意地悪な奴を。いいかい、犬は幽霊や魔女が嫌いなんだ。だから俺たちは飼ってるんだ[60]」。

＊[カスター将軍は、第七騎兵隊を率いてスー族を滅ぼそうとしたが、スー族とシャイアン族にリトル・ビッグ・ホーンの戦いで敗られ、落命。白人にとっては不名誉極まりない結果だった。]

オーエンズの『千里眼』では、兎と狩人に奇妙な絆ができている。「チェロキー族の兎たちは頭が良く、ことばのトリックを楽しみながら暮らしていた」「コールは、兎の耳の付け根に狙いを定めて『トリックの時だぜ』と兎に囁いた。そうして金槌を引き戻して叫んだ。……即、ワタオウサギが跳ねて、くるっと旋回すると茂みに姿をくらませた[61]」。作品では良い犬たちが兎にやられてしまうかと思うと、たとえ散文的な直喩で表わされていても兎には存在感があって、兎らしくふるまう。

ゴードン・ヘンリー・ジュニアの『ライトピープル』には、自然ではあるがなにやら性的なトーテムめいた踊りをする、くっついたままの白い犬と茶色の犬が出てくる。最後でやっと二匹は離される。ブーズホーは、くっついた二匹を分けようとして魔法を使ってみる。「魔法はわたしの副業といったところで、何年も訓練した賜だ。まずは精神的な魔法をかけてみた。躍る白犬の心に、肉片を思い浮かばせようとした。一分間、その白犬が唸るのを聞いたから、よしよし魔法が効いてきたぞと、安心したし、犬がよだれを垂らすのも見た気がした。でも、くっついたままだった」。

酔っ払ったラヴァーブはライフルをもってやって来ると、白犬を撃った。「犬は跳ねただけで、まだ雌にしっかりとくっついたままでクーンと泣いた。前よりも狂ったみたいで、もう一匹を躍るみたいにして追いまわしながら。でも体は離れなかった」。両の手を白犬の血で染めたラヴァーブはまた、犬を分けようとしてみたがうまくいかず、もう一杯ひっかけて、小型トラックで去ってしまった。

ブーズホーは犬をシードの家に連れ戻った。「シードは犬をじっくり調べると、こちらを見上げもせずに『死後硬直が始まるから、死んだ犬を離せよ』とだけいった。それからそっと立ち上がり、死んだ白犬に耳に被さってなにやら囁いた。何語でしゃべったのかも分からなかった。シードは戻って座ると、白犬を埋めてこいよといったので、わたしは、そのとおりにしようとした。死んだ犬を持ち上げると犬たちの体は離れ、茶色の犬は暗闇へと走り去った[62]」。

こういった小説の動物は、ネイティヴらしい生きのこりの比喩としては、現実を表わしている。ネイティヴの文学に出てくる動物たちは、野生だろうと愛玩用だろうとふつうの動物だろうと、おいそれとは野生動物なのかどうか分かりにくい。ネイティヴ文学の動物たちには、名づけられない存在、馴染みのある自然の痕、おどけた動機、ネイティヴらしい理屈、作家の洞察といった、もろもろの含蓄が籠められているからだ。

オーエンズ、ママデイ、シルコウ、アードリック、ヘンリーは、動機として隠喩を使う。彼らは、それぞれ名づけようのない楽しい動物キャラクターをつくりあげる。全知の意識を持っていたり名前のある動物が出てくることもある。ママディは、神話のような風景、人間としての熊の超越、死すべき運命の熱を描き込むし、アードリックは散文的な直喩を好んで使い、オーエンズやヘンリーは喜劇的で皮肉なネイティヴの混血犬を登場させる。

ところが白人はというと、現実生活ででも文学ででも動物と人間を切り離してしまう。白人はせいぜい、文学に出てくる動物や愛玩動物としか絆をむすべていない。彼らの使う直喩はあまりに辞儀的で、せっかくの動物キャラクターを人間から分離してしまう。対してネイティヴは、トーテム思考なので、直喩よりも、自然や動物の意識そのものに近い比喩を使う。ネイティヴの作家も読者も、動物なのである。動物は人間であるし、登場する狩人たちは、ネイティヴの書く小説に動物として出てくるのだ。

ジョルジュ・バタイユにとって「エロティシズムのタブロー」とは、人との境界でつくりだされる動物の「純粋なる否定」である。ことばでつくられた動物は緊張感のあるむすびつきだが、動物たちの名づけようのない存在感は、官能が発展したものではまったくなく、文学における自然な欲望でもない。アニシナベ族のお話では、部族が暮らす地方の樹木限界線は、あくまでも隠喩としての樹木境界線なのであり、そこでは熊がことばを急がせるし、熊が左右の手（前足）に人間を一人ずつ握っている。部族のいまひとつのトーテムである鶴は、語り部であるし部族の先祖でもある。トリックスターは季節を使い果たすかと思うと、雑種犬アニモシュが居留地で洗車業を営むといった具合だ。そこ、居留地の樹木限界線が、部族にとっては名前や代名詞の動きのなかでの「エロティシズムのタブロー」

だと呼べるだろう。作家が動物を次の季節へと急きたて、語り手がいかにつまらない名前であろうとも代名詞の動物になったりする。物語では、わたしの（me）という動物はとらえにくいが、われわれの（our）存在もまた、とらえがたい。熊や鶴などのトーテムのキャラクターの代名詞は、誰を指すのだろうか。me や you の痕は、熊や鶴や狼や樹木限界線での「空を飛ぶ変身」や「トーテム的な袖」といった部族特有の隠喩に窺える。

バタイユは『呪われた部分』でこういっている。「たとえ自己主張をしたくても、動物はじっさいには喋れない。眠っている人間にしてもそうだ。動物は眠っている人間のことなのであり、人間とは、自然の眠りから覚めた動物のようなものだ」「おうおうにして、なにかしら深遠すぎる理由で、原始人には見えていた動物性の根源である聖なる命が、もうわれわれには見えなくなっている。だから、われわれは動物をたんなる物として扱ってしまいがちだ。始めから、動物たちは物でもあれば人間に似た生物でもあったというのに。動物たちは聖なる物のいい表わせない側面ですらあった昔もあったというのに[63]」。

というわけで、駐車中の車のなかで主人であるネイティヴを待ちながら運転手のような顔をして運転席を動きまわっているような犬たちは、意識のじっさいの比喩にとても近いといえようか。こういったハンドルの奥で主人を待っている犬は、たしかに人間に見えてしまう。犬たちにしても、すっかりその気でいるのか、犬たちがわれわれの意識のなかへと車を運転して入ってくる。そして白人好みのやたらと厳格な均衡、あるいは厳格主義者がお好きな散文的な直喩や忠誠心や神人同性説という学識ぶった批評なんか、へっちゃらだぞ、と証明するのである。

われわれネイティヴのお話にしても書く物語にしても、出てくる動物たちは、創造をからかい、樹木限界線での聖なるゆらめきといった先祖の記憶を仲介して表わしてゆかなくてはならない。ネイティヴの模倣は、ネイティヴが白人と比べて劣っているという中傷である。ネイティヴのお話では、白人による進化論というネイティヴを終局に追いやるような賢しげな物語は、いつの間にやら、好機を伝えるしたたかなお話へと、すり変わっていく。

第四章　逃亡者のふり

昔の絵画

ジョージ・スタイナーはいう。おそらく生物学的な出自を除けば「人を支配したり救ったりするのは、過去そのものではなく過去のイメージである。イメージは、しばしば神話のような精緻な構造を持つ、厳選されたものである。過去のイメージに培われた、過去の象徴的な構築物は、われわれの感性に遺伝子情報のように刷り込まれている。過去や、他文化から借りた歴史を映す絵画やら、神話学には、あらゆる時代が反映されている(1)」。

インディアンとは、いってみればアメリカという国家に刷り込まれた絵画であり、アメリカ大陸における逃亡者である。インディアンという白人にとっての他者の模倣にはネイティヴはいない。アメリカ史では、白人にたいするネイティヴの抵抗は、インディアンという逃亡者のようなポーズとして抽象化されている。一方でインディアンは、白人文明が認可した、白人の中産階級の過去回顧趣味のために社会科学が生んだ文化混成物だった。インディアンは社会学に証拠として使われた。逃亡者めいたインディアンを、支配者である白人が、歴史を扱った野外劇やジオラマや博物館での展示物などとして保管する。

このように、ネイティヴとは違ってインディアンは、白人に認められた者だ。インディアンは、自分たちが白人に発見されたという痕を見えにくいかたちで留めている。またインディアンは、白人の民族史的に監視される対象でもある。インディアンは支配者に描かれた逃亡者のポーズである。白人の手になる物語は、野蛮に優る文明という大義名分を基にしてつくられ、微に入り細にわたったネイティヴ模倣を描く。そしてあろうことかインディアンをネイティヴであると言い張る。このようにインディアンは相互イメージを帯びている。

W・J・T・ミッチェルは、絵画論の言説における「絵画的転換」、つまり「視覚的な表象」と近代とのかかわりを、不安であると指摘している。「わたしは絵画的な転換感覚について論じているが、文化論を支配する視覚的な表象について定説があるわけではない。そうではなく、絵画が広範な知的探究において独特の摩擦や不快さを生じるからである」。そしてミッチェルはギー・ドボールによるスペクタクル論とミッシェル・フーコーによる監視論を関連させつつ、こういう。「人はまだ、絵画を知らない。それどころか、いまだに絵画とことばとの関連も、絵画が鑑賞者や世界に及ぼす作用も、絵画史とはなんであるのか、絵画をどう扱えばよいのかすら、知らない[2]」。

わたしにいわせれば、ネイティヴの創生記やトリックスターの変身やトーテムのネイティヴらしい生きのこりは「絵画的変換」だ。後には、インディアンの相互イメージ変換は、娯楽や商品のポストモダンな「シミュラーキュラ的な転換」になっていく。

「あらゆるイメージの多義性」を論じるロラン・バルトに沿って考えるなら、インディアンの相互イメージは、名づけようのないネイティヴがいないことである。インディアンとは、現実から切り離された者であり、つまりネイティヴがいないことである。インディアンはネイティヴにとっての自然の理屈とも無縁である。イメージが記号として意味するものや、実際に感知されるものの根本にあるものは、「意味されるものの『浮遊するような連鎖』」や概念である。読者は記号論的な多義性の中から、意味を「自由に選べる」。「機能障害が社会に悲劇的、詩的な遊びととらえられるような時ですら、多義性はいつも機能障害をとおして現われる意味について問題提起をする[3]」。インディアンが多義にわたって悲しい犠牲である。そのために、こういったインディアンという相互イメージにしても、いきおい多義になる。その結果、混乱を来して意味機能障害を引き起こしてしまうのである。

インディアンとは、白人の手になる肖像画や沈み彫りやグラビアや捕囚記などに表わされた、白人による支配を模倣する相互イメージである。このように相互に作用し合うために、インディアンは相互イメージなのである。インディアンとは、白人中心主義者が発見した先住の民であり、白人の眼を意識してみずからとっているポーズを凍りつかせた逃亡者にすぎない。そこにはネイティヴの口承のお話の痕もなく、ネイティヴらしい皮肉っぽい理屈も動きまわりも生きのこりもない。

つまりインディアンという白人に「発見された」ネイティヴの生成的な相互イメージは、現実や実像とは関係がない。ひとつの模倣には、これまたもっともらしい模倣が連綿とつづいているだけだ。このように模倣とは、単純なまねや模倣でもなければ反復でもなく、皮肉に誇張したものでもなければ、もじりですらもない。模倣とはむしろ、ジャン・ボードリヤールがシミュレーション論で述べているように、「現実そのもののための、現実の記号の代用」である。この論に沿えば、インディアンというネイティヴ不在の模倣がじつは現実だなどと言い募ることそのものが無理なことだと分かる。ネイティヴのいないことでしかない「認知されたインディアン」などという表現は、撞着語法でしかないだろう。まさに「民族学が生きるためには、その対象となるものは死ななくてはならない(4)」というわけだ。

インディアンという相互イメージの肖像であれ写真であれ、白人にとっての他者を表わしたものは、ネイティヴの存在やら指示対象としてのネイティヴらしい感覚など抜きにして白人に鑑賞される。インディアンという相互イメージの模倣にはただひとつの理由しかなく、ネイティヴではなくインディアンが先住民文化の民族学的な証拠とされてしまう場合もある。相互イメージの見世物と支配の過程で、ひとつの偶発的な模倣が他の模倣を覆す時には、監視についての修辞学がネイティヴの存在をインディアンにすげ換えてしまうのだ。

白人はインディアンという相互イメージを模倣することによってネイティヴを支配する。そのような支配を覆したければ、文化面で白人に忠誠を示したり、ポーズをとったり、本質論を受け容れたりはせず、仮想イメージの巧妙な快楽に頼るのが賢い。たとえば仮想現実の場面をつくればよいのだ。電子機器や仮想現実の相互作用的な世界に馴染んでいるコンピューター世代にとっては、造作もないことだ。そうすればいま一度、インディアンの逃亡のふりを、相互像の模倣というまさに廃虚のなかから立ち上がらせることもできるかもしれない。また、インディアンがしている逃亡のふりを民族学的な証拠として救い出すことすら、できるかもしれない。そういった視覚的転移という動きには、実質的にはネイティヴの動きまわりにつうじるものがある。よって、一目瞭然の仮想現実による変換によって、ネイティヴを他者表象の重荷から解き放つことで、ネイティヴらしい存在感を生み出せる。

それでも、最近の写真のデジタル操作は、初期の絵画にもとづいて刷り込まれたインディアンの模倣の相互イメージに匹敵しかねないほどの危うさも秘めている。論文「見たままを信じるようになる時はあるのか」でウィリアム・ミッチェルがいうように、「コンピューターで実物そっくりの素描ができる」「意図の産物だとわれわれがみなす素描や絵画」とはちがって、合成画は「観る者に、作品が本物なのだという錯覚をいだかせやすい(5)」。

映画『フォレスト・ガンプ』には、無邪気な主人公ガンプがケネディーをはじめとする三人の大統領とホワイトハウスで会見する、昔の報道を合成した架空場面がある。だが、この場面などは、とても現実を映す相互イメージの模倣とはいえない。(6)

写真は、たしかに被写体が沈黙して静止したポーズを示すが、写真だからといってなにも被写体が「全面的に受け身」だとは限らない。エリザベス・エドワーズは『人類学と写真』の序文でこういう。「写真で表象されているかたちは、イメージを受け入れ、分かりやすくするから、写真構成そのものが意味をほのめかす。つまり写真は、イメージに籠められた知の体系によって情報を発信するが、同時に、与えるだけでなく情報を与えられもする」(7)。写っているネイティヴがとっている逃亡者のポーズに籠められた相互イメージの模倣は、白人によるあまりに単純化された証拠やら支配が「隠す知の体系」にたいして、ネイティヴが異議申し立てをする役に立つ。

『独創的思考』でエリック・ガンズは、「ボードリヤールは、シミュレーションはポストモダン時代においては論理の究極的な終局をほのめかした」という。ガンズは、模倣が乏しい現実を美的に表象するという模倣論にも、こう触れている。「『型』は観念的には、まったく具体的な表現ではない。完璧な模倣は現物と識別できず、見る者にとっては、作品が有料であれば、その作品が模倣なのだろうと思えるだけのことだ。……模倣時代の美学とは、物質面だけでなく相互作用的に、豊かさの理想郷をつくろうとすることだろう。元の出来事の暴力が差延されていることを忘れることなど、できるはずもないというのに[8]」。

ボードリヤールはいう。「表象とは、それを誤りだと解釈することでシミュレーションを取り込もうとする」「シミュレーションはシミュラークルとして表象の表面全体を包括する」。ボードリヤールは四つの「連続するイメージ段階」を呈示している。すなわち、第一のイメージ段階は「基本的現実を反映する」。第二は「基本的現実を隠し、曲解させる」。第三は「基本的現実がないことを隠す」。そして最終段階は「どのような現実とも無関係」で、そのイメージは「ただもうそれ自身の模造である」。つまり「第一段階では、イメージは良い表層であり、神聖さの秩序の表象。第二段階では、イメージは有害な秩序の表層。第三段階では、イメージは表層であることと戯れる秩序、つまり魔術の秩序。第四段階では、イメージはもはやまったく外見の秩序ではなく、たんなる模倣[9]」である。インディアンという相互イメージは、「現実の『不在を隠す』』、つまり名づけようのないネイティヴ」である。また、白人のつくった物語や映画に出てくるインディアンはおおむね、「どういった現実とも無縁」の代物である。かつてネイティヴの先祖が結んだ白人との条約に書き込まれたインディアンにしても、ネイティヴの自由な動きまわりを曲解しただけのものでしかなく、そういった条約に書き込まれた政府役人にしても「邪悪な表層」にすぎなかった。およそインディアンの呈示など、ネイティヴの「ただの模造」にすぎない。そして模造というものは、貯蔵期間内の商品でしかない。

マーク・ポスターはいう。「ボードリヤールが主張しているように、ポストモダン時代の文化はすでに模倣に支配されてしまっている。いまや文化は、確固たる起源もなく、指示対象も依って立つ基盤も持たない、物や言説にすぎない」「ことばの関係性やイメージや意味や指示対象との関係が、いったん壊されて再構築されたものが商品である。商品としての力が、使用価値や有用性の指示対象にではなく欲望に向けられるようにされているのだ[10]」。

民族学的な相互イメージとは、民族の物語の終局である。このように物語が閉じてしまっている元凶は、民族学という学問の在り方にある。つまり、民族学的相互イメージが、聴くことよりも見ることを優先させるからであり、また、民族学が、好機というよりは図像の模倣を欲し、ネイティヴのからかいやトーテム的な部族名や「明白な天命」のような白人の流儀を欲し、口承で伝える場というよりは書き物を欲するからである。

『野蛮な心の馴化』でジャック・グディは、書くことと語ることとのちがいを、こう指摘している。「書くこと、とくにアルファベットで読み書きをすることは、喋ることによる意思疎通に半永久のかたちを与えることで、言説をこれまでになかったやり方で吟味できるようにした。活字を読むという吟味は、批判行為の範囲を広げた。またひいては論理性や懐疑主義や文明対野蛮といった疑わしい二項対立が繰り返し思い出させることの範囲も広げた[11]」。

彫版師テオドール・ド・ブライ、過激な俳優ラッセル・ミーンズや作家ジョアン・ハリファックス、この三人のようなインディアンを考察した代表者は、自分たちのせっかくの才能をネイティヴの不在という、相互イメージの模倣をつくるのに費やした。三人とも、相互イメージの模倣と、物語の多義性の時代を生きた。

銅版画家のテオドール・ド・ブライが活躍した一六世紀末頃のネイティヴはそれはひどいイメージでしか作品化されていなかった。ド・ブライの作品が、民族学でネイティヴの肖像として使われていった。ド・ブライはそれ以前の模倣を押し進めて、ネイティヴの蛮性の相互イメージを世界中に発信した。『新世界、太古からのテキスト』でアンソニー・グラフトンはいう。かつて「ヨーロッパ人は、怪物めいた食人種などが文明世界の周縁にいると信じていた」「ヨーロッパ人の、出版者や挿絵画家、現地での体験談の作家や、編纂者は、アメリカ先住民が食人だというイメージをでっちあげた[12]」。

ド・ブライはドイツで、ハンス・スタデンの改訂版『捕囚記自伝』（一五五七年）のための銅版画を彫った。彼の『人食についての完璧でおぞましい民族学的証言』は、現物の『アメリカ』初版（一五九二年）に付いていた粗野な木版画より「細密ですばらしい出来で」、「祈るスタデン本人が描き込まれている場面は、特に観る者を怯えさせた[13]」。

ド・ブライは、芸術家や冒険家を描いた、民族学のために貴重な絵画を収集していた。『アメリカの当初のイマージ』を書いたウィリアム・スターテヴァンによれば、「ド・ブライたちの作品の多くが、芸術として見ると現物に勝っていた」「ド・ブライたちは単一のイメージをつくり上げた。描かれた人物は押し並べて『新古典的』で、構成もヨーロッパ的だった」。

ハンス・スタデンはブラジル沿岸で「一〇か月ほど」捕囚された体験をもとに、三年後に「冒険譚」を出版した。その木版画に描かれている先住民の工芸品は、スターテヴァンの解説によると、「小さく粗野ながらも、スタデン本人か彼の指示どおりに現地の行事が描かれていたために、民族学としては貴重であった。食人と、それにまつわる儀式に焦点を絞っているだろうこととも相まって、スタデンの作品は後の、高い技術を身につけたド・ブライたちの手本となっていく[14]」。

ド・ブライの他の銅版画での先住民の相互イメージの模倣は、ジョン・ホワイトの手になる水彩画も参照している。ホワイトはホワイトで「古代ピックツ人やブリトン人を描くにあたって、ヴァージニアの先住民像を手本にしていた」。ド・ブライは『アメリカ』に銅版画「古代ピクトの女戦士」を載せた。グラフトンは、先述の自著『新世界、太古からのテキスト』の序文でこういっている。「ド・ブライは自分がヴァージニア人の挿絵に、『昔のブリトン人がヴァージニア人のように森に住んでいた』ことを示すために、ヴァージニア人の挿絵を『英国史』に基づかせるようにと、指図されたと書いている[15]」。

グラフトンは、先述の自著『新世界、太古からのテキスト』の序文で、「ヨーロッパ人は、自分たちが遭遇したアメリカ人の蛮性なるものと、自分たちの先祖の暮らしぶりとを同等にみなしがちである。しかし、本書をひもといて、人間が必ずや洗練された文明へと発達してゆくのだと信じていただきたいものだ[16]」と、抱負を述べている。

白人による先住民発見という歴史物語。この物語のほとんどが、ネイティヴの姿や新領地などを記した記録をふくむもので、航海後に銅版画として再生産された。こういった版画が、後の相互イメージの模倣のもととなっていく。

ポール・ハルトンは「新世界のイメージ――死体公示所のジャック・ル・モアイアンとジョン・ホワイト」で、「こういった航海ではおそらくプロの芸術家は雇われてはおらず、せいぜいのところ、陸標や港や沿岸の素描くらいしかできない船長や、水先案内人が乗っているなら水先案内人が、記録程度に片手間に描いたのではないだろうか」と推測している。

「絵画でのこす歴史」は、一六世紀末までには認知されるようになり、「探検航海」には芸術家が同行するようになった。たとえばジャック・ル・モアイアンも「一五六四年にロードニエとフロリダまで航海」している。ヴァージニアで、ジョン・ホワイトも、ウォルター・ローリーとトーマス・ハリオットなる土地測量技師とも仕事をしている。(17)

こうして新世界アメリカはまず素描で、それから版画で表象されていった。現存する初期の探検の「筆者自身による記録」と植民地的所有物のほとんどは、スペインやポルトガル人が描いたものである。「北米でフランス人がなにを発見したかは、記録にほとんどのこされていないし、たとえのこっていても学術的には意味のないものだった(18)」。こういった、いいかげんな素描が、先住民を描いた初期の像や表象だった。高貴な蛮人像というものが固定して初めて、インディアンは幾分、まともに描かれるようになった。まともにとはいっても、特に女性の容貌は、かなり西洋的だ。後に銅版画に描かれるようになったこういったインディアンの姿は、現物を素描していたために、初めての相互像の模倣となった。以後、インディアンの相互像はどんどんつくられるようになった。

ポール・フルトンはこう賞賛する。「モアイアンとホワイトは、自分たちが素描でとりあえず描いた題材が一人歩きすることには慣れっこだった。彼らが出した大型本で画期的だったのは、盛られた記録の広範さもさることながら、解説付きの美しく正確な銅版画の斬新さだった」「この手の本における活字情報に負けず劣らず、絵もすばらしかった[19]」。フルトンはこう賞賛しているが、わたしにいわせれば、模倣が現実のネイティヴにすげ変ったために、インディアンの相互像がますます重宝されるようになっただけのことだ。

銅版画家ド・ブライはホワイトの絵をもとにして、自分の描くインディアン像に修正を施していった。「原物がのこっているので、ド・ブライの変更箇所が照合できる。どうも彼は先住民をヨーロッパ風にして、ポーズも幾分マニエリズム風にしたようだ。髪の長さは変えておらず、女性の髪にウェーブを少し加えるなど、ヨーロッパ人受けを狙って異国情緒をかきたてる程度だったようだ[20]」。フルトンは、ド・ブライの作品には、商品としてのインディアンの相互像を模した「異国情緒的」な他者が欠けていると考えた。

このような異国情緒的な像の模倣は、歴史資料として博物館に保管されている。そのようなインディアンは、他者性を確認させせる蛮性と文明をかろうじてとどめている。その一方で、貪欲なネイティヴの方は消されていった。ネイティヴの代りに田舎風を模した、究極の模倣である居留地のインディアンが、アメリカ史を扱った野外劇などでアメリカの拡張主義促進のために利用されるようになる。ウィリアム・クロノンが『発見された土地、捏造された過去』で、こういうとおりである。「西洋美術全般でのこととはいえ、合衆国の西部開拓のあらゆる局面でも、歴史的記録というより当時の人々の出世欲を反映するような、時代の現象をあおるイメージが生まれた」。ジョン・ホワイトの水彩画『豊かさのヴィジョン』は、「白人と先住民との出会い」の促進を狙ったものだった。「白人のイメージは、ド・ブライに木版画で描かれたり、トーマス・ハリオットに美しく印刷されてからというもの、何世紀にもわたって合衆国西部への拡張を煽るのに利用されてきた。潅漑の行き届いた森林地帯や肥沃な地、おとなしい野生動物、平和な先住民が、東からやってくる移住者や投資家を招いているかのように描かれた」(21)。このようにインディアンは絵筆やカメラで捕獲され、ポスターに出てくるような西部への入植を煽らさられた。インディアンの模倣とは、ネイティヴがいないことである。西漸運動に利用されたインディアンには、われわれネイティヴの記憶もなければ、現実にあった風景もなかった。

異国情緒をかきたてる飛び領土

諸帝国が世界の多くを植民地化していた頃、北米でも、ネイティヴの部族が、居留地という連邦政府のつくった飛び領土に移住させられ囲い込まれた。時を同じくして、写真という新しい技術が、蛮性対文明という二項対立的な表象で、ネイティヴを逃亡者たる他者として捕獲した。当時はまだ新しかった社会科学が客観性を求めたために、「絵画的変換」が要請され、他者の文化を監督することを時代の明白な流儀としていた。「歴史的イメージ――変わりゆく鑑賞者たち」という論で、イスカンダー・ミディンが、こう述べている。「白人と接触した諸部族は変容させられた。これとは矛盾することだが、写真家は現地人や文化の普遍的表象に焦点を当てた」。学問でも大衆レベルでも、白人には「異国情緒的なもの」が人気がある。「人類学と写真学の歴史的類似」について述べたクリストファー・ピニーによると、「西洋では写真が、目で吟味するための究極の手段だろう。写真が、知識獲得の最たる隠喩である『ヴィジョン』の技術的、統語的、知覚的なものを代表した」[22]。

アメリカ・インディアン運動*の活動家ラッセル・ミーンズが、一緒にサウスダコタ州のウーンディド・ニー武力占拠をした、新しい相互イメージの戦士たちと収まった有名な写真がある。ミーンズは一〇年後には映画に出たり、アンディー・ウォーホルによるシルクスクリーンのスタジオ制作の有名なポストインディアンの模倣のモデルとなったりした。ミーンズのようなポストインディアンのとる逃亡者のポーズとは、白人によるネイティヴの発見やインディアンの相互イメージ、支配を描出することにつづいていく。矛盾することに、こういったポーズは、人類学者の掲げる証拠となったり、白人の明白な流儀を損なうだけで、わたしにはネイティヴらしい生きのこりを模倣するだけだとしか思えない。[23]

＊［アメリカ・インディアン運動——一九六八年、ヴィゼナーと同じくアニシナベ族の二人、デニス・バンクスとジョン・ミッチェルがミネアポリスで始めた。二〇もの組織を集めて設立した都市部の若者を中心とするもの。『ミネアポリス・トリビューン』の新聞記者をしていたヴィゼナーは早くからこの運動に反対してきている。］

『ウォーホル——芸術家をめぐる会話』でパトリック・スミスが「ウォーホルのアメリカン・インディアン連作って誰か特定の先住民のことですか」と尋ねると、ウォーホルのスタジオ助手ロニー・カルトロンは、「ラッセル・ミーンズだったんだ」と答えている。「ミーンズはウーンディド・ニー占拠にかかわってたらしい。ぼくは事件のことはあんまり知らないけどね。判決はまだだったんじゃないかなあ。[24]」

ウォーホルは彼一流の感覚で、レッド・パワーの興隆という時代の空気をとらえて、ミーンズというもっとも目立つインディアンの模倣を作品化したわけだ＊。ミーンズをモデルにしたスタジオ制作は、芸術的でありながら、げてもの趣味で、かつ民族学的な、相互イメージの模倣だ。この作品でミーンズがとったポーズは、白人による虐殺において他者がいなかったことを示すだけだ。ミーンズのポーズなど、模倣作品としての戦士やアメリカ・インディアン運動のポストインディアンとしてのポーズでしかないというのに。

＊［ミーンズをモデルにした作品――『アメリカン・インディアン』のことで、先住民の伝統にならって長いお下げ髪を前の方で編んだミーンズの肖像。ヴィゼナーはウォーホルのこの作品で本書『逃亡者のふり』の前身と考えてよい『明白な流儀』（一九九四）の表紙を飾っている。勿論、皮肉をこめて。］

演説家でラディカルな政治家ミーンズは、たいそうな野心家で、サウスダコタ州のオグララ・スー族カウンシルの長に立候補したり、男性雑誌『ハッスラー』誌の凄腕の出版者ラリー・フリントと一緒に大統領幹部になろうとしたりした。どちらもうまくはいかなかったが、映画『モヒカン族最後の者』のチンガチグック役を演じて、やっと目立つ模倣をしたいという待望を叶えたようだ。

『実りある闇』で、ジョアン・ハリファックスはいう。「人生の節目を迎え、引退する時、向いにはなにも書かれていない不可視の扉がある。不動の静けさのなかでしか、その扉は開かず、奥には秘密の部屋があって、人はそこで理解の糸を紡いでは文化という織物を織りなす(25)」。

このようにハリファックスは、沈黙のなかで聞かれるであろう楽園を賛えるとともに、撞着語法的な過去回顧趣味でしかない「文化という織物」に織り込まれていく、美しい擬似的なシャーマニズムを賛える。ここでもネイティヴは、美的沈黙や、寂寥とした白人文明の模倣を帯びさせられる。だが、このようなネイティヴなど被支配者としてのロマン的な相互イメージでしかない。ハリファックスはいう。「先住民は生まれながらに、他の種との意思疎通に長けている」「わたしはしょっちゅう、ふと気がつくと、何語かも分からないことばで何時間も延々と話をしている老人の脇に座っている。だのに、わたしには語られているらしい場面が心に浮かんでくるし、特別の存在のエネルギーが、うまく織られた毛布のようにその人と過ごす時をひとつにしてくれる[26]」。こういった白人につくられた他者としてのインディアンのイメージをひたすら身に帯びた受け身の存在である模倣では、口承から活字化することとの難しさは抜き取られているし、自然の偶発性や聖なるものの果たす役割は消えている。ここでは沈黙と「絵画的変換」は、白人によるありきたりの支配を模するだけだ。

ハリファックスは、フランスのプラム村の仏教の師ティク・ナト・ハーンを、こう回想している。「ハーンが祭壇に置く本には、親族の遺影を載せるようにといった」「仏教の教えを実践することは、連綿と流れる大いなる河に身を浸すことである。……わたしはこの村で、われわれと死んだ者との関係について初めて考えてみた。そして、はたしてわれわれが森や川の喪失を自分個人に起こった喪失だととらえることができるだろうかと、考えてみた[27]」。思えば、ネイティヴの死者との相互イメージの模倣と写真は、数世紀にわたって支配という白人の祭壇に供えられてきたといえる。

西洋流の監視

写真が幾千ものことばに値するものを表わすことができるという者もいるようだが、そんなことができるはずはない。ネイティヴのお話にこそ、ネイティヴの存在感がある。ネイティヴのお話は、ネイティヴの先祖の記憶を皮肉る。お話は、ネイティヴが写真によって犠牲にされてしまうことへの抗いである。しかしインディアンの模倣となると、先住民が白人の「明白なる運命」のような流儀によって支配されることに役立ってしまう。写真が被写体を占有する。よって写真は、白人によるもっともらしい他者表象であるし、人種差別にみちた、実物にたいする裏切にすぎない。写真はネイティヴ文化があったことの証拠でもなければ、ネイティヴの失われた伝統をとどめる影でもない。

カメラは、白人がネイティヴを組織的に発見したり、ネイティヴを収奪するための監視の道具として使われる。写真は、ネイティヴの存在感を美しい沈黙と支配におとしめる商品でしかなく、特定階級の白人のためのものだ。むろん、写真を、ただ思い出のために写真帳に貼りたがる白人たちもいることはいる。だが、インディアンという白人にとっての他者が逃亡者としてとっているポーズを写した写真は、白人がネイティヴを切断したことの模倣でしかない。写真はネイティヴらしい生きのこりなど表わさない。

ピエール・ブルデューは『写真――中流階級の芸術』で、写真には社会階級が籠められていると指摘する。「写真で芸術的な意図を実現することは、じつにむずかしい」「写真は、せいぜい組織にたいする忠誠心を喚起することくらいしかできない。写真に芸術至上主義を期待することなどできない。そんなことをすれば、反美学とまでいかなくとも、自己否定によって写真そのものがあえなくなりかねないからだ。金持ちは、大衆とは異なったことをして初めて、自分が金持であると感じることがで

きる者だから だ[28]」。

しかし、民族学としての肖像写真でネイティヴという白人の他者であることや、「美的な意図」としての逃亡者のふりを否定することで、表向きには自分が否定しているものを、裏ではこっそり肯定するようなことは、白人による支配を模倣してしまうことでしかない。

一九世紀には、写真は新しい概念で、一九世紀末までには写真は模倣をするためによく使われた。それまでは絵画をはじめとする他の手段が視覚的意識のもとだったが、カメラは被写体の顔つきや動作、正確な動きまでとらえた。カメラで捕獲できるネイティヴの動きなど、美的な隷属状態のことでしかなく、永遠のインディアンとしての模倣にすぎないのだが。

『中産階級の知覚史』でドナルド・ロウはいう。「写真は情報を素早くもたらす」「西洋では中産階級が視覚を重視するということを踏まえないかぎり、他文化圏の人には、西洋の中産階級の知覚のことは分かりにくいはずだ[29]」。

ロラン・バルトは『カメラ・ルシダ』でいう。「じっさいには写真はわれわれが目にしているままの物ではないのだから、写真を本当に見ることなど、できない。」「写真は、自己が他者として到来することであり、自己同一性や意識が巧妙に切断されてしまうことだ」「写真は主体を客体にした。ただの博物館の所蔵物にしてしまったようなものだ[30]」。

ネイティヴは、けっしてカメラにではなく、白人の手になる物語のなかで、伝統や記憶の慰めや神話としての好機をうかがう。ネイティヴは、カメラのなかでのどっちつかずの沈黙ではポーズをとっている。それは逃亡者としてのポーズであって、ネイティヴはそのポーズのまま、確固たる民族学的な証拠として白人の博物館に納められることになる。写っているネイティヴが誰もかもが押し黙っているのは、自分がカメラで支配されたパントマイム役を演じさせられていることへの、せめてもの抗いだったかもしれない。写真でネイティヴが永遠にとっているポーズには、笑いも籠められている。しかし写っているネイティヴが感じていたことはいざ知らず、写真表象は、白人に支配され犠牲に祭り上げられていく、滅びゆく人種という先住民像を白人に証拠づけた。

こういった相互像の模倣を白人中産階級は認可した。が加えた制裁は、表象の文化的な過去回顧の役を果たす。インディアンを認めるということは中産階級が制度的な支配をつづけようとして、逃亡者のインディアンのポーズを執拗に所有することに他ならない。『イメージの喚起力』でデイヴィッド・フリードバーグは、こう喝破する。「表象の不思議さと幻想は、現実の不思議さと幻想とはちがう。よって、表象とは、われわれの既成概念とは正反対の代物だ。表象は、被写体が現実のものだとわれわれに思いこませるからこそ、表象は奇跡的なのだ。つまり表象が、じつは表象するものではない別物だからこそ、表象は奇跡的なのだ[31]」。

『ポストモダニズムの政治学』でリンダ・ハッチオンも、こういっている。「写真は、制度的な権力にむすびつけることができる媒体である。写真はまた、いとも容易くわれわれの文化の壮大な物語を再生産してくれるようだ。そこで写真では、普遍的な永遠の真実を表わしているような錯覚を見る者に与える」[32]。

有色人種を写した写真表象には白人による支配でしかない。白人による支配の証拠として使われた肖像写真、あるいはポストインディアンの模倣作品ですら、逃亡者のポーズの永遠の沈黙よりは、まだましというものだ。写真のなかのまるで影のような逃亡者の凝視には、とらえにくかったはずのネイティヴがいることが、あぶりだせるからである。写真をとおして先祖のネイティヴがわれわれに語りかけてくる重要なお話は、衣装やら文化の模倣にではなく、被写体であるネイティヴの目と手にこそ表われる。写真でネイティヴが身につけている衣装は、他者の民族学のための商品でしかないが、写されたネイティヴの目は、ことばを介さずに直接見る者に語りかけてくる。彼らが着けている衣装や仮面や装飾は、可変である。つまり借り物のインディアンの民俗服は、ただの味気ない相互像の模倣でしかなく、ネイティヴの文化コードでも変換にまつわる皮肉なお話でもない。片や、ネイティヴの目は、ネイティヴが語るお話の窓口であり、写されたネイティヴの存在を確かなものにする。

ロラン・バルトは「写真の伝言とはなにだろうか。写真はなにを発信しているのだろうか」と『イメージ――音楽――テクスト』で問う。「写真の写す像は、現実とは異なるが、少なくとも原物の完璧な類似物であることにはちがいない。一般に写真の像といわれるものは、完璧に被写体に似ている。これがまさに写真の像の特徴だ。写真の像とは、記号を介さないで送られてくる伝言である。写真は連続して伝言を発するのだから、見る者は、写真が瞬時になにを語りかけているのか、とらえなくてはならない[33]」。

このようにネイティヴの肖像写真における記号の不在とはどういう意味だろうか。また、文化面で自分たちが支配されてきたことを告げる伝言は、どういう意味なのだろうか。国家の複数の歴史つまり小文字の歴史は、相互像の模倣がかろうじてのこっている痕であり、西洋文明がネイティヴの欠点をあげつらう質の悪い保証の痕である。同時にまた、一九世紀にいた現実のネイティヴにたいして強制移住やら根絶が行なわれたことについては論争の余地はない。その頃カメラも、白人がネイティヴを発見して文化面で支配を進めるための武器だった。アメリカ合衆国の明白な流儀から逃れたネイティヴは、ネイティヴらしくたくましく生きのこるために、どういった沈黙のポーズをとったらよいのかを身につけていったのだ。

『表象の重荷』でジョン・タッグは、カメラが監視と表象の力を帯びているという。「国家と同じく、カメラも中立などではない。カメラによる表象はひどく体系化されていて、一人歩きして異様な力を奮うようになった[34]」。

カメラで時と動きを同時に切りとることも、白人がネイティヴを、監視する手段である。つまり白人の「明白な流儀」と支配が生んだ模倣である。民族学の資料としてインディアンを写した写真に捕獲された、他者としてのネイティヴのとっている禁欲的ポーズ。このポーズは、白人の欲望と支配からネイティヴが文化的に逃れるためのポーズである。

『理論の限界』で、ミッシェル・サールがいう。「自然科学は観察だが、人文科学は監視である」「人文科学は神話と同じくらい太古の昔からある。神話、演劇、表象、政治は、われわれに観察の方法を教えてはくれず、ひたすら監視させるだけだ[35]」。観察といってもネイティヴを観察することは、監視とも支配ともまたちがう。またネイティヴの意識、価値観、ネイティヴらしい生きのこりの賢さは、終末論のあるようなキリスト教とはちがう。ネイティヴは観察者であるし、ネイティヴは自分たちを「発見」した白人よりも、笑いに長け、原因を皮肉ることにも、悲劇的な叡知にも長けている。西洋人がネイティヴを監視したので、ネイティヴは逃亡者としてのポーズをとることにした。こうしてイメージ同士の相互模倣、野蛮対文明といった不吉な概念が生み出された。

エリック・ガンズがいうように、「西洋でだけ、よその文化の体系だった研究がなされた」「しかし民族学のように多様性を追及すると、かえって民族の多様性が見えなくなってしまう。いくら他民族を知ろうとしても、他者が自分たちと大してちがわないことが分かるのが落ちだ[36]」。

写真にはネイティヴの語るお話が籠められていないので、写真などくだらない。ことばは想像力だが、写真は文化や終局の模倣でしかないのだから。ネイティヴは永遠に逃亡する。ネイティヴが白人に飾りたてられ、つかまえられ、比較されてとるポーズは、白人がネイティヴを支配したことの公の証拠でしかない。よって、そのような写真は個人的なネイティヴらしい生きのこりを示すものではないし、また、創造をからかったり、季節が賢く巡ることでもない。

『写真論』でスーザン・ソンタグはいう。「われわれは怯えると撃つ。しかし回顧に浸りたい時には写真を写す」「撮影行為はどこか収奪的だ。撮る側が、被写体本人は自分自身を決して見ないやり方で、彼らを見、また、被写体本人がけっして知りえないことを知っているから、つまりは、撮ることで相手を犯すからなのだ。写真撮影は、象徴的には人を所有可能な物にしてしまう[37]」。

白人にとって他者としてのインディアンを、つまりカメラによって傷を負った逃亡者のインディアンを写した写真は、一九世紀後半に自営農地を求めて西部に移住した白人たちの、古き良き思い出としての写真とは別物である。憲法で民主制をうたう合衆国という国は、当時はまだ若かった。白人のカメラは、ネイティヴを彼らの共同体からも先祖代々の土地からも切り離し、逃亡者のポーズの相互イメージの断片をつくらせた。インディアンという白人にとっての他者の模倣は、現実にいる先住民を、時の流れのなかでも自然界でもはっきりとした存在感など持たない、非現実にすり変えた。他にも理由は枚挙に暇がないが、わたしたちは写真に写っているインディアンの目や手の影に目を凝らすべきである。写真の目や手は、白人の先住民表象や、白人が抱いている先住民の終焉という歴史観とはちがった独創的なお話へと、後世のわたしたちを誘ってくれる。

ネイティヴはかれこれ五世紀以上もの間、西洋に略奪され辛酸をなめさせられてきた。アメリカ合衆国という、政治、宗教の自由をうたっているはずの国家が、一方では、ネイティヴの、創生物語や、価値観や、トリックスターのからかいをないがしろにして、人種主義、憲法不履行や、際立った客観主義、制度的証拠を重視してきたことは、見てきたとおりである。

写真に収められた、手負いで逃亡をつづけるネイティヴの目や手は、ネイティヴのお話を生む源であり、ネイティヴらしい生きのこりをとどめる。写っているネイティヴの目と手は、決して白人の植民地的ポーズに取りこまれることもなければ、国をあげてネイティヴを切断してかかってくる合衆国の文化面での証拠として捏造されたためしもない。

被写体のネイティヴの目は、ネイティヴがいることを語る。ネイティヴのとっているポーズは、白人にとっての他者であるインディアンの模倣である。つまり写っている本人がインディアンであることの証拠であり、国家や状況や現実としての模倣の証拠である。そこで当然、現実からは乖離した他者表象が生まれる。他者としての逃亡者のポーズでさえ、野蛮対文明というひどい二項対立によって終局させられるために、模倣とは皮肉でもある。

「閉じ」つまり終焉も、白人にとっての他者の不可知論的な表象である。写真の相互イメージにおけるインディアンの極端な終焉といえる。『存在の誕生』で、ジーン＝ル・ナンシーがこういう。「表象は、表象そのものの限界によって表象たりえる。表象は、主体の範囲を決定し、この主体によっては『それ自身』は表象されえないであろう」つまり表象は、表象を表象することはできない。「しかし表象できないものにも、純粋な存在と純粋な不在にもまた、それなりの表象効果がある[38]」。

目と手は、ネイティヴの身体の廃虚ではなく、お話である。『外見について』で、ジョン・バーガーがいう。「写真は外見の一瞬をとらえるだけだから、写真そのものはなにも語らない」「どれほど現物そっくりの絵画や素描であっても、写真には遠く及ばない」[39]。写真の被写体の目は、その人のあり方をほのめかすのであって、目はパフォーマンスの終局でもなく、公の表象でもない。目は、レンズの口径の向こうに写真家がいることを意識するのだから。口径のなかのネイティヴの目は、白人による写真の発見や文化としての証拠の閉じに対抗する、いつまでもつづいている抵抗のお話なのである。

ル・ナンシーは『存在の誕生』でいう。「昔、人体は、光だけが反射というかたちで貫通できる、影でしかない暗闇だと考えられていた」。文学が体を模倣し、体は影であり、その影が写真で表象される。そこで、「身体は傷でしかない」[40]と考えられていた。

写真に撮られた先祖の目は、われわれネイティヴの手負いの身体の秘密を湛えている。ネイティヴのとっているポーズは白人の他者である本人の不在であり、皮肉な露出である。文化面で自分が存在している証拠としての身体表象は、自分が白人の被写体となりつづけることによって引き起こされた、白人にとっての他者の死なのだ。

『カメラ・ルシダ』でロラン・バルトは、「人が見るものになにを認め、その流儀がなにであるにせよ、写真はいつも不可視である。真の写真とは、われわれが目にしているものではない」。この意味では、被写体の目が被写体の存在を語るといえる。「どの写真も存在証明である。存在証明は、その発明がイメージの系譜に入る新たな当惑である」[41]。

たとえばクアナ・パーカーは、先住民の民俗衣装で写真に収まっているし、傘を手に懐中時計の鎖をポケットからのぞかせ、洒落た靴を履いたモーニング服姿でも撮られている。民俗衣装の方は田舎風の壁、モーニング姿のは古典的な化粧漆喰の模倣物を背にしているが、どちらでも飾りたてた同じ柱の脇でポーズをとっていて、まるでインディアンの逃亡者のファッション写真のようだ。ごてごてした衣装の写真には、ネイティヴの歴史についてあれこれ解釈してみる手がかりがある。衣装は儀式用のもので、特定の時代の衣装や流行を語ってくれそうだ。

この写真に写っている先住民の民俗衣装は、当時現実のネイティヴが着ていた服ではなく儀式用であるため、こういった写真に写った衣装は、衣服や流行を語りかけてくる。どちらの写真も、けっしてインディアンの模倣についてのお話は語らない。写真に写った衣装は、白人キリスト教徒に、創造を終えさせられるような、やわな衣装ではない。

クアナ・パーカーは、ペヨーテ＊使用を宗教の自由として擁護した、一九世紀末のコマンチ族の傑物だった。彼が霊感を得たことも、たまたま混血だということも、どの写真を見ても分からない。彼の髪はネイティヴらしく編まれているが、一見しただけでは、とっているポーズは、野蛮対文明という回顧的主題の変奏や、先住民の過去と現在、伝統と変化に左右されて生じた表象のようだ。ところが、民俗衣装ではなく目が、彼の存在を訴えてくる。目こそが、創造力の源なのであって、傘や靴や編んだ髪などは意味がない。目に存在感がある。パーカーの目は抵抗やネイティヴらしい生きのこりを湛えている。目が、逃亡者としてのポーズを終わらせなどするものかと、こちらに挑みかかってくる。

＊［ペヨーテ――幻覚を引き起こすサボテン。シャーマニズムと深く関係し、意識の変容状態をもたらすのに用いられる。特に南米でよく用いられる。］

パーカーは平原先住民に霊感を与えた。「偉大な戦士として名を馳せていたパーカーが、コマンチ族を代表して一八七四年のメディソン・ロッジ条約を甘受することを拒んだ時に、パーカーの武勇は高まった」と、『オクラホマの先住民』でレナード・ストリックランドはいう。「パーカーは皆を新たな道へと導き、部族の有名な判事になった。そしてネイティヴ・アメリカン教会の成員としてペヨーテの大御所ともなった。積極的に新しい農業や経済活動を取り入れる一方、部族の昔ながらの一夫多妻制も実践した。皮肉なことにパーカーの評価は、部族内ですら、いまだに大きく分かれている。だが、オクラホマの諸部族は、部分的に新しいことも受け容れ抵抗もつづけるという、パーカーの流儀に倣うようになっていった[42]」。

装飾用の羽、ビーズ、皮、編んだ民俗衣装、銀、トルコ石、骨、身にまとう毛布、といったインディアンの模倣はどれも、写真で人間としてのインディアンが物に変えられていることを示す物象化である。飾りのついた和平パイプ、首からかけるメダル、交易用の斧、弓矢、ライフルなどが、インディアンらしさを漠然と模倣する。ネイティヴはめったに、その場の成りゆきで家族や子供たちと写真に収ったりはしない。片や、ほとんどのインディアンの写真は、逃亡者的な戦士のポーズや、伝統的な装飾過多のポーズをとっているインディアンを、西洋風に模したものである。こういった、ネイティヴにふさわしくない相互イメージは、何世代もたってから、伝統と自己同一性の実際の根源としてポストインディアンの指導者たちに模倣されてきた。ポストインディアンのいう先住民の「伝統」は、ネイティヴの表象の廃虚での皮肉な相互イメージを模するだけである。このようなネイティヴの逃亡者のポーズの模倣では、ネイティヴとしての存在が二重に終わっている。そのような模倣は現実の知恵も感覚もない皮肉な切断だ。逃亡者は西洋文化による支配を臭わせるし、げてもの趣味の犠牲性の名残であるにすぎない。

ここでエドワード・カーティスの功罪について考えてみたい。カーティスは、ネイティヴとインディアンのどちらにたいしても、もっとも献身的な写真家だったといってよい。それでも、彼ほどの人物ですら、インディアンの伝統的な逃亡者のポーズを踏襲して作品に手を加えた。こういった作品でインディアンがとっているポーズには、都会に出てもネイティヴの伝統を保持したポストインディアンたちもいたことを伝えてくれる[43]。

カーティスは、自分の撮る写真から傘やサスペンダーといった文明の匂いをとり除いた。残念なことに。残念だというのも、一九世紀末にはじっさいには、すでに何千人ものネイティヴの学者が、公立学校やミッション・スクールで学んでいたし、白人写真家が民俗衣装やカメラを持参して訪れた政府の飛び領土で、教師をしていたネイティブもいたからである。先住民の肖像写真家を撮らせては、カーティスの右に出る者はいなかった。しかし、彼の作品すら、高貴な蛮人という相互イメージを免れてはいなかったというわけだ。何百箇所ものネイティヴの共同体を訪れて、四千枚以上に及ぶ逃亡者のポーズをしたインディアンの模倣を撮ったカーティスですら、結局は、真の民族学的な写真などありえないことを示しただけだ。しかし最後の忌避は、またしても、新たな相互イメージの模倣という新たな証拠によって覆された。

ミック・ギドリーは『他者表象』でいう。カーティスは、「先住民の将来に拡がる闇を象徴する、行く手の闇に向って馬を駆る先住民像を演出する」「カーティスは『伝統的な』表象づくりに懸命で、モデルにかつらや民俗衣装をつけさせたりもした(44)」。

写真発明の何世代も前に描かれた肖像画でも、ネイティヴは模倣されている。ジョージ・カトリン、カール・ボドマー、チャールズ・バードキングといった、異国情緒あふれる民族学的なネイティヴの肖像画を供する画家はもてはやされた。キングは肖像画に、モデルの個人名こそ記したが、描かれたネイティヴの目鼻だちや手や衣装は、模倣めいていて、どれもあまりに似かよっていた(45)。『チャールズ・バードキングの絵画』でアンドリュー・コセンティーノが、こう指摘する。「先住民の肖像には、首都ワシントンへの代表団の数が少ない時には、実物をモデルにして描いていないものもある」「キングは、ワシントンへ赴く先住民代表団の人数が不足すると、ほかの画家が屋外で描いた素描をもとにして、油絵の肖像を描くように依頼されたこともあった」「すべてスタジオ製作だったために、キングの肖像画はジョージ・カトリンらが得意とした自然な活力には欠ける」[46]。

他方、名声を博した一九世紀の作家でもある画家のジョージ・カトリンは、スタジオに籠ってはいなかった。彼は正確さを旨として何百枚も描き、「自作の先住民の肖像の裏に、贋作でないことを証明する署名をした」。ところが実際に署名をしたのは本人ではなく、インディアン局の職員と軍の将校をはじめとする政府役人だった。こういった承認をすることは、当時流行っていたインディアン補囚記で語り手が実話証明をすることに似ている。しかしそのような自作の署名は、最近可決された、先住民の芸術家を保護するためのインディアン・アーツ・アンド・クラフト法などと比べると、皮肉なものにすぎない。つまり今も昔も、「自作」証明は、インディアンの意識や消費者保護における「絵画的変換」の証拠だと考えられるからだ。この類の絵では主体としてのインディアンが、芸術家の描く客体のインディアンに服従するという捻りが生じている。

『発見された土地、捏造された過去』でウィリアム・クロノンが、こういう。「カトリンは肖像や風景、叙事詩儀式や、気さくな野営の様子をありのままに描いた。しかし先住民のイメージをひとつにまとめようとはしなかった。また、筆使いは荒っぽくて、とても鑑賞に耐えるものではなかった」「先住民がどのように道具をつくり、なにをどのようにして食べるのか、なぜそのように住んでいるのかといったことが、彼の作品からは分かりにくい[47]」。

カトリンたち当時の白人の画家は、逃亡者のポーズをとり、虚ろな目と手をしたインディアンの民族学的模倣をつくった。描かれたインディアンのほとんどは、名前も語るべきお話もない風景のなかにぽつねんと置かれた、相互イメージの模倣にすぎない。従ってこちらになにも語りかけてこない。ネイティヴらしい生きのこりのお話は、こういった絵からは消されている。こういった肖像画は、白人による支配という大義名分を掲げて、白人が先住民を発見したことと見事に重なる。

ネイティヴを描いた肖像画は、インディアンの相互イメージの模倣を寄せ集めたものである。モデルは、白人の異国情緒をかきたてる表情をしていて、目や手からはせっかくのネイティヴ独特の表情を消されている。お仕着せの衣装だけがやたらと目立つ。『手』でジョン・ネイピアがいう。「人の手は触覚を司る」「手は目と同じ様に物質界と接触する」。写真ではネイティヴの手は休んでいる。「休んでいる手も静かできれいだが、動きつづけている時の方がはるかに美しい」。写真は目と手の動きの瞬間をとらえる。「手が休んでいる時には顔もぼんやりしているが、生き生きとした手は、本人のみなぎる心を表わす[48]」。

『肖像』でのロバート・ブリリアントによれば、「民族学の資料のための肖像画には、はたして肖像画としての価値があるかどうか疑わしい。肖像の主体であるモデルは、主体としてはあまりにも無視されて表象されることが多いからである」。インディアンは民族学のための肖像の模倣にすぎない。

「肖像画家といえども、文化の枠内で仕事をしているわけなので、めったに民族学者のような考え方はしないし、同じ文化圏のモデルを描くにあたっても、人類学的な手法を用いることも滅多にない[49]」。ここでもまた、民族学のための肖像とは、支配のことなのだ。

スーザン・ソンタグが『写真論』で、こういうとおりだ。「写真は、略奪すると同時に保存するし、批判すると同時に聖別する。写真は、アメリカ人の現実にたいする苛立ちを表わす」「一八六九年に大陸横断鉄道が開通すると、今度は写真による植民地化の始まりだった。先住民の場合が、最悪だった」。ネイティヴの屋外便所にまで旅行者がずかずか侵入しては、「聖なる地や物も、踊りも、撮りに撮った。白人は金を払ってでも先住民にポーズをとらせたり、より写真になるものを撮りたがって、儀式を変えさせることすらあった[50]」。

当時の白人大衆には、ネイティヴの歴史家、芸術家、医者の写真よりも、白人と戦ったことのある異国情緒あふれるネイティヴの強者の写真が人気があった。初期の写真家は、鉄道や軍や政府による土地測量に雇われていた。スーやコマンチといった平原部族の写真は、「ハリウッド映画で有名になっていく長い髪飾りをつけた先住民像をつくった」と、『辺境の写真』でドロシー、トーマス・フーブラー夫妻がいう。「スタジオ写真家は、見栄えのしない実用服を着ていた先住民をすぐさま『典型的』な民俗衣装に着替えさせた[51]」。

当時の金儲けに余念のなかった写真家たちの合言葉は、なにだったのだろうか。何百人という写真家が一世紀以上にわたって、ネイティヴを楽しませたり脅威を与えつづける模倣をつくった。あまり現実とかけ離れた姿が写っていたので、写真を見たネイティヴは笑ったり脅威を感じたりしっ放しだった。カメラで武装した白人が、ネイティヴの共同体で口汚なく罵られることはまずなかった。一方、ネイティヴにとってみれば、カメラを下げて現われる、自分たちにとっての他者である白人は、観察と監視の対象であったのだ。ネイティヴは待ち構え、孤独な白人をレンズの向こうに見据えた。

被写体だった当時のネイティヴには、自分たちの写真が監視の元に獲得され、自分たちの文化の証拠として所有され、絵葉書として売られることや、インディアンの伝統表象などと称して欲望と支配の博物館に納められるだろうなどとは、知るよしもなかった。白人は、自分たちの脅迫観念に引きずられるようになって、ある時ある場所で自分が目にしたネイティヴを、わざわざインディアンという模倣としてとらえるという矛盾を犯していた。しかし白人は、少しでも考えればわかりそうな矛盾にすら気づきもせずに、平気で先住民を気軽に表象した。白人には、神話的な皮肉があり、あまりにひどい大義名分があったからであった。

もっと重要な問題はほかにもあるにせよ、当時のネイティヴたちの目と手を思い出して、私的自由の喪失とは動きと自由の喪失にほかならないことに、どうか思いを至してほしい。写真はネイティヴの、イメージをとらえる感覚や、小銭を稼いでみようという物欲につけこんだ。過去のネイティヴの私的自由を侵害した写真に、われわれは今、どう対処したらよいのだろうか。ただ目を覆えばいいというのか？　だったら、一体、誰の目を？

美的な模倣にされてきた先住民は、芸術を愛でながら連綿と支配を続けた白人の罪を許せない。後に発達した合成写真でつくられた仮想現実という、状況のとらえ直しは、ネイティヴの逃亡者のポーズを覆えし、皮肉な監視の美学をつくりおおせた。今度はネイティヴが白人を監視する番である。しかし、過去に白人に発見された高貴な蛮人という、テレビや映画でさんざんお馴染みの模倣では、先住民は高貴でロマン的な犠牲に祭りあげられた。それでもなお、昔の写真に写されたネイティヴの目には影が宿り、見る者に自らの存在を訴えてくる。写されたネイティヴの目は、被写体のネイティヴが見据えているカメラの口径のなかの白人写真家の目をも、見る者に想像させる。だから、こうして永遠に写真にまつわるお話を訴えてやまない。

『私的自由、親密さ、孤立』でジュリー・イニスはいう。「私的自由は、もっとも大切だとされている。そこで、私的自由の喪失は、自由の侵害者にたいする復讐をもたらしかねない」「私的自由は、生活の細部にまで敬意を払い、公私をきちんと区別して、私的領域に他人が立ち入らないことで守られる、さまざまな自由のことである」(52)。いかにも。しかしインディアンという白人の他者を写した写真という模倣では、ネイティヴの私的自由、ネイティヴらしい動きまわり、自由が、白人に考慮されたことはまずなかった。カメラはネイティヴらしい動きまわりの瞬間をとらえた。写真におけるネイティヴの沈黙はネイティヴの権利と私的自由がなくなることであった。たとえばネイティヴの女性の好色なヌード写真葉書は、ネイティヴの自然な身体を蛮性と関連させたアメリカ合衆国では、皮肉な嘲けりだったというしかない。

だが、逆に見ればこうなる。写真で、不在としてのインディアンという他者を発見する白人たち。彼らは自分たちが他者を表象しつづけたあいだ、逆に、ネイティヴが自分たちをどう観察したかは知ろうともしない。ネイティヴは支配されたことのしたたかな相互イメージの模倣を身に帯びるしかない。カメラを下げた孤独で好奇心旺盛の、ネイティヴにとって他者としての白人は、逆にネイティヴにとっては皮肉で存在感のないつまらない手合いでしかなかったのだが。

『芸術と応答性』でミハイル・バフチンはいう。「わたしには、他者に避難場所を見つけて、ほかでもない他者の資源を利用させてもらって、所与の自分自身の断片をなんとか統一することくらいのことしかできない。このように、スピリットが自分自身の内から魂を喰い破る(53)」。

白人の他者探究の最たるものは、インディアンの模倣である。ネイティヴの目と手は同じ写真に収まっている。エドワード・カーティスら写真家の姿は、カメラのなかにもネイティヴのお話のなかにも認められるが、写真作品には見当たらない。白人というカメラのなかにいる他者とは被写体であるネイティヴにとっては、不在の相互イメージの孤独な代理人でしかない。片やそれは写真のなかの不在者である。ネイティヴの目と手は動きと観察の皮肉な存在として確保されている。

『発話というジャンル等』でバフチンがいうように、「『わたし』は、他者のなかに隠されているから、他者のなかにいる『わたし』は、他者のための他者でだけ、いたい。他者として、他者の世界にすっかり入り込むために。『わたし』はこの世でたった一人の『わたし』（わたし－のための－わたし自身）でいることの重みから解き放たれたいのだ」。

一世紀以上前からネイティヴのなかには、医者であったり、音楽家であったり、歴史や小説や詩を出版したり、国の選挙で当選したり、外国旅行をしたりしてきた者たちがいた。しかし白人の手になる写真や映画では、そういった活躍するネイティヴの実態は露とも匂わせられず、蛮人としてのインディアン像だけが執拗に呈示された。しかもじっさい映画における他者としてのインディアンの模倣は、いまだに中流階級にとってインディアン概念の源なのだ。ネイティヴのいない、現実の相互イメージの模倣は、逆にインディアンがいたということの証左となった。こういった相互イメージの模倣が、インディアンならばいたという証左とされた。また、白人はネイティヴの文化を劣等だとして、現実のネイティヴを見えない領域に押し込んできた。

『写真と社会』でジゼル・フロイドがこういう。「わけても写真が、支配階級の階級の視点からあらゆることを解釈できるようにする。写真は、自然と深くかかわっていながら客観性もありそうだという幻想をいだかせる、唯一の媒体だ」「写真はまず、知識階級の知的要求を満たし、次に中産階級に訴えた。だが、商業写真が愚衆の歓心を買おうとし始めると、当初から写真を支援していた者ですら、写真にはほとほと愛想を尽かすようになった[55]」。

ネイティヴの相互イメージの模倣と、ネイティヴのとる逃亡者のふりは、インディアンの肖像や写真や白人にネイティヴが支配される物語とは、いつも矛盾する。インディアンがいるところにネイティヴはいないからだ。だが、われわれはこういった矛盾を、トリックスターの出てくるお話、シャーマンの見る幻視、仮想現実、ポストインディアン文学に見られる皮肉などを検証することで、修正してゆくことができる。われわれはネイティヴの動きを見、存在しつづけるネイティヴのお話に秘められた否定神学に耳をすまさなくてはならない。そのためには、まず逃亡者のふりをしているネイティヴの目や手を見ることから取りかからなくてはならない。

第五章　ネイティヴらしい動きまわり

伝聞の主権

チャールズ・オービッドは、三〇年以上前の秋に、連邦裁判所で証人台に立っていた。裁判所で、アニシナベの部族語アニシナベモウィン語で真実を語ることを誓言したのは、彼が初めてだった。オービッドは、それから連邦地方裁判事マイルズ・ロードに手を振った。

この時オービッドは、ミネソタ州北部のイーストレイク居留地付近のライスレイク国立野生動物保護区でネイティヴが、自生している米の収穫をすることを白人が規制する権利があるかどうかをめぐって、連邦政府と係争中だった。

アニシナベ族は三世紀以上、自生米を収穫してきた。初期の白人探検家には「馬鹿のオーツ」などと呼ばれもした、この栄養のある穀物は、われわれの部族にはトリックスターがつくったのだと伝えられてきた。この一帯では白人との毛皮交易の頃からずっと、白人はネイティヴの伝統的な秋の収穫を見てきたはずである。今日、自生米はネイティヴの伝統であり、商品でもある。

連邦政府役人には、自生米の季節を公表したり、収穫を規制する権威があった。そこで、自生米の収穫を禁じて官僚めかして、ネイティヴらしい動きまわりや生きのこり、主権を非難するのだ。

この日、オービッドをはじめとする部族の証人たちが、国立野生動物保護区での自生米の収穫規制を止めさせようとしていた。その地域が条約によって白人に譲渡されてから一世紀たってから、動物保護区が連邦政府によって設けられたのだ。政府側の弁護士ウィリアム・ファルヴェイは、保護区の規制は合法的であると主張するとともに、裁判所に出頭してきたネイティヴたちは部族選挙で選ばれた代表ではないと、突っぱねた。裁判でネイティヴのほとんどは母語で証言し、逐語訳されていった。

法廷にはサム・ヤンキーもいた。当時、ミネソタ州の居留地連合のミネソタ・チッペワ部族役員会員として選出されていたサム・ヤンキーは、部族には自生米の収穫をつづける権利が認められてきたと、唱えた。白人と交されたほとんどの条約で部族のこういった諸権利が生得の権利であると認められていた頃のことだ。ヤンキーはそのことに鑑みて、部族は白人との条約によって伝統的な収穫をする権利も、部族の主権である自由な動きまわりの権利も失ってはいなかったと、述べた。

『先住民の条約』でフランシス・ポール・プルーカは、こう書いている。白人と結んだ初期の三つの条約で、アニシナベ族は「狩猟権と漁業権を保持した」。たとえば一八三七年の条約には、「先住民が譲渡された地域の土地、川、湖における狩猟、漁業、野生米の収穫をする特権を、アメリカ大統領の名において、先住民に保証する」とある。[1]

当時、八六歳だったオービッドは、部族には自生米収穫の権利があると政府役人たちが老ジョン・スクゥイレルにいったその昔、その場に若かった自分が居合わせたのだと、母語で証言した。彼は、昔は役人とのそのやり取りを書きとどめた記録があったものの、もう失われてしまったこともいい添えた。また、そうではあっても、アニシナベ族はいつも自分たちの権利を、伝聞ではなく部族に伝わるお話で理解するのだと、判事にいった。つまり、お話のなかにいる存在者として老スクゥイレルは、部族の記憶のなかに生きているといった。そして老スクゥイレルの証言は、部族が口頭で同意を得た証として、裁判官に尊重されてしかるべきだと訴えた。

ところが政府側の弁護士は、オービッドの証言は、自分が当時に英訳で聞いた内容とはちがうと、反対した。判事はこれを受け入れ、法廷では、死者の証言を聞きとどけるわけにはいかず、証人本人がじっさいに経験したことでないといけないと、オービッドに諭そうとした。＊

＊[伝聞証拠排斥の法則。]

オービッドはロード判事の答に憮然とした。オービッドは、英語を喋れなくもなかったが、あくまでも母語が彼に焼きついた記憶やネイティヴの主権にふさわしいことばだったから、法廷での証言は部族語でとおした。分厚い眼鏡をかけていたオービッドは、目をこらして判事の方に身を乗りだして、相手の席の法律書を指差すと、こういった本には死んだ白人の物語が書かれているではないかと、叫んだ。「あなたがたが老スクゥイレルのことばを信じないのに、なんで一方的にわたしだけが白人のことばを信じなくてはならないのか」と言い放って、自分の主張が訳されるのを待った。

ロード判事は、ネイティヴのお話が裁判所での証言や、判決や、前例や伝聞に類推されることを、恭しく楽しんだ。そして「負けたよ！」といって、部族のほかの証人の証言に耳を傾けた。

ロード判事はユーモアを解する、寛容で、正しい物の見方のできる傑物だった。ロードはこっそりネイティヴが抵抗することを勇気づけたのかもしれない。しかしそうはいっても、さすがのロードですら、「あなたがたが老スクゥイレルのことばを信じないのに」といわれた時の、ネイティヴのお話に出てくる四人目の存在への言及までは、把握できなかったようである。オービッドは、ネイティヴのお話に出てくる死んだ先祖を、不在ではなく、あくまでもまだ存在している者として語ったのだ。つまりただの伝聞ではなく存在者という実質的な証拠として、先祖である老スクゥイレルのことばを伝えようとしていたのだったが。(2)

結局、この裁判では、自生米をめぐる判決は下されず終まいだった。後になって連邦裁は、居留地でネイティヴが天然資源を規制するネイティヴの生得の権利を認めた。プルーカはいう。「一九世紀末に社会改革論者が先住民の発達の妨げであると考えた、先住民が白人と交した条約だ。だが、意外なことに現在では、逆にそういった昔の条約が、居留地にいる先住民の、土地、自治、狩猟権や漁業権を守る主な手段となった」[3]。

オービッドは先の母語による苛立った証言で、ネイティヴの理屈と主権の痕がはっきりとのこっていることを示したことになるだろう。わたしが明白なネイティヴの理屈と、かすかな主権の痕といっているのは、次のようなネイティヴの性癖のことである。まずは部族語におけるネイティヴの証拠。また、ネイティヴが好機に賭けようとすること。そしてネイティヴが道徳的真面目さや裁判所で真実のみを述べるという宣誓やら証言のややこしい手続きをからかうこと。また、ネイティヴの主権を主張する、裁判所での証言としてのネイティヴらしい生きのこりのお話。さらには、抵抗、お話に出てくるネイティヴらしい動きまわりや、自己主張する主権による、部族の存在感についてである。

先祖の老スクゥイレルが政府役人と交渉した昔のことを語ったオービッドは、証言でみごと、老スクゥイレルの存在を立ち上げた。オービッドの証言に出てくる老スクゥイレルは、部族のために問題を未然に防ぐ傑物で、彼はいわば証言者のふりをしてこの裁判に参加した第四の人であったといえる。証拠はけっして最終的なものではない。老スクゥイレルは二度にわたってネイティヴの証拠をからかった。老スクゥイレルの、お話や、誓言した裁判所の証人としての、いかにも彼らしい存在感は、四人称のかたちをとって現われた、部族の守りであった。わたしにいわせればキリスト教のような一神教は、伝聞であり、創生のおぼろな記憶にたいする懸念でしかなく、また、相手をだまそうとしてかける呪いである。なにかにつけて白人は、ネイティヴに証拠を示せとせっつき、ネイティヴらしい主権を踏みにじっては狡猾に制裁を加えてくる。しかし白人の呈示する証拠といえども、けっして本人たちが考えるような絶対的なものではない。老スクゥイレルは、その昔にネイティヴがいたという証拠を二度からかう。つまり、一度は子孫たちの記憶のなかにいる実在した人物として、いまひとつは意味論的な証拠として子孫たちを危機から未然に防ぐ存在として。こういったネイティヴのお話や価値観をとどめている痕は、ネイティヴの先祖がいた証しであり、現代のわれわれと先祖との対話的な環である。老スクゥイレルは、ネイティヴらしい主権における、つまりネイティヴらしい生きのこりと主権にまつわるお話では、立派な証言者だ。

オービッドは、法廷で自分の語ったお話や証言で、部族にとっては他者であった過去の白人の存在感もつくりあげた。オービッドは、視覚に訴えるネイティヴの動きまわりと主権にまつわるネイティヴらしい基準について、詳細な地図をつくったようなものだ。このことに鑑みると、オービッドはネイティヴにとって、地図制作者のような役を果したといえよう。

実質的な地図制作

「地図は領土ではない」。しかし領土は地図である。地図というものは、交錯を伴う転倒であり、意味をとらえにくいほのめかしである。地図は、秘されてはいるがけっして消去されてはいない、いわば実質的な地図制作なのである。アルフレッド・コルジブスキーは、賢い地図制作者だったし、心を地図化するような計測士だった。コルジブスキーであれば、ただ意味論と近代性の卑しい約束を実行しようとして、存在感を生むネイティヴの自然の理屈、主権、トーテムのお話、夢の歌、動きまわりといったネイティヴらしさを撤回してしまうようなことはなかっただろう。

地図は絵でもある。ネイティヴの絵には、見る者の視覚に訴える記憶、方向づけ、実質的な存在感を表わすお話も篭められている。しかし地図にネイティヴの存在感がないのであれば、地図といってもただの模倣でしかなく、そんなものはネイティヴにとってはじっさいの領土の痕跡ではない。地図は言及される対象なのであって、偽物ではない。現実の領土の記憶は、模倣によっては置き換えられたりはしない。ネイティヴにとって地図で表わすことは仮想現実のようなものである。簡単な線で表わすことである。

ルイス・オーエンズはこういう。「民族の物語から声を奪えば、その民族の文化を消し去れる」「地図のことを考えれてみれば一目瞭然だ。周知のように、地図作成はとても政治的な企てである。地図はまた、将来、ある土地を占有したり所有するための大きな布石である。地図は、被征服者の物語の上に、征服者の物語を上書きすることだ(4)」。

ネイティヴの記憶、トーテムの創生記、シャーマンの見る幻視、埋葬の印、癒しのための絵、狩猟、愛、戦争、歌といったネイティヴにまつわるすべてが、いわば地図製作であるし、目に見えるかたちで表わされた動きまわりである。ネイティヴのしたたかな創生記、トーテムの絵、心の地図表記は、自分たちが自由に動きまわることができるというネイティヴの主権を体現する。こういったネイティヴにとっての地図をつくれる者はネイティヴのお話の語り部であり、幻視者である。

ここでアニシナベ族の歌絵のことを考えてみたい。歌絵は昔の部族音楽の手掛かりである。絵は、旋律の記憶や、ネイティヴの歌い手の震える声を生き生きと蘇らせる。カンバ*の樹皮に刻まれた絵のついた歌は、地図学であるとすらいってもよい。こういった歌絵は、ネイティヴの夢、愛、戦争、動物、鳥、動きについての、何百という歌やお話であるし、また、ミデウィウィン**で使われる音楽を描いたものだ。

*［カンバ——白樺科。］

**［ミデウィウィン——大意はスピリット。この儀式はシャーマンになるためのもので、アニシナベ族のミデウィウィンは有名。］

地理学者で民族学者、かつ道徳家でもあった、インディアン局の役人ヘンリー・ロウ・スクールクラフトは、こういう。「木の幹や岩肌に荒々しく刻まれたり描かれた絵文字の巻物などや歌も、アニシナベ族独特のものだ」。白人の旅行者や作家が、皮膚、木などに描かれた絵に注目してきた。カンバは古代でいえばパピルスのようなもので、アニシナベのような合衆国の北方の諸部族は、カンバに描くことが多かった。特に白樺の樹皮は滑らかくて描きやすいし柔軟なので、巻いたまま保管しやすい」[5]。

白人のフランシス・デンスモアは、一九世紀末に居留地にいたアニシナベ族の音楽を譜面に写し、歌詞を英訳して解説も添えた。「デンスモアが部族の古い歌を採集してくれたので、われわれは部族の歌を忘れないでいられる」と、トマス・ヴェナムは『チペワ族の音楽』の序文でデンスモアに謝辞を述べている。デンスモア本人は、自分の研究が部族の歌を救うためであったなどと、大げさに考えたりはしなかったのだろうが。

デンスモアが集めたほとんどの歌には、お話や絵も付いていた。たとえば杖をついた人の絵は、霊魂のおかげで「杖をつくまで長生きをした男」のお話で、添えられた歌はとても古い。

霊魂が
わたしに年とらせてくれた
わたしが座っているところで

デンスモアによれば、「歌はだいたい、金を払った者にだけ教えてもらえた。歌は細長くした樹皮に符号で記されている」「採集された歌は、われわれに歌の本質とはなにだろうかと考えさせる。先住民の絵は、白人の絵とは本質的にちがい、歌の概念を持ちつづけている。紙に印刷された白人の歌

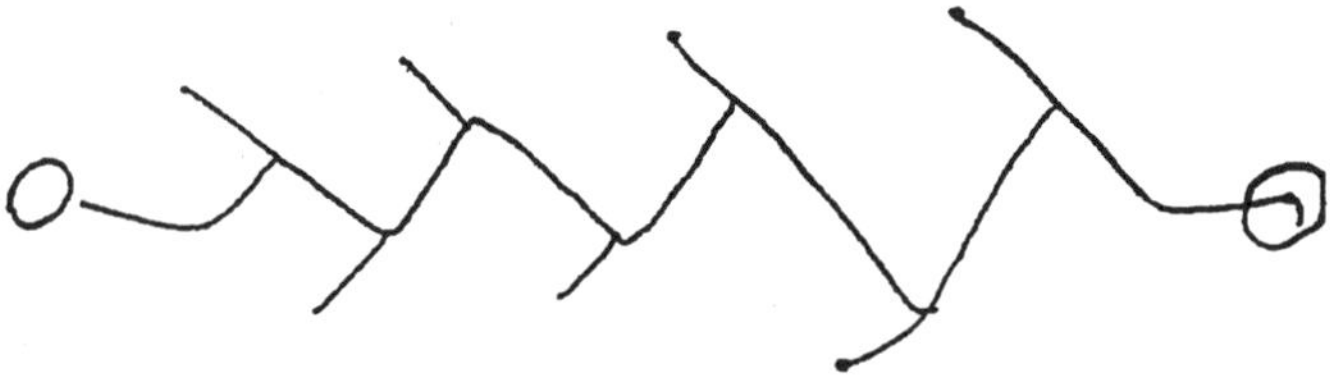

【図1】

は、概念を表わすことにはなっているが、じつはとても不完全にしか表わしきれないことばを保持しているだけのことだ」[6]。歌絵は、実質上の作図法ともいえるだろう部族音楽であり、部族の記憶だといえる。

たとえばアニシナベ族の、霊魂の誕生から老年までの「人生航路」を描いた絵では、霊魂のシャーマンが人生の移ろいを伝える。

ミデウィウィンという儀式の癒し手であるマイナンズが上の歌絵を描いた。そして「生涯の航路」における自分の自由気ままな動きまわりについて、絵で語っている。歌絵の角を曲がる時の対角線は、七つの誘惑を表わす。この絵は実質上の地図製作だといえよう。デンスモアはこの線のつながりが表わしている誘惑は、「主に描かれている人物の力と動機が受ける試練をほのめかす」という。誘惑を表わす二本の対角線は、抵抗と、人生における好機のことである。三本目の線は、霊魂の通過儀礼だ。四本目の線は中年の時に受ける誘惑を、五本目は老年の誘惑と内省を、六本目は精神の在り処への回帰、つまり幻視者の受ける誘惑を表わす。最後の線は、人生最後の誘惑として悪霊にみまわれたときの老人の忍耐を示す[7]。

歌絵、お話、霊魂の巻物つまり、すばらしいシャーマンの聖なる記録は、

【図2】

カンバやらヒマラヤスギの皮に刻まれた。このほかの絵神話は荒い岩肌に描かれた。カンバに刻まれた霊魂の実質的な地図製作といえる絵の中央にはトーテムの動物や水の霊が描かれている。

『チペワ族の慣習』でデンスモアはこういう。霊魂にとって「絵は、それに通じている者にだけ分かる記録術だった」「主な象徴はふつう『霊力』を示す、人間や動物から出ている線である。こういった線が口から出ていれば声を出していることだし、耳からであれば音が聞こえていることだ」「音だけでなく空や大地や湖や丘」も描かれている。この実質的な地図製作には、伝言、気さくな記録、「日、方向、数」[8]や行動が描かれていることもある。

樹皮伝言は部族の皆に分かりやすい所に置かれた。動物、子供たち、トーテムの歴史が、実質的地図で表わされる。たとえば上のような、二艘のカヌーに乗った家族の絵がある。はじめのカヌーの父親は熊のトーテム、母親は鯰のトーテムで、子供たちもいる。後ろのカヌーには、父である熊のトーテムや母であるトーテムの鷹が乗っている。[9]

ネイティヴの実質的な地図学は、基本線や領土の境界線ではない。そうではなくトーテムとしての熊、鯰、鷹は、アニシナベ族のお話を創造的にむすびつける主権であり、部族にとってはごく自然の理屈であって、つまりしたたかなネイティヴの存在感を示す。ネイティヴの存在とは自由な動きまわりのこと、つまりネイティヴが絵や記憶やお話で創造をからかうことである。そういったネイティヴらしさとは、トーテム的な名前や幻視に現われる。一方、白人のつける記録は所有的でしかない。

「わたしは舞い上がる鳥だ。目に見えない高さを飛んでいようとも、声は大地に響く」と、鶴のトーテムの雄弁家がイギリス人にいった[10]。

『創造力の目覚め』でリチャード・キアニーはこういう。「なんといっても現代の矛盾は、イメージは優勢であるのに、想像力が貧弱だということだ。現代人は、自分たちの意識を条件づけるイメージを誰がつくり制御しているかを把握できていないようだ。現代人は、想像と現実との調和を失い、袋小路で踏み迷ってしまったようだ[11]」。

だがじっさいのところ、今もって、ネイティヴの創造物や自然が白人に支配されているし、今もって、動物が人間から厳しく切り離されている。切り離しは様々な手段で行なわれる。切り離しは「相続財産である公有地譲渡証書」の、「〜という事実に鑑みれば」だとか、地図作成における土地保有権を明確に示す「境界線」、先住民との条約という外交というかたちをとることもある。

ここで、わたしの祖母アリス・ボーリューの例を見てゆきたい。祖母は一八八六年一月にミネソタ州のホワイトアース居留地で生まれた。これは、ニューヨークに自由の女神像が贈呈されたり、アパッチ族のジェロニモがフロリダのピッケンズ砦に戦犯として捕えられていた年でもある。なお、ジェロニモはオクラホマのシル砦に移され、後には万国博覧会にも出たし、セオドア・ルーズベルト大統領の就任演説にも招かれる。

一九〇八年五月にルーズベルト大統領は、わたしの祖母の名で、一八八七年の一般土地割り当て法にしたがって細分割された土地をめぐる「相続財産である公有地譲渡証書」に署名した。「居留地にいる先住民に、単独の所有地を割り当て、連邦法および先住民の領地法を遵守し保護を強めることをはじめとする、さまざまなことのため[12]」の法令であった。ところが、ここでの「さまざまなこと」というのがくせものである。この場合は支配者による財産保管受託のことを指す。この法令によって、居留地のネイティヴは巨額の負債を負わされ、何千人もが都会に出る羽目になった。

『イーグル・バード』でチャールズ・ウィルキンソンが指摘するように、居留地の先住民ひとりひとりにたいして土地を割り当てることを定めた一般土地割り当て法（一八八七年）＊によって、「わずか半世紀で、先住民の土地が一億四千エーカーから五千エーカーに減ってしまった」「この法は表向きには、どの土地も先住民から譲渡されるとは、述べていなかった。それどころか各部族員が部族の決まった広さの土地――つまり農地であれば八〇、牧草地であれば一六〇エーカー――を受けとれると、うたっていた」。ところがじっさいには、連邦政府は、「先住民が伝統にのっとって土地を皆で集団所有しているよりも、土地割り当てによって各人が農夫として所有する方がよいだろう[13]」と、誤算した。

＊［ドーズ法の名で知られる、先住民同化政策の推進者であるヘンリー・ドーズ上院議員が議会に提出し、可決された法。先住民が持つ土地を、世帯主ごとに一六〇エーカー、一八歳以上の単身者ごとに八〇エーカー割当てた。割当地以外の余剰地は、白人に開放された。］

祖母アリスは、自分のものになったはずの土地を見たためしがなかった。もちろん本人は見たがったのだが、祖母にどこが自分の土地なのか分かる術もなく、彼女もほとんどのネイティヴがしたように、割り当てられた土地を木材会社に貸してしまっていたからだ。土地測量のことなど、皆目分からない祖母に、特許の難解な文面が理解できたとは思えない。アリスは居留地といわず合衆国のほとんどが、体系だった土地台帳の測量法によって測量されて細分割されていたことなど、知りもしなかっただろうから。

有地測量＊は、西へ向かって州をマイル区画してゆき、三六区画が町をつくると定めた。有地測量によって「東海岸のメーター法や境界線の引き方とは対照的な、台帳にもとづく測量線が引かれた(14)」。

＊［有地測量――一七八五年の土地法。六平方マイルの町をつくり、これを三六に分け、一平方マイル（六四〇エーカー）を国民に一エーカー一ドルで払い下げた。］

連邦一般土地局は、土地台帳の測量にひきつづいて、祖母の土地に簡易料金特許を発行した。土地台帳には祖母の土地は「ミシシッピのチッペワ族のホワイトアース居留地のアリス・ボーリューの八

○エーカーの土地。町の第二四区画の南東の部分の東半分ミネソタ州の北緯一四五度、第五主子午線の西第三七区画[15]」と、ある。支配、所有をしたがる白人受託人に法的な所有権を与える記録だ。この八○エーカーの土地も白人受託人も、祖母というネイティヴがこの世にいたことを表わさない。

トーテムとしての地図

ヘアフォード聖堂に、マッパムンディというものが納められている。それは、一三世紀に生きたアニシナベ族の先祖にとっては世界地図にあたる大切なものだった。マッパムンディは交易路、聖史、世俗史、神話、地名などを描いた地図である。『地図と文明』でノーマン・ソロワーは、当時のネイティヴは、この世界地図を祭壇として、また旅の助けとして、はたまた「ステンドグラスがキリスト教徒に与える霊感のようなものに衝き動かされて描いた、絵のようなもの」として用いていたのではないかと、推察している[16]。

ソロワーはそういうものの、わたしにいわせれば、ネイティヴの世界には、キリスト教会のステンドグラスに相応するようなものなどない。対応しそうなものをあえて挙げるならば、ネイティヴの創生記、トーテムの世界観における幻視、聖なる記録だといえようか。聖なる霊魂を記したネイティヴのお話は、能動的に創造されたものである。シャーマンの出てくる、曖昧でとらえにくい、したたかなお話では、霊魂の幻視や聖なる歌は、かつては聖なるものだった。霊魂について語るシャーマンのことばを信じない白人は、ネイティヴらしい生きのこりについてのお話を、育くみもしなければ、愛しがってからかいもしない。そこで、シャーマンの出てくるすばらしいお話や幻視を、部族の長老たちは伝統に反して部外者である白人に教えるようなことは、したがらなかった。語り部や幻視者にとっても、自分たちのお話を白人に教えなくてはならなかったことは、さぞつらかったにちがいない。教会や連邦政府によってネイティヴの霊との交渉が脅やかされていたその頃は、ネイティヴのお話にとっても試練の時だった。それまで口承でしか伝えられてこなかったお話が、伝統に反して、白人によってどんどん書き写され採集されていったからである。ネイティヴの記憶の自由な動きまわり、つまりお話にネイティヴがいるというネイティヴの存在感は、社会科学が求めたような文化的証拠とは、そもそも異なる。当時の諸部族は、ネイティヴの主権を高圧的に割り当てるような白人による実質的な地図作成に、耐え忍ぶしかなかった。

ヘンリー・ロウ・スクールクラフトは『先住民の知識についての古文書』で、土地請求を一一人のアニシナベの指導者が、一八四九年一月に連邦政府に五枚のカンバの巻物に描いた絵で訴えたことを、書きとどめている。冒険家で日和見主義者だったマーテルがその時に通訳を務め、「交渉の立役者でもあった」。だが、この部族陳情団にインディアン局から権限が与えられることはなかった。インディアン局の署名は支配の明白な証拠である。「一部の土地を手放して、手元にのこった土地で白人のような生活様式をしたがったネイティヴも、いることはいた。しかしそのようなことを許可しない州もあった」。というわけで、にっちもさっちもいかなくなってしまった陳情団は、部族にとっては昔ながらの「絵という芸術」＊に頼ることにしたのだ。

＊［絵文字——先住民は絵文字を使って、祈り、戦い、恋の歌、あるいは部族の歴史などを描くことが多かった。特にアニシナベ族のカンバの樹皮の巻物に描かれた絵は有名。］

このカンバ樹皮の巻物に描かれた絵は、アニシナベ族独特のトーテムを使った、目に訴える土地請求書である。このあまりにも世俗的な記録には、七匹の生き物が描かれている。巻物の右手には、トーテムの鶴が描かれている。鶴につづいて道には三匹のトーテムのテンと、トーテムの熊と、トリックスターとがいる。絵の左端にはトーテムの鯰がいる。このように配された七匹のトーテムは、線でトーテムの鶴につながっている。トーテムどおしの目と目、ハートとハートも線でつながっている。

この時の様子は、アニシナベ族の指導者オシカバーヴィスという鶴をトーテムとした絵に窺える。これは部族の指導者オシュカバウィスという人物をトーテムの鶴として表わした絵で、「旅路を表わす線が、オシカバーヴィスの目から出ている。彼の目からは後の湖に向きけられた線もある」「絵全体が、部族の意思伝達方法に少しでも通じている者には分かりやすい」。一団を率いたオシュカバウィスは、スクールクラフトにより〈鶴の戦士〉と名づけられた。「オシカバーヴィスのトーテムである鶴の、目のあたりの視線の結合を象徴する線は、どのトーテムの動物にも描かれていて、どの動物の心臓も鶴の指導者の心臓と線でむすばれているのは、結束の固さを示す[17]」。その絵は兵士で測量技師で画家でもあったセス・イーストマン〈儀式の付き人〉）が描いたので、鶴のトーテムといっても、ネイティヴの芸術家の手になるものではなかった。なお、これを描いたイーストマンが、連邦政府にトーテムを使った陳情をした時にその場に居合わせたのかどうかは、今となっては分からない。[18]

鶴の雄弁家キーシュケアンは時のアニシナベ族の指導者だった。ウィリアム・ワレンは『オジブエ部族国家史』でこういう。「〈儀式の付き人〉は族長の願いを伝えたり、白人交易人からの贈り物を配ったりする」名の知れた〈族長のパイプ持ち〉として記録されている。キーシュケアンは世襲で指導者となったが、部族にたいしても白人にたいしても賢くふるまい、生涯にわたって、自分が暮らしを共にした部族内の敵対的集団や、スペリオル湖畔の支族や村落全体に影響力を持ちつづけた。[19]

歴史家ワレンは、この時アニシナベ族が連邦政府に部族のトーテムを使って描いた地図や、視覚に訴える土地請求諸書を提出したとは、記してはいない。ワレンは、ネイティヴの指導者たちから聞き出して、部族の口承と活字の双方の記録を考慮したが、一八五三年に自分で書き終えたネイティヴの歴史書では、不思議なことに、その連邦政府への陳情については触れていない。

スクールクラフトは、カンバの陳情書は一八四九年に合衆国議会に提出されたという。キーシュケアンと彼の〈パイプ持ち〉オシカバーヴィスは、二人とも一八世紀の鶴の指導者だったといえる。ヘレン・タナーは『五大湖周辺先住民の地図』で、オシカバーヴィスについての記録が、フランボー湖畔のネイティヴの村落で一八一〇年と三〇年にのこされていると報告する。[20]

スクールクラフトは、ネイティヴの記録が、鶴をトーテムとする「族長のトーテムで始まる」といっている。だがさすがのスクールクラフトも、その陳情時にその場にいなかったか、人名と日時を勘違いしたか、あるいは同名のアニシナベの鶴の指導者が二人いたか、はたまたトーテムとしての鶴の名を陳情した指導者名と混同しているのだろう。その記録の絵といっても、絵文字は、部族にとってはありふれたトーテムだった。ところが、部族の絵文字という解釈を誘う記述は、白人スクールクラフトにとってはただ異国情緒的だったのだろう。絵文字はスクールクラフトには必ずしも立派な記録として真剣にとらえられることはなかったようだ。ネイティヴの政治記録としての、この絵による陳情の重要性が、スクールクラフトには分からなかったようだ。

強い結束を表わす目と目、心と心を視覚的にも結ぶトーテムの鶴などの動物の絵によるお話。これは、いかにもネイティヴらしい地図学だといえそうだ。しかし、スクールクラフトは、トーテムを使ったお話を、文字による陳情として、あくまでも実用本位の歴史資料としてしかとらえなかった。ために、彼はせっかくの部族らしい創造の光景を誤認してしまった。トーテムの出てくる絵は、ネイティヴらしい主権を、見る者の視覚に訴えるようにしたものだ。このような絵は、古文書保管所に白人が納めたような、白人が自分たちがネイティヴを支配することを美名としてかかげた記録とは異なる。トーテムを使ったネイティヴの絵は、白人のように因果関係を絶対視して、その実、意味をすり替えるようなごまかしではない。

スクールクラフトはいう。「絵文字はじつに先住民らしい。赤い人は昔からずっとそうだった。コロンブス以来、先住民の性格にはキリスト教を信じてみた時ですら、服装などのささいなこと以上には、これといった長くつづく変化はなかった[21]」。

デヴィッド・ターンブルは『地図は領土』でいう。カンバに描かれた記録としてのトーテムの絵は、先住民にとっては地図のようなものである。また、こういったトーテムの絵は「特定のトーテム文化についての手ほどきをうけていないと分からない」し、トーテムの絵という「地図では、正確さや現実との照応だけが重要なのではない。地図が秘めている力とは、権力と知恵のどちらをも蓄積できる中央で、地方の慣習を丸ごと結束したことだ[22]」。見る者の視覚に訴えかけてくる、トーテムの幻視などの絵は、ネイティヴらしい生きのこりと主権を表わす。そこで、こういった絵は、ネイティヴにとっては実質上は地図学のようなものだといえるだろう。

ネイティヴの主権は、お話で語られる記憶のなかにネイティヴが存在することであり、ネイティヴがじっさいに幻視を見たり、芸術においても想像の翼をはばたかせることである。さらに、ネイティヴの主権は実際的、相互的、理論的であるものの、とりたててアニシナベ族語にそれを表わすことばはない。ネイティヴは動きまわるのである。北部の森林地帯でのアニシナベ族のような部族がそれまでにしていた伝統的な土地利用といったものは、白人のように領土を相続したり所有したりすることには馴染まない。われわれの先祖がネイティヴらしくあちこち移住を繰り返して暮らしていたことは、様々なかたちをとってのこっている。たとえばトリックスターのお話、カンバに描かれた霊魂や絵歌、ビーズ細工や彩色をほどこされた獣皮絵、そして次に述べる台帳芸術などの、ネイティヴにとっていわゆる地図製作に相当するものに、かろうじてのこされている。

青い馬たち

南部シャイアン族の戦士で芸術家〈吠える狼〉（ハウリング・ウルフ・ホナニスト）は、三年間、政治犯としてフロリダ州セント・オーガスティンのマリオント砦で服役した。彼は豊かな色を使って、ネイティヴの出てくる活気にみちた光景を描いた。そのスタイルは一九世紀末には「台帳芸術」と呼びならわされた。

『〈吠える狼〉と台帳芸術の歴史』でジョイス・ザーボはこういう。台帳芸術は、「何世代にもわたって有名な様式になり」、「表現者の個人の業績ではあるが、また部族」の歴史でもあり、ネイティヴの戦士の伝統を新たなかたちで受け継いだものだった。

「〈吠える狼〉は、線と色の使い手として颯爽と画壇に登場し、ペンを執ろうと鉛筆を執ろうと自信満々の素描を物した。曲線、唐草模様、骨太の直線どうしの作用を強調した構成だった」。クレヨン、鉛筆、水彩で、豊かな色合いで、儀式に出ている戦士や、明るい色の馬のいる光景を繰り出した。彼の絵では「青や緑の馬が、茶や黒の馬と同じ頁に現われる。衣装や明るい色の織物には、息を呑むほどさまざまな色が施された」。

〈吠える狼〉は砦で、台帳の線入の頁に台帳芸術という様式をつくった。このことは「いわば古い皮袋に新しい酒を入れてイメージ探究することである。台帳芸術は、いかにも個人の業績を奨励した平原先住民ならではの芸術だ」。

描かれた戦士も、彼らを乗せた馬も動いている。つまりすべてがネイティヴの主権である芸術的な動きまわりのただなかにある。光景や動きは、ネイティヴの記憶や意識から抽出されており、ただ動いているふりをしているのでもなければ、なにかの模倣をしているのでもない。台帳芸術にみられるネイティヴらしい動きまわりは、紋章として獣皮絵＊での馬の動きとも通底する。紋章も獣皮も幻視を思わせる。

＊［獣皮絵 —— 特にバッファローや鹿の皮に描かれた絵。鮮やかな色彩を特徴とする。］

獣皮絵のネイティヴの動きまわりは、馬が上げた蹄、戦士の雄叫びを表わす線、飛ぶ弓の跡、頭につけた飾り羽のたわみや獣や馬の足跡や狩られた野牛が流す血痕に見られる。ザーボはいう。「ありとあらゆる方向に身体をねじ曲げ、向きを変えながら走る人馬から、戦闘場面の狂気が伝わってくる」「飛びかう矢、弾など」という表現や、描出されたネイティヴらしい慣習が「緊張感を高める」「さまざまな姿が頁を突っ切る。始まりも終わりも、とても頁には収まりきれず、途中で切られてしまった人馬や物体が、なんとも壮麗で力みなぎる動きなのだ[24]」。頁を突っ切る馬としてネイティヴは動きまわり、疾駆する。動きはネイティヴらしい主権感覚である。

ネイティヴの表現主義者〈吠える狼〉は、政治犯の頃に青、赤、緑の馬や、ネイティヴの記憶のなかにある動きまわりを表わし始めた。彼は著名なドイツ人表現主義者フランツ・マークが生まれる数年前にすでにこういった明るい色の馬を描いていた。一九世紀末にマークはさまざまな動物を色彩豊かに描いた。〈吠える狼〉の青い馬を踏まえつつ、馬を濃い青で肉感的に描いたものが、マークの代表作となっている。むろん〈吠える狼〉とマークという二人の表現主義者の幻視は各々異なるが、両者が描いた馬には相通じるものがある。シャイアン族の〈吠える狼〉は、ネイティヴらしい生きのこりを表わす動きまわりとしての、戦士としての記憶にある馬だ。ドイツ人のマークは、創造の存在、神話的な解放のために青い馬を描いた。

美術史家フレデリック・ハートは、こう褒める。「マークは洞窟絵をのこした原始人を別格として、以降、最高の動物画家であろう」「マークのロマン的で詩的な作風は、人間と動物との垣根を取り払い、人を因習から解き放とうとした[25]」と。

『ヨーロッパ絵画、彫刻——一八八〇〜一九四〇年』でジョージ・ハミルトンは、マークが「原始人や子供の絵が大好きだ」と宣言したと書いている。青騎士派という芸術サークルの結成者として名を連ねていたマークは、「表現主義運動は、『新たな道を進むことで、自然で、科学が露にするのとはまた一味ちがった法則に司られている、人の内面世界の神秘的かつ抽象的なイメージに回帰しようとしていた』[26]」と述べる。

ヴァシリー・カンディンスキーとマークには、「アラスカの族長の首飾り」についての論文もあったように、マークは「広範囲の芸術家から影響を受けようとしたし」、『青騎士派年代記』を創刊した。マークは「当初は神学を勉強するつもりだったが絵画に転じ」、「パリを何度か訪れて最新の近代芸術のすべてに触れた[27]」。ついついわたしはマークが、博物館か、当時ヨーロッパでも開かれていた北米先住民のワイルド・ウェスト・ショーで、獣皮に描かれた絵をはじめとするネイティヴの芸術品を見ていたのではないかと、推測したくなってしまう。

パリの人類博物館には、匿名のネイティヴの芸術家による装飾を施された長いゆったりとしたローブがある。一八世紀にフランスの王朝が収集した獣皮絵が描かれたローブである。平原先住民博物館の学芸員〈馬をつかまえる人〉は、『輝きの上着』でこういう。これらが「もっとも古い獣皮絵だ」。「不思議なことだが、わたしがその獣皮絵のローブの一枚一枚に四度ずつゆっくりと触れていくうちに、わたしはすっかり謙虚になり、感謝の念でみたされた」。彼は戦闘で蹄が輪になった、動く馬が描かれた一枚のローブを丹念に見た。馬上の先住民の戦士は皆、儀式用の頭飾りをつけていた。

「その作品のさまざまなイメージが、描かれている戦士の武勇を語る。戦闘場面は帯状の金色のヤマアラシの帯状の毛で区切られてもいた」。「仔馬を駆る赤と黒の衣装で飾りたてた族長の雄姿を目にしたとたん、わたしは息を呑んだ。この戦士の被っている、きれいな羽で飾った先住民独特の戦闘用の頭飾りに目を釘づけにされた。その鷲の羽飾りがついた頭飾りは多彩な色で区切られた長くて薄い菱形だった。すっかり惹きつけられていると、ふと自分が祖母のスターキルトの上に横たわって、なんの模様なんだろうと思っていた遥か昔の記憶が甦った。ああ、これこそ遠い昔に感じた神秘にたいする答なのだと感じ入った。あの祖母のスターキルトの模様は、そのローブに描かれていた頭飾りとまるでそっくりだったのだ。キルトの長いきらめきは、つまりイヌワシの長い羽のことだったのだ」。

〈馬をつかまえる人〉は、戦闘用の頭飾りの模様が先住民の様式をとどめていることに気がついて「震えがきた。将来どこかでその獣皮絵を描いた先住民の芸術家と自分が出逢えて、影響を及ぼしあう兆候だと感じ、そのローブや戦士、芸術家への感謝にみたされたのだ(28)」。

植民的な転倒

ドロシー・ジョーンズは『帝国のための特許——初期アメリカでの条約による植民地主義』で、こういう。「応答可能性は、外交制度に組みこまれてはいない。そこで、植民地主義は、搾取するために従来の外交手段を強引に変える。植民地にされる弱国は、拮抗したいと願うしかない。だが、植民地主義のように拮抗する力がない時には、条約制度全体が列強のなすがままにされてしまう(29)」。

植民地主義、国家主義、一神教主義は、いずれもかたちこそ違え白人による先住民支配を物語る。ここ二世紀というもの、白人は様々な強圧的な統治を押し進めてきた。つまり、外交条約、主権の記録、ネイティヴの共同体の諸権利や明確な主権を認める判決によって、白人による先住民支配を強めた。こういった白人アメリカ人の政治権力、経済力、因果律に従った権力は、ネイティヴらしい理屈や動きまわる権利とは根本から異なるし、ネイティヴの主権を認めるようなものではない。また同時に、二世紀にわたって、合衆国憲法にうたわれた民主制の確立は、ネイティヴを抑えつけて治めるためにつくりあげた新たな白人の物語を一層、堅牢強固にした。また、ネイティヴの共同体の権利や主権を認める条約や条約の施行記録、裁判記録といった、白人の手になる物語も一層堅固にした。

ミッシェル・カプランは『購いようのないアメリカ』で、こういっている。「先住民が現在のアメリカ国内で土地の返還を請求することは、白人によって破られた条約でもなければ、修正された法令でもないし、また聖なる保護の義務の不履行でもない」「それはじつは、むしろ征服者が被征服者にたいして奮う際限のない恥知らずな力を逆照射する」。征服者である白人は、「土地の譲渡権」に排他的な権利があると想定した。そして白人は「先住の民は」土地にたいする権利などまったく持っていないのだと、考えた。そこで、先住民が自分たちに土地を譲渡することは、合衆国が他の集団に譲渡するような、絶対的な権利にたいする権利をもたらすことはなかった」。カプランは「先住民の権利をめぐる法的原則」は、政治手段めいたものをもたらすようだと、いう。「ほとんどいつも、先住民の権利は、法的に扱うべきではない政治問題である[30]」と。

ネイティヴは、外国やよその領土からの亡命者でもなければ、分離主義者でもないので、北米大陸にネイティヴがいることは、明々白々の事実である。よって、ネイティヴは当然、動きや、動きまわりの当然の権利や主権を持つはずだ。北米にネイティヴがいることは、まったくもって主権にのっとった、はっきりとした自然な理屈である。また、ネイティヴが自由に動きまわって暮らすことは、われわれの動きの主権であり、かつネイティヴらしい生きのこりであるはずである。その昔、ネイティヴの先祖は移住を重ねて生活を営んでいた。その後には、ネイティヴの主権が法的権利であることを保証する、憲法でうたわれた民主制がつづくはずだった。

しかし残念なことに、この当然であったネイティヴの自然の理屈や、権力、憲法でうたわれているはずの民主制におけるネイティヴの動きまわりは、白人側には、自明なことだとは考えられてこなかった。これらは、幾多の学者によって、ただ領土権の割り当てという議論にされたり、先住民はたんなる犠牲なのだと了解されてしまっている。

ネイティヴのもつ主権は、動く権利である。動きまわりとは、ネイティヴにとって個人的かつ相互的なものであり、ネイティヴがネイティヴらしく生きのこるには不可欠である。ネイティヴの主権は、領土とかかわるものではない。ネイティヴの主権概念は、太古からの口承や、創生記や、トーテムやトリックスターが出てくる幻視や、ネイティヴの交易で用いたことばのなかにあり、翻訳をとおしてすら伝わってくるものだ。さらに、ネイティヴらしい動きまわりと主権は、現代のネイティヴの書く自伝、文学、歴史、書簡、政府の記録に照らしても、明らかである。

デヴィッド・エルキンズは『主権を超えて』で、こういっている。「個人は国家が構築されると同時に構築された」「近代が個の確立の時代であるとすれば、ポストモダン時代は、分析単位として『国家を超え』、かつ『個人を超える』ことを人間の条件とするはずだ」。こういった見解に鑑みれば当然ネイティヴの主権は、国家を超えた、生きのこりという概念と理論において、倫理的にも歴史的にも確立されていてしかるべきだろう。このように「個人の諸権利と個人という概念は、相互依存する。両者は公的領域と私的領域を峻別する過程と関わっていた」「個を確立させ、私的領域を公の権威の及ばない聖域だとみなすことは、領土の境界線に権威を確立することと同時に起こったからである」。[31]

動きや、自由な動きまわりといったネイティヴの主権は、ネイティヴの口承やネイティヴの記憶やお話の喜びのなかに見聞きされる。また、ネイティヴの動きや自由な動きまわりとしての主権は、ことばにおいても魂においても大切な動きのことである。主権はネイティヴらしい動きまわり、主にことばの動きでもある。同様に、動きという概念や条件は、行動、抵抗、不平、政治的論争の意味を差延させる。ネイティヴが動く主権とは、想像のなかで自由奔放に動ける幻視のことでもあり、またじっさいにネイティヴの共同体でネイティヴが動く権利でもある。

ネイティヴの動きまわりは、われわれにとってごく自然の理屈である。たしかにネイティヴの動きまわりは美的につくられたものではある。だが、ネイティヴの動きまわりは西洋文明に対抗するものとしての自然界における文字どおりの直喩ではない。そうではなくネイティヴらしい動きまわりとは、ネイティヴが空間を動くことでもあり、われわれの先祖があちこちに移動しながら暮らしてきたという記憶なのである。ネイティヴの動きまわりとは、ただの比較の対象でもないし、派手な芸術でもない。動く主権は、ネイティヴらしい生きのこりであり、ネイティヴの誰もに共有された権力である。ネイティヴの派手な動きまわりは、当然の権利であり、ネイティヴのお話や価値観が道義にかなっていることだ。

このように、ネイティヴが動く主権は、むろん空間移動も指すが、それだけではなく神話的であり幻視のなかで動きまわることでもありうるというように、ふくらみがある。ネイティヴが動く主権は、白人が考えるような、植民主義や国家主義といった意味での国境を定めて領土を所有する主権ではない。ネイティヴの動きまわりは、われわれの先祖の創生や集団移動についてのお話とかかわる。そして先住民を環境やら動植物を含む全創造物の精神的にも政治的な重要さに結びつけることである。動きまわることは、世界と自然に結びつくことだ。片や、白人の一神教主義は自然を支配することでしかない。これに対してネイティヴの動きまわりは、ネイティヴにとってはまったくもって理に叶ったことであり、かつて人間以外の生物とともに暮らしたネイティヴらしいものである。

マックス・エルシュレーガーは、自然史は荒野と文明をむすびつけるという。自然が、人間にたいして過酷であるかと思うと、人間を支えてもくれるのは、なぜだろうか。エルシュレーガーは、「原始人は野蛮状態から脱することに憧れた」という近代的な見解を脱構築して、「自然界」を、敵ではなく人の故郷とみなす。自然が太母だという隠喩は、狩猟民族が抱く神話であり、人間と動物のいる世界での神話だ。それに対して母なる大地という隠喩は、農耕民族の発想であって、地球を神話的な母、つまり豊穣と滋養の源だとみなすものである。

『先住民が動く主権という概念』でエルシュレーガーはいう。「農耕革命は人に、定住し余剰物を蓄えさせ、社会的、技術的な変化を生む契機とさせた。そうやって農耕革命は確固たる近代文明を生む条件を整えた。当然の帰結として農耕革命は概念体系の再編成も起こした」「農耕革命以前の人類は自然界を変えることはまずなかったが、農耕革命後には容赦なく生態系を変えてきた。環境破壊がここまで進行してしまった今となっては、人類の食料を確保するためには耕作をしたり、動物を家畜化するしかない[32]」。

ネイティヴにとっては、季節をからかうことは理屈に叶っている。人間と動物を環境に関連させるネイティヴの神話と隠喩もまた、われわれにはふさわしい。自然の理屈は、シャーマンの見る幻視、動きまわり、領土の相互性はネイティヴには分かりやすい。それは、一神教的に、環境を人間から切り離すことでもないし、植民地主義がしたように環境を征服し支配することでもない。ウィリアム・クロノンは白人植民者にとって土地は富を生むための「資本」であったという。白人によるニューイングランド地方の生態系破壊は、「そもそも当時の先住民の経済とは相容れなかった」。対して、ネイティヴの先祖の動きまわりは自然環境と相性がよかった。むろんネイティヴもそれなりに土地を変えることもあったが、狩人としても農耕者としてもネイティヴの生態系にたいする行為は、商品としての土地から富を獲得するためではなかった。『土地の変化』でクロノンはいう。「先住民は、移住によって季節ごとの自然の恵みにあずかることを学んだ」一方、「固定志向のイギリス人は、先住民も定住させようとしたために、先住民と衝突したのだ」「先住民は最小の労働量で最大の収穫を得るために、移住を繰り返したので、土地に大して負担をかけなかった」。ところがイギリス人入植者は、定住して土地を「改良した」。そこで「先住民とイギリス人は、一年の季節の使い方をはじめとする、生き方のちがいをめぐって争い、所有権、富、風景の境界線にたいする考えのちがいを浮き彫りにした(33)」。

今も昔もネイティヴのお話にはネイティヴらしい生きのこりの理屈がある。ネイティヴが好きなように動きまわっていた痕は、現代のネイティヴの文学にも見られる。たとえばN・スコット・ママデイは、『レイニ・マウンテンへの道』で、「雨の山の影でずっと生きてきて、壮大な内陸部の風景が血のなかに記憶のように横たわっていた」実祖母を登場させた。ママディは、「祖母が心眼で、より完璧に見たものを、わたしもじっさいに見たかった」という。数十年後にする「わたし」の旅路は、どこか巡礼めいた、ネイティヴらしい動きまわりであった。

「山には完璧な自由があったが、鷹、ヘラジカ、穴熊、熊しか、その自由を享受しておらず、キオワ族は、荒野では荒野の意思に従わされるだけだった。キオワ族は、どのくらい遠くまで見えるかで互いに力を競った」[34]。回想記『名前』でママデイはいう。「最初、名前は、目と手ではそれぞれ別の定義をもっているような、動物や鳥や、物の名前だった。始めは名前は、世界の縁がどうなっているかについての名前であったり、明るい風や虚無が運ぶ音の名前だった」「そういった名前は、川面を叩く雨のように、心に潜んでいる古い独特の名前であったり、生来、部族語の名前であったりした。名前を覚えていて、しょっちゅう思い出しつづけている、わたしのような者ですら、いざ思い出そうとすると、どうしても出てこないような幽やかな名前である」[35]。

動きまわる幻視を見ることはネイティヴの主権である。それはまた、白人による支配を超える生きのこりとしてのユーモアのある動きでもある。またネイティヴの主権は、食料の存りかへ昔ながらのやり方で共同体ごと引っ越すことでもある。部族の者が分かちあう意識の源としての、夢や記憶でもある。また、魂が遺体から抜け出して死後の旅路で甦るお話でもある。空を飛ぶ神話や隠喩でもある。共同体で使われる部族名や集団移動の記憶でもある。魂を治癒したり、失われた魂を探し当てる、精神や薬草の力でもある。これらのすべてが、ネイティヴの自然の理屈や、創造の個人的な力の証である。ネイティヴの名前や動きや主権を思い出すことである。

リチャード・スロボディンは『北米先住民の再生』でこういう。「先住民にとっての再生は、先住民が生きのこり、これからも生きつづけることである」「先住民だけでなく偉大な道徳家たち全般も、再生を信じたがっているようだ。そして安定した倫理的な共同体をつくりたがっているようだ」。むろん、再生と絡む輪廻というものは、ネイティヴの存在の新たなかたちでの再生である。また輪廻とは、ネイティヴが種をも超えて地上の動物のように、あるいは鳥のように、あるいは人間のように動きまわることである。都市部で生活しているネイティヴにとってもまた、自由な動きまわりはネイティヴらしい生きのこりのことであり、ネイティヴとしての主権を表わす。(36)

越境する主権

太古の先住民がベーリング海峡を超えて集団移住したという、社会科学の説がある。別にこれといった確証にもとづいているわけではない推論だ。どちらの方角にわれわれの太古の先祖が大移動したのであれ、わたしが申し上げたいことは、定住せずに動くことこそが、ネイティヴらしい動きまわりと尊厳の源であるということだ。白人は、どの語族に属しているかや、交易で何語を使うかを分類したり、先住民のアニマニズム、遊牧説、蛮人説などや人種差別によって、これまで先住民の動きを記録してきた。

ネイティヴらしい動きまわりや自分たちにしっくりとくる価値観をもつといった先住民の主権は、白人のような一神教の諸文明とは根本から異なる。かつて先住民の部族国家は白人と締結した条約では領土の境界線を定めた。これは白人が先住民を支配していたことを示す。そういった境界線は、分離主義や国家主義の手段なのである。『高貴なる蛮人』でモーリス・クランストンはいっている。「ルソーは、人が生まれながらに有する権利を、人は市民権というかたちにして、主権を持ちつづけるだろうと予想した」「ルソーによれば、個人によってしか主権は行使されえないので、本人以外が主権を代表することはできない[37]」。よって、ネイティヴが動きまわることは、かつてネイティヴが白人と締結した条約では、ネイティヴ本人たちが持つ先祖代々の権利条項だとされてきた。こういった動きまわりは、先住民の主権の特徴である。

先住民の主権は、白人との交渉史や条約のなかに書かれていたり、当時の先住民の学者や現在の作家がつけた記録としてのこっている。しかし、こういった白人が記したネイティヴのお話やネイティヴが動きまわったことについての記録の多くでは、ネイティヴは白人の客観主義、肯定主義、社会学の方法論によって、おとしめられてきた。白人収集家たちは、勝手に先住民の祭具を盗み出したり、先住民を文化面でも支配しようとした。また白人は先住民が犠牲者として登場するようなロマンスで儲けようとしたり、先住民の主権である動きまわりを曲解して記したり、先住民を劣っているとみなした。

『人間と国民』でジュディス・シュクラーはいう。「ルソーは自由を賞賛したので、束縛されたり服従させられることには耐えられなかった」「社会は、いつもルソーにしたくもないことを押しつけたり、なんだかんだと隷属を強いたり、まごつかせたので、ルソーは先住民が自由であることを誉めたたえ、高貴なる蛮人をロマン的に想像した[38]」。

アリストテレスはいう。「公益を優先させないような者は統治すべきではない。私欲を断ち切れない政府は病んでいる。為政者といえども真の国民である以上は、国のために治めてしかるべきである」「財産私有そのものは望ましいが、あくまでも公益に叶う使い方をしなくてはならない(39)」。

ネイティヴが動きまわって生きのびられるかどうかは、どのような統治であるか、主権は保たれるかどうかに掛っている。名前、自然、財産について先住民が公私を区別することは、儀式や状況や幻視に左右される。かつてのアニシナベ族は死者を宝物とともに埋葬した。ウィリアム・ワレンはアニシナベ族が、死者が「あの世へ旅立つにあたって、生前に必要としていた物も埋葬した。男性であれば銃、毛布、やかん、火打ち道具、モカシンを。女性であればモカシン、斧、首飾り、毛布や、やかんを」。死ぬと人は西へ向けて「魂の道」を行く(40)。

部族語の無生名詞ダニウィンは、財産、豊かさ、宝という意味である。このことばが、かつては貪欲な私有財産を超える公益とかかわっていた。ネイティヴが部族名を持ち、自然界の恵みや土地、資源を利用することは、先祖の生きのこりや相互性の大切さを伝えるお話そのものだった。

一六世紀のフランスの政治哲学者ジャン・ボダンは、権力の観点から政治的主権を定義した。ボダンは支配者や共同体が、自然法や正義の法則に拘束されると考えた。ボダンによれば主権は、超自然的あるいは一神教的な神に認めてもらうことによってのみ決められたのではなかった。ボダンの主権論では、階級差が、良心と理性の間に常に介在すると考える。ボダンは、そういった倫理的基礎となっている主権こそが、共同体の実質であるべきであって、近代主義者の持つ「限定された主権」という概念など、うぬぼれだと断じる。限界つきの主権などというものなど、そもそも主権ではない。

「ボダン自身が、法に支配される王政による国家身体という考えを好んだ」と、『主権』でF・H・ヒンスレーは指摘している。「フランス王は主権権力を持っていたが、王権を行使することができる王は、国民の一般的な権利や慣習法を認め、かつ国民が国家身体の規則や基本法を認めた」「王権は限定つきの制度内で行使された」「一六世紀初頭まで広く用いられていた『主権』ということばの初出は、ボダンの『共和国の六冊の本』（一五七六年）である」「主権概念の起源や変遷は、国家の起源や歴史である自然と密にかかわっている」。しかしわたしにはボダンの主権理論は、結局、先住民には国家も主権もないといっているようなものだ。ヒンスレーによれば、国家でない社会の権威は「力というよりは心理的、道徳的な強制次第である。たとえ国家の権威が力に訴えるものであっても、それは社会の規範や慣習がそれを要求するからである[41]」。

『主権の系譜』でジェンズ・バートルソンはこういう。「ジャン・ボダンは時代に先駆けていた。彼は、真の独立国家の成立要件は、『絶対的かつ永続的な最高権力』としての主権が国民ひとりひとりにあることであると指摘していた。このあたりにボダンの主権論の独創性があった」「国家の国民との関係は相互的である。国民が主権をもつということは、国民が国家にたいして主権をもつことである。『強い主権』なしには国家の存続はありえない[42]」。

憲法上の代名詞

ネイティヴとインディアン。どう呼ばれるにしても先住民は、合衆国憲法では三度にわたって言及されている。憲法第一条は、税金について述べるにあたって、「外国と、または国内の州の間で取り引きをしたり、先住民部族との取り引きをすることを規制する」と決め、取り引きを規制する権限を、合衆国議会に与えている。また、憲法第一条には、白人と結んだ条約で定めた土地に在住する先住民には課税しないという、あと二つの通告も付いている。

ところが憲法修正第四条はこう定めている。「州で行う比例代表選挙は、納税者ではない先住民を除いた、選挙民をもとにした比例代表制とすること」。このようにしてネイティヴは排除された。

憲法論は、ネイティヴらしい自然の理屈や生きのこりを、論理的に無効にする。憲法論など、白人アメリカ人がネイティヴを支配するためだ。しかしまた、かつてネイティヴが白人と結んだ条約について述べたり、合衆国にネイティヴが存在すると述べることは、良心や倫理、後の判決でネイティヴが受け継いだ権利を認める源でもありつづけた。

ネイティヴにとっての価値観は、白人とは異なる。ネイティヴにとっての自然の理屈とは、好きな時に行きたいところに行きながら暮らすことである。こういった自由な動きまわりは、ネイティヴらしいかたちでの生きのこりや主権ともむすびつくものであって、ネイティヴが自分たちのお話や創造を茶化すことは、ネイティヴにとってはごく当然のことなのである。しかし白人は、キリスト教の神が世界の唯一の創造主であるという彼らの理屈に従って、先住民支配を押し進めてきた。

合衆国とネイティヴの諸部族国家とのあいだでは、先住民のためだと称されて、一九世紀だけでも三八〇以上、その後も四千を超える法令が締結、施行された。加えて無数の法や命令や政策やら、インディアン局が定めたことも施行された。こういった記録には、ネイティヴの先祖の存在を窺わせてくれる記憶も含まれてはいるが、ネイティヴの共同体にとっては不利なものも多々ある。他にも条約などの記録は、憲法でうたわれた民主政治においてネイティヴの先祖が過去にちゃんといたことを確信させてくれる。

ネイティヴが先祖から受け継いでいるはずの主権についての不明瞭な描写に寄与した神話、儀式、条約、物語、記録や、動きまわりの概念は、さまざまであって、ネイティヴらしい生きのこりという悲劇的な叡知に近い。また、合衆国ではこれまでネイティヴの歴史が話題に上った時ですら、白人による土地割り当てや土地台帳の示す境界線の実施によって、ネイティヴをないがしろにしてきた。

ネイティヴの主権は理論上も多岐にわたる事柄とかかわっている。たとえば条約、自然の理屈、国際法、憲法至上主義、連邦政府の司法権、政府間の義務や税金免除についての判例法原則、信託、課税、居留地でのカジノといったもろもろのことと、かかわっている。さらには、裁判所での証拠、証言、ネイティヴのお話は、動きまわりがネイティヴの主権であることを理解するために、きわめて重要である。

ミッシェル・ファウラーとジュリー・バンクが、こういう。「今日、主権をめぐる議論がさかんであるのも、おおむね、主権概念が、現代の国際化の進んだ生活で役立つからだ」「主権概念が重要であるのは、主権概念が当事者に、権威だけでなく責任も割り当てるからである。主権概念は、自国の問題を他国の問題とは峻別し、じっくりと解決策を練るのに役立つ(43)」。

好きなように動きまわるというネイティヴの主権概念は、活字で書かれた条約を絶対視する白人にとっての主権概念とは自ずから異なる。動きこそが、境界線に縛られないネイティヴの当然の人権である。にもかかわらず、ネイティヴの動きまわりは白人に軽蔑され、否定され、連邦政府も禁じられている。ネイティヴの主権は、われわれネイティヴが暗黙に先祖から受け継いだものであって、記録に記されてなどいなくても、ネイティヴの主権はよその政府と結んだような、ありふれた活字の条項ではない。むろん、かつてのわれわれの先祖が白人と締結した条約は、戦略的に結ばれた国家間の記録であった。また、そういった条約のほとんどは、植民地時代も終わろうとする頃や民主制の節目節目に、白人が先住民を追放するために使われた。フランシス・ポール・プルーカはいう。「条約は、たとえ矛盾し両立不可能であるように見えても、条約同士で相殺し合うのではなく、なんとか共存していける特徴も要素も持ち併せていた」「白人は先住民の権利をしょっちゅう、ないがしろにしたが、理論上でもじっさいにも、条約が先住民を守った(44)」。

こういったネイティヴの主権概念は、あくまでも不文律の了解でしかなかった。対して白人の裁判では、活字で書かれた条約のみが政治的に重要だった。活字で書かれた条約のみが憲法でうたった民主制における契約や記録であると認められてきた。合衆国憲法は、合衆国議会が、「外国との取り引きや、州の間の取り引き、および先住民部族との取り引きを規制」してもよいと決めた。憲法によればアメリカ大統領は「上院の同意さえ得れば、条約締結をしてよい」。そのため、条約といえども、先住民の主権を絶対的に保証するわけではない。たとえば一八三七年の条約は、アニシナベ族に「野生動物や魚を獲り、自生米を収穫する特権」を保証はしたものの、それは「大統領の判断で先住民に与えられた」だけであった。先住民との条約をめぐるこういった憲法によって与えられた権限が条約に書かれていたネイティヴの主権であった。その権限は民と領土に関するものである。一方、ネイティヴが好きなように動きまわる主権は、幻視的である。ネイティヴにとっては動きが理にかなっており、動きまわることはトーテムのお話とも関係が深く、われわれらしい地球との関わり方なのである。定住する必要がなくあちこち動けるかどうかには、ネイティヴの生きのこりがかかっている。それは白人が考えるような、人々や領土に対する絶対的な権力ではない。

「先住民の権利のほとんどは条約、同意、行政からの合衆国の法令に盛られた約束に委ねられている」とチャールズ・ウィルキンソンはいう。「一九〇三年のローン・ウルフ対ヒッチコック裁判＊での最高裁判決は、議会が一方的に先住民との条約を破る権限を持つことを認めたようなものだ。しかも、いまだにローン・ウルフにたいする判決が有効だという。つまり、合衆国が部族国家と結んだ国際条約といっても、合衆国によって破られうるのである。この例に鑑みても、これからも先住民との条約が重視されるとは思えない」[45]。

＊[ローンウルフ対ヒッチコック裁判――連邦政府がキオワ族、コマンチ族、キオワ・アパッチ族の土地の計二五〇万エーカーを横領しようとした。一八六七年の条約により、部族の土地の譲渡には部族の成人男性の四分の三の合意が必要であったが、上院が部族の同意を取り付けたと虚偽を述べたのが発端。]

メディソン・ロッジ・クリークの条約は、キオワ族とコマンチ族の居留地が、先住民の承認なしに譲渡されることはありえないと明言していた。そう明言していたにもかかわらず、合衆国議会が条約を破って、部族の土地を余分に売却した。そこでキオワ族のローン・ウルフは、時の内務長官イーサン・アレン・ヒッチコックを訴えたのだった。プルーカはこう指摘する。「この裁判で最高裁は、合衆国議会が先住民に関する全権を有すると決め、そして合衆国議会が、条約の契約条項明記を廃止する法案を可決する権限を持つと、採択した」[46]。「先住民に土地所有を放棄させるためには先住民の同意を得なくてはならないという、まっとうな考えは、ローン・ウルフ判決を皮切りにして、法律であれなんであれ、失効した。そして先住民にとって替ってインディアン局や合衆国議会が、土地割り当て後に、白人が余剰地を勝手に売りさばけることを、一方的に決めた」[47]。

さらにプルーカによれば、かつての先住民にとっては、先住民が連邦政府と結んだ条約を承認し、条約がなににも拘束されないことを認めることは、「不動産としての土地そのものよりも、先住民の集団としての結束にとって重要だった。諸部族は、贈答品やら土地に支払われる年金のためでなく、政治的承認を得たいがために白人と条約を結びたがった」[48]。しかしプルーカの意見は、時間の点で、どうも辻褄が合わない。すでに当時、たくさんの部族国家や部族国家組織が、白人との条約で奪われてしまっていた土地を取り戻そうと尽力したし、新たな財産を手に入れようとしていたからである。しかし細部の食いちがいはともかく、わたしはとりあえず、ここでプルーカが、白人からの政治的承認としてのネイティヴの主権と、領土に対する権力を持つことという意味でのネイティヴの主権という、理論上きちんと峻別すべき重要な二点を押さえたことは、評価したい。

『国家に対しての国民国家』でギドン・ゴトリーブはこう述べている。「歴史的に見て、おそらく遊牧民以外の部族は、主権と領土を切り離して考えるなど、できなかったにちがいない。しかし主権が分割されており、世俗的な主権と宗教的な主権が異なる者たちに握られているような時代もあった」。ゴトリーブは、主権が「国民に及ぼす権力としての主権」と「領土に及ぼす権利としての主権」のふたつから成ると考えた。国民国家にとっての新たな土地は、国民に自分たちの持っている主権概念についての考えを深めさせるだろう。領土に及ぼす主権は、領土内での決定的な権威のことである」「領土組織された世界にたいするもうひとつの選択肢は、領土に関する、なんの最終的な権威も持たないか、あるいは明白な領土の境界線も持たないかである」[49]。

ネイティヴの主権概念には、居留地以外の、たとえば都市部で生活しているネイティヴの主権もふくまれているべきだ。自由に動きまわることはネイティヴにとっては暗黙の了解事項だし、幻視ともかかわることである。主権をめぐるどの理論も、ネイティヴの諸権利について論じるのに重要であるし、居留地外にいるネイティヴの諸権利について論じるにあたっても重要である。アラン・ドーティはいう。「流動性はまさに合衆国の大きな特徴であり」、「人々、商品、考えが自由に行き来することが、社会を開かれたものにする」(50)。ネイティヴはこういった主権理論を構築し実践し、そして領土の表象にとどまらない人権を主張してゆくべきである。ネイティヴがそうすることは、部族国家と合衆国とのあいだの国際政治では、より重要であろう。

『越境する権利』でデヴィッド・ヤコブソンは、人権の普遍性をこう訴える。「どの社会のどの人間にも人権がある。人権には地理、文化、発達段階による区別も、人種、階級、性、宗教や国籍による区別もない」(51)。人権とは、万人が持っているはずの権利である。

『主権を超えて』でファーディナンド・テソンも同様に考えている。「新しい国際秩序で平等を維持するためには、集団への人道的介入が強まるべきであり、主権や国内の管轄についての伝統的な概念がすたれなくてはならない」。よって人権や、「排他的な国内管轄という概念」や、国連安全保障理事会の「集団介入」がすたれなくてはならないという。これらは、ネイティヴの人権や条約や主権を考えるにあたっても重要である。

テソンはこうもいう。「民主制や人権を守りきれないようなら、平和と安全のための戦いにも敗れることになってしまう。国家主権の衰退は、ひいてはわれわれを制御不可能な歴史に落とし込みかねないという教訓を、われわれは胆に銘じておかなくてはならない。民主制や人権のために戦うことは、道義的に必要なのだ(52)」。

チェロキー国家対ジョージア州＊での、一八三一年の最高裁判決は、本来「先住民が自発的に土地を譲渡しないかぎりは、先住民に絶対的な土地所有権がある。とはいっても、チェロキー族は合衆国内に暮らしているわけなので、チェロキー部族国家が外国と呼ばれるに足るかどうかは疑わしい。つまり、先住民の諸部族は、国内にある非独立国家といった程度だ」。これは、条約や法令によってやむをえず放棄されることのない、ネイティヴの主権について考慮したものである。主判事ジョン・マーシャル＊＊は、「先住民と合衆国とは、他国にはないような独特の保護者と被保護者の関係のようだ(53)」といっている。

＊［チェロキー国家対ジョージア州――ジョージア州は、独立国家としてチェロキー成文憲法も書いていたチェロキー族を強制移住させたがっており、一八二八年から部族の土地を奪うべく侵害を加えていた。州はジャクソン大統領にも支持されていた。そのことで部族は最高裁に上訴していた。］

＊＊［マーシャル判事――合衆国の先住民に関する裁判の歴史において、おそらく最も重要な最高裁

判事。」

かつて合衆国とネイティヴの部族国家が交した条約のほとんどは、中央の政府と州の主権をめぐる争いを解決するために結ばれ、連邦政府主導のもとに施行された。一七八七年の憲法制定会議では、各州の主権をめぐって討論があった。連邦国家でありながら州の主権が、ただかたちの上では認められているが、実質は無視されているなどというまやかしがまかりとおってよいはずがない。しかし「われわれ合衆国国民は」という表現にしても、分かつことのできない連邦政府の主権についての主題にしても、当時は、州の主権のある種の終焉として受けとめられた。だが先述のように、主権というものは、分かつことのできない権利であるはずだ。

一七八七年一〇月にノア・ウェブスターは「一アメリカ国民」でこう書いている。「合衆国憲法によって、『国防や国益』に必要である以上の権力を連邦政府の立法機関に集中させたいのであれば、そういった案はまず州に承認されなくてはならない」。ウェブスターはこうもいう。「各州が、個別の主権について高邁な考えを持っている。むろん、各州が合衆国という国のなかに存在するのはたしかだが、このままではわが合衆国は『連邦の主権』は持てない。各州が独立した主権を持っていることをいかに誇っていようと、ここではひとつ州は譲って、『行政、立法、司法』全般にわたる権力を中央の政府一箇所に集めて統治しなくてはならない。さもなければ、結束や立派さや州としての特徴も州としての正義もなにも、あったものではない(54)」。憲法案にたいするこのようなウェブスターの吟味は、歴史における痕跡のほのめかしという点では、合衆国が正義の国家であることを示す手段として、ネイティヴの主権もふくむと考えてよかったはずだ。しかし、主権を持つ州が集まってできた合衆国という連邦国家は、当時ネイティヴとの条約締結のための交渉はしなかったのかもしれない。連邦政府がネイティヴを裏切った史実にもかかわらず、連邦政府が当時ネイティヴと締結した条約は、憲法でうたわれた民主制にネイティヴが含まれていたことを示すし、ネイティヴが存在していたことの証となっている。しかしその裏で連邦政府は辺境の部族を「制御」するために軍隊を組織した。

ネイティヴは白人の他者として、白人文明の外にいさせられた。つまりネイティヴは、合衆国の、国家をあげての州と連邦政府の主権をめぐる論争の間、蚊帳の外におかれっぱなしだった。じっさいの当時の先住民は、どう見ても白人に支配されていた。にもかかわらず、先祖代々のネイティヴの諸権利という概念だけは、条約の主権という感覚として、名目上は保たれた。むろんこれは、憲法でうたわれた民主制における国家の正義にもとる矛盾である。

『国家形成』でサミュエル・ビアーはいう。「拡大共和国の理論にのっとった国家主権の主張は、連邦政府が、州によるいかなる拒否権も影響もこうむらないようにし、ひいては連邦政府の権限を強めた」「国家主権が国民にたいして権限を行使すると規定した[55]」。このようにして、州を超越する国家主権が確立し、ネイティヴやネイティヴの条約にたいする権限を行使する決定権を、掌握することになった。

一七八七年九月のフィラデルフィアで開かれていた憲法制定会議を終えるにあたって、ベンジャミン・フランクリンは、こう書いた。「われわれはこの度、まだ不十分なままだとは重々承知しながらも、とりあえずこうして憲法案に同意した。われわれには要となる政府が要る。わたしは、もし統治さえ良ければ、合衆国憲法は素晴しい政府がつくれるはずだし、国家行政はうまく機能していくはずだとも信じている。アメリカ国民が専制政治を欲するほど堕落する暁には、諸外国のように専制政治に陥ってしまう。それだけのことだ[56]」。

この一二年前にネイティヴは、満場一致で憲法制定をするためのフランクリンの次のような巧妙な提案のことを知っていただろうか。大陸会議は一七七五年七月に先住民対策部門を三つ設定した。＊そして結束した植民地を代表する弁務官を設けた。「皮肉なことに、弁務官たちは『昨今の白人どうしの騒ぎに先住民が介入しないように』と、先住民との友好関係を保とうとした。弁務官に、フランクリンやパトリック・ヘンリー、ジェームズ・ウィルソンといった要人が配されたことからも、当時の先住民問題の重要度が窺えるというものだ。弁務官はネイティヴの諸国家と頻繁に会議を開いては相手の出方を「試し」、「族長や戦士を召集したり贈答品を贈ったりした」。フランクリンは連合政府に次のような提案もしている。「連合会議の承認なしには、どの植民地も、先住民に戦争を仕掛けないこと」『先住民の六部族連合＊＊と恒久的な同盟を結ぶこと。あらゆる部族国家との境界線を定め、先住民の土地を白人入植者の侵略から守り、先住民と交した条約を破って白人が勝手に先住民の土地を買収することを禁じること。連合政府は他部族と同様に六部族連合とも国境を定めること」。そして「先住民との交易における白人の不正を防止するために」役人が任命された。しかしプルーカによれば、「こうして先住民の統括を一極に集中することを、すべての州が歓迎したわけではない。白人に敵対的な部族もあったからである。しかし結局、州の利害対立を超えて中央の連合政府の権限が優先されることになった(57)」。

＊[大陸会議――第二回大陸会議の事。イギリスとの武力衝突も始まり、七月四日の独立宣言の直後という時期であり、白人には当時西方に集結していた先住民と闘っている余裕はなかった。大陸会議は、独立宣言後は連合会議と呼ばれる中央機関となった。]

＊＊[六部族連合――モホーク、オネイダ、オノンダガ、カユーガ、セネカの五部族から成るイロコイ族にタスカローラ族を加えた連合。]

政治理論家としてジェームズ・マディソンは、ネイティヴの共同体との交易に白人が課した「交易規制」の矛盾をこう批判した。「先住民部族が、たとえ正式な国家ではないにせよ、これまでのところ立法管轄区域にいる先住民との交易が、部族国家内の立法権を侵害することなく、外部の白人の権威によって規制されてきたとは、腑に落ちない。マディソンは、ネイティヴの共同体との交易に白人が課した「交易規制」は矛盾であったと、次のように批判した。「部族国家が、たとえ正式な国家ではないとはいえ、立法管轄区域に住んでいる先住民との交易が、これまでのところ部族国家内の立法権を侵害することなく、なおかつ外部の白人の権威によって規制されてきたとは、腑に落ちない。またしてもわが連合政府は、ただ小手先の一時凌ぎをしようとしている。つまり無理をして、州のまったき主権と、連合政府の制限つきの主権を和解させようとしているのである。まるで、部分を取り去るくせに全体はそのまま活かしておこうというような、どだい無茶な話である[58]」。このように、マディソンは、連邦政府、州、ネイティヴ三者の主権をめぐる昨今盛んになった憲法論争を、一八世紀にあって早くも先回りしていたようなものである。これは、現在、居留地での先住民が経営するカジノや、ネイティヴと州の管轄範囲とも絡む未解決の課題である。

条約締結の権利をめぐるフランクリンたち弁務官による先の審議では、「とくに先住民との条約について触れられることはなかった。だが、審議では、先住民が州に条約を結ぶ権限がないと強調された」とプルーカはいう。「その審議会は、先住民が州から強奪されないように、合衆国の法律や先住民と結んだ条約が、州が先住民と結んだ条約に勝るのだと明言した[59]」。

マディソンはジョージ・ニコルズ宛の書簡で、こう要請した。独立し誕生したばかりのアメリカ連邦政府は、「西部の交易所がイギリスの手中にあるかぎりイギリス側が蛮人をそそのかすのを止めないだろうから、西部の交易所をわれわれアメリカの手中に収めるべきだ。南部の先住民部族も、スペイン人から武器を供給されて似たような急襲をしているという。スペインに優るとも劣らない貴政府は、早急にそのような悪の芽を摘まれるべし[60]」。

その二〇年後、時の大統領ジェームズ・マディソンは、一八一二年戦争を終結させるための和平交渉委員に、アルバート・ギャラティン、ヘンリー・クレイ、ジョン・クウィンシー・アダムズを任命した。『ケンブリッジ合衆国外交史』を書いたブラッドフォード・パーキンズによれば、初めのうちイギリスは、「自分たちイギリスと同盟した北米の部族が、イギリスとの和平に合意し、領土の境界線を定めることを要件として、部族の要求を認めるようにした。カナダと合衆国との間に先住民の独立国を建国することが最善ではないかとも、付記されていた」。「ジェント在住の英国行政長官は、イギリスに、緩衝国を設けることを提案し、合衆国もその案を受け容れるかもしれないと、いったんは信じさせる虚偽の報告をした。だが、合衆国側には先住民の独立国家をつくるのに同意する気などさらさらないことがイギリス政府にばれてしまい、この行政長官は罷免された」。後にアメリカ人の和平交渉委員のギャラティンは、「緩衝国の提案など、そもそも先住民をイギリスに味方させるための餌でしかなかったというのに、この長官が勇み足をしたので、肝心の議論の場すらなくしてしまった」[61]ことを遅まきながら後悔した。このように、こういった先住民国家との交渉に当たった白人たちは狡猾に立ち回り、和平という大義名分については遠回しの表現しかしなかったのだ。ネイティヴはけっして「和平交渉の場に招かれ」はしなかった。先住民が自治国家として独立を勝ち取るなど見果てぬ夢であった。当時のネイティヴにしても、自分たちの地名をのこそうともしないような白人支配者から独立を勝ちとる気など、さらさらなかったことだろう。

合衆国はジェント条約＊では、ネイティヴに領土を返すと確約した。当時、多くのネイティヴは貧困にあえぎ、白人の策略、戦争、和平、領土をめぐる駆け引きのなすがままになっていた。当時のネイティヴの抵抗や条約に関する交渉は、われわれの先祖がいかに抵抗しつつ生きのびたかを伝えてくれるだろう。

＊［ジェント条約――一八一二年戦争を終結させるための合衆国とイギリスとの間の和平条約。これにより合衆国の全ての先住民部族が合衆国の支配下に入った。］

ネイティヴの主権やネイティヴらしい動きまわりや領土をめぐる、白人との国家間の、もちつもたれつといった外交関係は、連邦政府にもなににも代表されえない、ネイティヴの権利である。しかしネイティヴの遺産である先祖からの暗黙に受け継いだ主権は、限定された主権として表わされたり、「保留権限」の原理にのっとって表わされてきた。白人に屈服させられることも、条約の文面から消されてしまうようなことはなかったネイティヴ主権であった。

『帝国のための特許』でドロシー・ジョーンズは、こう述べる。「先住民問題は、初めのうちは、戦争による借金であるとか、西部の土地の請求、秩序ある拡張といった問題に匹敵し、これらとも絡むような大問題だと考えられた。そこで当初、先住民問題は合衆国の国内問題とも関連するとみなされていた」「当初、連邦政府は、先住民問題を国内問題として扱おうとしても、うまくいかなかった。挙句、連邦政府は、先住民のためでもあった互恵主義政策を捨てざるをえなくなり、先住民との関係そのものを見直さざるをえなくなった」[62]。そこで、合衆国はネイティヴとの関係を「外交問題」へと移した。こうして文字を持たなかったネイティヴにとってはまったく初めて体験する、条約締結という時代に突入したわけである。

部族の法と政策についての基本資料に『主権国家としての先住民部族国家』がある。これによれば、「合衆国の最高裁判所が、先住民の部族政府が『成員である先住民と領土のどちらにたいしても主権の象徴を帯びた、独特の集団』であるという判決を下した。部族政府の持つ権力は、連邦法や、条約や、保護国としての合衆国との関係にほのめかされた規制によってや、また部族の地位の一貫性のなさによって限られてはいない。部族政府や居留地は独特の権力を保持した。『連邦先住民法の手引き』でフェリックス・コーエンは、部族の諸権力は、「限定つきではあってもけっして消されることのなかった確固たる主権であり、先住民が先祖から引き継いだ権力」であるとうたっている。だが、コーエンはこのように先住民の主権の揺るぎなさを強調してはいるが、じっさいは、管轄区域をめぐる権力は、連邦法令や前世紀のインディアン局の政策によって、限定されたものでしかなかった。

ネイティヴの主権と権力を認めるこの原理原則は、チェロキー国家に連邦法を強制する権限がジョージア州にあるかどうかを争った、一八三二年のウォーセスター対ジョージア判例で、主判事ジョン・マーシャルによって初めて述べられたものである。

「部族国家は、太古の昔から諸権利を有する。部族国家は、明白に他国家とは分かたれた独立国家であると考えられてきた。また部族国家は論争の余地のない土地を所有する、独立した共同体である。ただし、抵抗できない権力によって課された特例がひとつある。その唯一の例外とは、要求された特定地域の海岸の最初の発見国以外のヨーロッパ国家と交渉をする権利である。……『条約』や『国家』といったことばは、英語を喋るわれわれ白人アメリカ人によって、われわれの外交や立法手続きのために選びだされた言語である。『条約』や『国家』の意味は明白であり、了解済みである。アメリカ白人はそれらのことばを、いかなる他国との交渉にも用いるのと同じ意味で、先住民との交渉にあたっても用いた。差別をするわけでもなく、あくまでも同じように使ったのである。……」

合衆国が部族国家と締結した諸条約および合衆国の法律は、インディアン準州を州とはまったく異なるものとみなす。諸条約および合衆国の法律はまた、インディアン準州とのあらゆる交渉は、連邦政府によってのみ行なわれるのだと定めた[64]」。

『争われた憲法』でロバート・バートは、アンドリュー・ジャクソン大統領は、先住民よりも、中央集権や州の権威という概念を信奉したと述べる。「ジャクソン以前の大統領は、州と先住民部族との関係について、まったく異なった考えをしていた。そのために、州は部族にたいして管轄権を広げる権利を有さず、州が部族に管轄権を広げる手段は政府の条約にはそぐわないと結論づけた。こういう考えがウースター対ジョージア＊における、ジョン・マーシャルの判決の基となっていた。よって、ジャクソンがインディアン準州の管轄権を州が持つことを『阻止する権威を大統領である自分が持たない』と誓ったことは、いいかげんであるという誹りは免れえない」(65)。

＊［ウースター対ジョージア州――チェロキー領に、ウースターを含む白人の、条約では認められていない宗派のキリスト教宣教師が入り込んだことをジョージア州が罰したもの。州の民兵軍がウースターたちを逮捕。最高裁のマーシャル判事は、州がウースターたちに下した重労働四年の刑は、チェロキー族との条約に違反していると宣言し、ウースターの釈放を命じた。だが州はマーシャルの法廷命令を無視。大統領も法廷命令執行を拒絶。マーシャルの法廷命令の背景としては、そもそもマーシャルは元来チェロキー族に同情的であった。が、前年のチェロキー国家対ジョージア州の判決では、あえて州が勝つ判決を出していた。その理由は、たとえ部族を州から守る判決を出しても、ジャクソン大統領がそれを無効にしてしまうであろうし、最高裁の立場も考えたからであったというのが定説である。今回の判決は、いわばそれを覆えして部族を勝たせたわけである。が、結局、判事の憂慮どおりの結果となった。つまりチェロキー領で金が発見されたこともあずかって、チェロキーの強制移住を阻止することなど最高裁にはできなかった。先述のように一八三〇年から先住民強制移住法が施行され始めていた。］

中央集権制、州のもつ実際のあるいは上辺だけの政治権力、個々の国家主権、連邦政府の権威、ネイティヴの主権、条約の諸権利。こういったすべては、政治権力や領土の支配権についてのさまざまな理論を考えるきっかけとなった。しかし、州の管轄権やネイティヴの主権をめぐる論争に、理論や裁判所の判決で決着をつけることなどできない。

たとえば憲法第一一条改正は、先住民が州を訴訟する権利を規制する。最近の例を挙げよう。セミノール族の部族政府がフロリダ州でカジノを開く許可を申請した。この際、フロリダ州を訴えたセミノール族対フロリダ州の最高裁判決は、「先住民賭博規制法＊は、州の主権を侵略するものであり、違憲である」というものだった。

＊［先住民賭博規制法――一九八八年。連邦政府や州政府の許可があれば、部族がカジノを開く権威を持つという連邦法。カジノ収益に対する税は州ではなく国のものになる。今では百を軽く超える部族がカジノを経営し、多くは多大な収益を上げている。先住民の雇用促進になる一方、道徳的腐敗などの問題もあり論争含みの法。］

デイヴィッド・ソーター最高裁判事は「理論的にも法的にも、まったく独自の見解を述べた」と、『ニューヨークタイムズ』でリンダ・グリーンハウスは批判的に報じた。「合衆国憲法は、州政府は法的に連邦政府に従属してると決めていた。つまり、州ではなく、自分たちの主権を代表する議員を選び、合衆国議会に送り込むことで国民がそう決めたはずである」と考えていると言う。[66]

このように管轄権をめぐる問題や、州が訴訟から免れていることは、いまだに州とネイティヴの主権をめぐる論争の種となっている。この場合、問題は、居留地で経営されるカジノおよび連邦法の条項についてであった。先住民賭博規制法は、カジノで行なわれる種類の賭博が州法か連邦法に抵触しない限り、ネイティヴの部族政府が居留地内のカジノの「賭博を規制する絶対的な権利」を持つことを認める。新法はネイティヴのゲームを三つに大別している。第一は伝統的なゲーム。二番目はビンゴ、ロット、プルタブズ。三番目は、今もっとも論争をよんでいる宝くじ、スロットマシーン、ブラックジャックなどのカジノ賭博である。この新法によれば、カジノを開く許可を得たければ、居留地の部族は州政府と交渉しなくてはならない。だが、フロリダ州はセミノール族からの申し出を拒んで、部族と交渉のテーブルにつこうとしなかった。

先住民の賭博規制法は、カジノ成金を生む。先住民賭博規制法は、州の主権に対してネイティヴの主権を弱める。ミネソタ州のチペワ族の〈赤い湖〉たちと、ニューメキシコ州のメスカレロ・アパッチ族は、この新しい先住民賭博規制法が違憲だと宣言して、先住民賭博委員会の決定を覆すようにと、インディアン局を訴えた。こういった訴訟では、ネイティヴの権利と主権が争点となっている。

州とネイティヴの主権をめぐる論争。これは今に始まったことではなく、昔から憲法にもかかわる大問題だった。管轄権は、州、ネイティヴ、連邦政府の、三者間の問題である。もし強く結束した主権を持つ連邦制が合衆国にあったとすれば、州はネイティヴとの条約交渉についての大義名分も保てたであろうし、合衆国にしても国家としての外交の本質を保てたかもしれなかった。ネイティヴとの条約にしても、州にとって、連邦政府と同じほどの政治的な価値を持つようなことはなかったかもしれなかった。しかしじっさいには、合衆国はそれほど中央集権的な国家ではない。というよりもそもそもが、合衆国にとってはネイティヴと結ぶ条約など、どうでも良かったのだろう。なにしろ、条約もなしにネイティヴは強制移住させられたこともあるくらいだから。

ネイティヴの経営するカジノ、州が部族からの法的訴訟を免れていること、課税、居留地での刑の執行猶予を受けた者を保護観察に付すこと、そして連邦政府、州、ネイティヴの三者の部族からの管轄権をめぐる最近の裁判所判決。これらはすべて、主権概念、声明、方針、実践をめぐる今もって未解決の論争が、憲法にかかわるほど重要なものであることを示している。こういった大問題は最高裁に委ねるしかない。

憲法にある「われわれ合衆国国民は」の、「われわれ」という文言には、ネイティヴはふくまれていない。白人は一世紀以上にわたって、合衆国を表わすこの代名詞に、憲法が認める国民としてネイティヴをふくめようとはしてこなかった。

憲法修正第四条にはこうある。「合衆国で生まれ、あるいは合衆国に帰化した、合衆国の法律に従うあらゆる者は、合衆国国民であり、かつ居住している州の州民である。州は、国民の特権や義務の免除を損なういかなる法も、定めたり課したりしてはならない。合法的手続きを経ることなしには、州はいかなる州民からも、みだりに生命、自由、財産を奪ってはならない。州は、いかなる州民にたいしても、法の平等な遵守を妨げてはならない」。しかし一世紀以上の長きにわたって、伝統的な共同体に住むネイティヴも居留地のネイティヴも、憲法のこの条項に守られてはこなかった。さらには、ネイティヴはアメリカ国民として敬意を払われていないために、ネイティヴは州によっても、憲法が保証するはずの権利を否定されてきた。

アメリカ人は、この世に誕生することで自動的に合衆国国民になるか、本人の意思によって帰化することで「合衆国の国籍を獲得する」はずである。『憲法』でエドワード・カーウィンはいう。「誕生によって国民となる者は、『イギリスのコモンローの土地法』つまり属地主義によって国民となる」「誕生による国民という範疇の第二の概念は、ローマの市民法の『血縁関係法』を基にしたものである。すなわち、血統主義によって合衆国議会法において市民権を持つ者となる。あるいは外国生まれであっても、合衆国国民である親がいる者も合衆国国民となる資格を有する」[67]。明らかにネイティヴは、属地主義と血統主義の双方によって、北米の系譜では立派な先祖として、市民権を持つはずである。そうであるにもかかわらずネイティヴは、二〇世紀になるまで法的にアメリカ国民扱いされなかった。

憲法第四条は、「どの州の州民も、州民としての特権を有し、免除の権利を有する」とうたっている。しかし居留地のネイティヴのほとんどは、この法で定められたことを享受できなかった。合衆国政府のインディアン局の許可なしには居留地の外に出ることすらできなかったくらいだ。

一九二四年のインディアン市民権法は、「合衆国生まれの先住民は合衆国国民である」[68]と規定する。むろん、それ以前にも、先住民への怪しげな土地割り当てや、軍隊への参加や、居留地以外の土地での居住や結婚などによって、市民権を得ていた先住民も、いることはいた。しかしこの明白なインディアンの市民権法の施行は、それ以前に先住民が白人中心社会からは切断されてきたことを逆照射する。また、この市民権法は、居留地では憲法で保証された権利が先住民に与えられていなかったことをも、浮き彫りにした。

このように、合衆国憲法序文は、じつは違憲であって、先住民は「憲法によるだけでは、国家権力も個人の権利のいずれも持ちえない自らの権力を主張する基盤すら持ちえない」。[69] しかし、憲法序文で用いられている代名詞「われわれ」こそは、憲法でうたわれた民主制における正義と結束の根源である。「われわれ国民」とは、ネイティヴにも含む、寛容であり、主格、目的格共通の代名詞であり、力強い約束であるはずだ。

複数形の「われわれ」という文言で誓った約束は、あきらかに合衆国の、国民にたいする義務である。「われわれ合衆国のネイティヴ」は、ネイティヴの存在、ネイティヴらしい自由な動きまわり、ネイティヴらしい生きのこりを語る。

われわれ北米大陸のネイティヴが、われわれの存在を語るお話である。われら北米大陸のネイティヴが、自然の理屈の遵守を生み、憲法でうたわれた民主制における自由な動きまわりに命を与える。

訳者後書き

本書はヴィゼナー批評の集大成といった感がある、彼の最新の批評書 *Fugitive Poses: Native American Indian Scenes of Absence and Presence*（ネブラスカ大学出版、一九九八年）の全訳である。抑圧された者は戻ってくる。不在だとか、知的に劣るとか、様々に言いならわされてきた先住民が、白人の道具であるポストモダン批評を携えて反撃に出たことを示す記念すべき書であろう。しかし全体として本書は、他文化に開かれた風通しのよさがある。ヴィゼナーは、白人批評のほとんどを敬意をこめて援用しているのであって、白人が発達させてきた理論を矮小化するどころか、華麗なる手つきで思いもかけない地平へと解き放ち、潜在的な可能性の豊かさを開いて見せてくれるからだ。

ジェラルド・ヴィゼナー（Gerald Vizenor, 一九三四〜　）は、ミネソタからカナダにかけてのアニシナベ族（白人の呼称では、合衆国でチペワ族、カナダではオジブエー族あるいはオジブワー族）の血が四分の一流れる、白人との混血である。この部族はアルゴンキン部属で、白人との毛皮交易の影響を強く受けた。合衆国北部の森林部族族出身であるので、日本人に馴染みがあるナバホやホピといった南西部の部族や、平原部族の代表格とも言えるラコタ（スー）族とは、また違う。ヴィゼナーがトーテムの動物としてコヨーテでなく熊のことを述べる由縁である。ただ、アニシナベは現在では大部族であり、本書でも触れられるアメリカ・インディアン運動の誕生の地でもあり、合衆国の先住民全体の中でもひとつの重要な部族と言える。無論、北米先住民を一把にすることの無意味さはヴィゼナーも繰り返していることである。

ヴィゼナーはジャーナリズム、福祉の仕事から始め、ここ数年カリフォルニア大学バークレー分校で教鞭を執りつつ、先住民批評家、また北米トリックスター物語作家として群を抜いた活躍を続けている。批評家チェリル・ウォーカーは、ヴィゼナーを「ポストモダン時代の先住民文化、ならびに先住民のアイデンティティについて語る混血の語り手が出てくる作品を書かせると、第一人者」であると称えている。先住民作家・批評家とのインタヴュー集『翼ある言葉』でも、エコフェミニズム批評のポーラ・ガン・アレンと並んで多くのページが割かれているように、先住民批評の代表者のひとりである。

ヴィゼナーは読者一般の先住民観の誤りを突きつける。そもそも、先住民に興味を抱き始めた契機が、ロマン的な犠牲者としての滅びゆく人種、武勇を轟かせた戦士あるいは高貴なる蛮人でなかった読者が、どれほどいるだろうか。大げさに言えば、虚心に本書を読んだ後では、もう物事が今までの目では見られないはずである。多元文化アメリカの、ほとんど知られていなかった一面を見せつけられた気がすることだろう。

言及されている白人作家にしても、従来はあまり目にしなかった作品から引かれていることが多い。例えば、カフカ。ヴィゼナーは、カフカ一人が、ネイティヴが不在にされた事を嘲った白人作家だと言う。また、カフカの想像力の延長線上にヴィゼナーが創ってみせる「オクラホマ野外劇場」。カフカの未完の遺作『アメリカ』の終盤で、広大な北米大陸の奥にオクラホマ野外劇場を空想する主人公が、「オクラホマ劇場では誰でも歓迎する」というポスターの言葉に魅かれて、「誰でもいいのなら、この僕だって歓迎されるだろう」と夢見て西部へと向かう。経歴など全く問わずに誰でも採用して、本人の希望を生かしつつ各人を適材適所に採用するというオクラホマ劇場というユートピアに、ヴィゼナーは過剰ともいえる反応をしている。ヴィゼナーのこの姿勢には、悲惨という他ない子供時代を送った自分にすら何かしら価値はあるのではないかと信じたい渇望の深さが窺われる。そしてワシントン・アーヴィング。ヴィゼナーは、西部旅行中にひょうきんなオセジ族にからかわれた事を紀行文に書き付けたアーヴィングを、一九世紀にあって等身大のネイティヴについて書いた希有なアメリカ人作家だと高く評価する。オセジ族はアーヴィングといても警戒することがなかったようで、アーヴィングの大らかな人柄の成せる業だと思われ、微笑ましい。

このように、西洋の準拠枠を外してヴィゼナーの目を通して白人文学に向かい直すと、白人文学もまた新たな輝きを見せてくれる。また、ヴィゼナーの先住民文学論を読めば、例えば、ある先住民の登場人物がトーテムの動物を想っている場面に、勝手にフロイト解釈を当てはめて主人公の抑圧された性を読み込んだりする事の愚かさが痛感される。

白人と先住民。この両者には相対立する面があったものの、まだ論じ尽くされていない相互浸透もあれば相互転化もあった。ヴィゼナーは、真の先住民（彼の表現では「ネイティヴ」）と、偽の、つまり白人に都合のよいように構築された先住民（彼の表現では「インディアン」）とを峻別する。彼に従えば、インディアンは文化人類学、民族学などにさんざん利用されてきた。インディアンはネイティヴの不在を模倣する。白人は、自分たちが合衆国で主役を演じ続けるためにネイティヴを抹殺し、替わりにインディアンという自分たちに都合のよい先住民像を捏造した。真の先住の民であるネイティヴは、逃亡者のふりをして潜伏するしかなかったというのだ。初めは意図的な潜伏であっても、幾世代を経て、都会で単独で生きる混血がすでに一九八〇年には全先住民人口の半分を超えるうちに、白人の価値観を内面化していきインディアン化してしまう先住民も出ている。もう自分が何を失い、何を取り戻すべきか分からなくなった者も増えた。自身が都市部の混血であるヴィゼナーはそうした切迫感を持って書いている。

例えば、ヴィゼナーの父は、例のドーズ法によって、居留地の仲間同様に都会に移り住む羽目になる。大恐慌後の一九三〇年代に職を探すわけだが、先住民は家屋に住まないのだからペンキの塗り方など知らないだろうと言われ、ペンキ塗りの職に就けない。そこでイタリア系だと偽って職にありつく。ヴィゼナーは彼らが、「ふり」でもしなければ生計も立てられなかった現状を踏まえ、なりふり構わず「ふり」をしてネイティヴらしく生き抜いた先祖を愛しむ。

ヴィゼナーの祖母にしてもそうだ。福祉に頼って生きている彼女が、人種や境遇を問わず、自分を必要とする人には愛情を注ぐ。行商先の郊外で、裕福だが孤独な白人主婦が、自分の売ろうとしている、おそらくはつまらない商品になど見向きもしないで、一方的に身の上話などをするのに耳を傾け、トリックスターのお話をしたりして相手を癒す。報酬を期待しての事ではなく、ささやかな悦びを感じつつ。ヴィゼナーは、彼女が都会で彼女なりに、先住民のポトラッチ（与え尽くし）を行なっているのだという。つまり、儀式の日に行なう伝統に従ったポトラッチではない、混血が日々の都市生活のなかで変容した型で執り行なえるポトラッチである。こういった、ヴィゼナーの提言する儀式や伝統の自在な応用は、どのような時代、状況になろうとも、先住民が（ひいては困難を抱えて生きている誰もが普遍的に）、生きる指針としてゆけるものを備えていると思われる。父や祖母のような社会の底辺をうごめく先住民を描く時、ヴィゼナーの視線は地を這うように低い。一方、白人受けを狙って立ち回るインディアンに対してはヴィゼナーの舌鋒は鋭い。

ネイティヴの先祖が「ふり」をして、先住の民でありながら逃亡者のように潜伏してきた以上は、当然のことながら、先祖探しは困難を極める。そうしてヴィゼナーはネイティヴが書いた「自伝」に、トリックスターのお話に、あるいは写真の中のレンズを見据え挑みかかるような被写体の目に、ネイティヴがいた痕跡を見い出す。ネイティヴが白人に口述して英訳された「自伝」にしても、民俗衣装を着けさせられて撮られた写真の姿も、白人との接触なしにはそもそも存在しなかったのであって、純粋にはネイティヴの痕ではない。が、それでもネイティヴの片鱗をまさぐるには貴重なのだ。

私事になるが、初めは本書の語り口の潔さと、先祖として誇れるような先祖を探そうとする切迫感、呪詛のように寄せてくる言葉の波に引き込まれた。(拙訳は日本人読者を想定して説明的になってしまったが。) 北米の大地に詰まっている先住民の死骸と怨念。文学、絵画、写真、野外歴史劇、博物館で、徹底して不在者として扱われてきた先住民を、墓なき大地から立ち上げようとするヴィゼナー。インディアンしかいないと言い募られてきたが、自分たちにはこのように立派な先祖がいたではないか、彼らがいたことまで葬り去るなと迫るヴィゼナーの姿勢に、息がつけない思いがした。合衆国の裏面史だけでなく、動物と人間の境がなくおどろおどろしくもあるシャーマニズムやトーテミズムも、私の理解を阻み、ともすれば暗い魅力を湛えた書だという第一印象だった。

が、読み返していくうちに、気負って本書に向かっていると、逆に漏れ落ちる部分が多そうだと、また別の不安に駆られるようになった。本人が述べているように、ヴィゼナーは白人の批評理論をネイティヴに引き付けて茶化して使い、ネイティヴの世界の猥雑で騒々しいまでの大らかさも盛っている。むしろそれこそが、この本の著しい特徴であって、そういった明るさも聴こうとしなくては、ヴィゼナーの魅力の半分も掴めないだろう。

白人の先住民観を批判することは夥しい数の批評家がやってきた。ただ、先住民ならではの、こちらに不意打ちを食らわせるような生き生きとした世界へと、これまでどれほどの先住民が読者を導いただろうか。ヴィゼナーにとっては、快活でおしゃべりで、馬鹿な見栄を張りたがり、気前がよく、均整などとれていない状態を居心地良く感じる人々が、ネイティヴである。こういった明暗、あるいは固さ柔らかさのスペクトルの幅もまたヴィゼナーの身上である。それが、生きているうちから不在者とされてきた恐怖と悲しみを塗りこめているようでもあり、かと思うとふざけているようにも響く、本書の表題『逃亡者のふり――ネイティヴ・アメリカンの存在と不在の光景』にも表れている。

ヴィゼナーはどこに向かおうとしているのだろうか。彼は時代は変ったのだから、逃亡者のふりなど終わらせなくてはならないと提言している。先住民は辛酸を嘗めさせられてきて、今だに全体としてはアメリカ社会の最下層を占めている。しかし中には社会的、経済的に力をつけた者も増えてきた。居留地のカジノで大儲けをした昨今、物議をかもしている成金もいる。また、混血がほとんどだとはいえ、現在活躍中の先住民作家の大半が、大学で教えているか、教えた経験がある。ヴィゼナーは、社会的地位を得た先住民が白人に対して復讐に出ることを強く戒める。このような、報復の連鎖を断ち切るようにと提言する箇所では、指導者めいた響きすらする。(キリスト教でいえば山上の垂訓のように) ネイティヴらしい大らかさを忘れたところに、ネイティヴらしい生き残りも、ネイティヴの文学もありえないとヴィゼナーは繰り返す。

悟り、癒し、環境保護関係の先住民に関する書物は、書店で平積みになっていますが、批評となると、単行本としては訳者の知る限り一冊も訳されていません。ささやかな訳出ではございますが、意義のある仕事であったと信じております。この本をひとつの契機に、先住民批評にもご興味を広げて頂き、新たな視点で合衆国の多元文化についてお考え下されば幸いです。

最後に開文社にも感謝申し上げます。

二〇〇二年夏

大島　由起子

63. American Indian Lawyer Training Program, *Indian Tribes as Sovereign Governments,* 4,35.
64. American Indian Lawyer Training Program, *Indian Tribes as Sovereign Governments,* 109,110.
65. Robert Burt, *The Constitution in Conflict* (Cambridge: Harvard Univ. Press, 1992), 159,160. バートはこう論じる。「ジャクソン以前の大統領は、州が後押しする移住者の侵入から、きちんと先住民を守る能力が自分たち大統領にはないと信じ込んでいた。つまり、それまでの大統領は、断固として連邦軍を投入しさえすれば、連邦政府の条約が定めた義務を果たしやすくなるかもしれないとは考えなかった」「ジャクソン大統領は、原理的にはウースター判決を拒絶した」。
66. Linda Greenhouse, "Justice Curb Federal Power to Subject States of Lawsuits," *New York Times,* March 28, 1996.
67. Edward S. Corwin, *The Constitution,* 14th ed., revised by Harold W. Chase and Craig R. Ducat (Princeton: Princeton Univ. Press, 1978), 86.
68. Prucha, *Documents of United States Indian Policy,* 218.
69. Corwin, *The Constitution,* 1.

53. American Indian Lawyer Training Program, *Indian Tribes as Sovereign Governments* (Oakland CA: American Indian Resources Institute, 1988), 106.
54. Noah Webster, "A Citizen of America," Oct. 17, 1787, in part 1 of *The Debate of the Constitution,* ed. Bernard Bailyn (New York: Library of American, 1993), 145,146.
55. Samuel H. Beer, *To Make a Nation: The Rediscovery of American Federalism* (Cambridge: Harvard Univ. Press, 1993), 251,253.
56. Benjamin Franklin, "I Agree to This Constitution with All Its Faults," Speech at the Conclusion of the Constitutional Convention, Sep. 17, 1787, in part 1 of *The Debate of the Constitution,* ed. Bailyn, 3,4.
57. Prucha, *American Indian Treaties,* 26,27,37,38.
58. James Madison, *The Federalist XLII,* in part 2 of *Debate of the Constitution,* ed. Bailyn, 67,68.
59. Prucha, *American Indian Treaties,* 69.
60. James Madison, in part 2 of *Debate of the Constitution,* ed. Bailyn, 449.
61. Bradford Perkins, "The Creation of a Republican Empire, 1776-1865," in vol.1 of *The Cambridge History of American Foreign Relations* (New York: Cambridge Univ. Press, 1993), 142,143,144,145.
62. Jones, *License for Empire,* 147.

Cambridge Univ. Press, 1995), 141,239.

43. Michael Ross Fowler and Julie Marie Bunck, *Law, Power, and the Sovereign State* (University Park: Pennsylvania State Univ. Press, 1995), 64,70,140,152.
44. Prucha, *American Indian Treaties,* 2.
45. Wilkinson, *The Eagle Bird,* 39.
46. Prucha, *Documents of United States Indian Policy,* 202.
47. Prucha, *American Indian Treaties,* 356,357.
48. Prucha, *American Indian Treaties,* 2,197.
49. Gidon Gottlieb, *Nation against State: A New Approach to Ethnic Conflict and the Decline of Sovereignty* (New York: Council on Foreign Relations Press, 1993), 34,36,37,38.
50. Alan Dowty, *Closed Borders* (New Haven: Yale Univ Press, 1987), 230. 「アメリカ人は、特に自由な移住に関心を持っている。合衆国は常に個人の諸権利を国家権力から守ってきた。アメリカ人が自由に動き廻ることほど、この証となるものもまたとないであろう」。
51. David Jacobson, *Rights across Borders: Immigration and the Decline of Citizenship* (Baltimore: Johns Hopkins Univ. Press, 1996), 76.
52. Fernando R. Tesón, "Changing Perceptions of Domestic Justification and Intervention," in *Beyond Sovereignty,* ed. Tom Farer (Baltimore: Johns Hopkins Univ. Press, 1996), 29,51.

自分たちのニューイングランド征服を合理化した。白人は、自分たち同様に先住民も財産所有権を持つとは考えず、先住民の環境に優しい生活様式を馬鹿にして、環境を破壊し始めた」。

34. N. Scott Momaday, *The Way to Rainy Mountain* (Albuquerque: Univ. of New Mexoco Press, 1969), 7.

35. Momaday, *The Names,* 3.

36. Richard Slobodin, "The Study of Reincarnation in Indigenous American Cultures: Some Comments," in *Amerindian Rebirth: Reincarnation Belief Among North American Indians and Inuit,* ed. Antonia Mills and Richard Slobodin (Tronto: Univ. of Tronto Press, 1994), 293,294.

37. Maurice Cranston, *The Noble Savage: Jean-Jacques Rousseau, 1754-1762* (Chicago: Univ. of Chicago Press, 1991), 308.

38. Judith Shklar, *Men and Citizens: A Study of Rousseau's Social Theory* (New York: Cambridge Univ. Press, 1985), 43,168.

39. Aristotle, *Politics,* vol.2 of *The Complete Works of Aristotle,* ed. Jonathan Barnes (Princeton: Princeton Univ. Press, 1985), 43,168.

40. Warren, *History of Ojibway Nation,* 72,73.

41. F. H. Hinsley, *Sovereignty* (New York: Cambridge Univ. Press, 1986), 2,16,122,123,124,125.

42. Jens Bartelson, *A Genealogy of Sovereignty* (New York:

る事を認めた。本人が実際にそこに定住し、その土地を使用している事が証明できたり、また、過去のある時点に、連邦政府が、その定住者が要件を満たしていると認めたと証明する事ができれば、こういった権利があるかもしれない。合衆国の裁判所はこう認めもした」。とはいえ、「定住によって生じる権利」は「無意味な場合もある。というのもその権利は、征服者によって認められる権利でしかなく……往々にして誤った所から与えられる権利にすぎないからである」とカプランは論じる。「先住民の土地所有権は、主権者である白人の意思によって剥奪されてしまうかもしれない。そういった先住民の所有権は許容できる一時的なものであり、また、いついかなる時にも連邦政府によって撤回できると記されてきた」。

31. David J. Elkins, *Beyond Sovereignty: Territory and Political Economy in the Twenty-First Century* (Tronto: Univ. of Tronto Press, 1995), 101,197,256.

32. Max Oelschlaeger, *The Idea of Wilderness* (New Haven: Yale Univ. Press, 1991), 30,31,32,33.

33. William Cronon, *Changes in the Land: Indians, Colonists, and the Ecology of New England* (New York: Hill & Wang, 1983), 37,53,169. クロノンによれば、イギリス人植民者は「先住民が狩猟や採取しかしない事を、先住民を土地から追い立てる立派な口実と考えた。ヨーロッパ人には、先住民が自分たち白人であればきちんと利用できる資源を、みすみす浪費しているとしか映らなかった」「白人植民者はこのようにして、

24. Szabo, *Howling Wolf,* 21,31,32,42,168.
25. Frederick Hartt, *Art: A History of Painting, Sculpture, Architecture* (New York: Harry N. Abrams, 1976), 390,391.
26. George Heard Hamilton, *Painting and Sculpture in Europe, 1880-1940* (New York: Penguin, 1987), 215,216. See also Sam Hunter and John Jacobus, *Modern Art,* 3rd ed. (New York: Harry N. Abrams, 1992), 120,121.
27. Armin Zweite, *The Blue Rider in the Lenbachhaus, Munich* (Munich: Prestel-Verlag, 1989), 38,39,40,61.
28. George Horse Capture, "From Museums to Indians: Native American Art in Context," in *Robes of Splendor: Native North American Painted Buffalo Hides, Musée de l'Homme* (New York: New Press, 1993), 45,65,67. Originally published as Parures d'historie, Réunion des musée nationaux (Paris, 1993).
29. Dorothy V. Jones, *Licence* for *Empire: Colonialism by Treaty in Early America* (Chicago: Univ. of Chicago Press, 1982), xii.
30. Michael J. Kaplan, "Issues in Land Claims," in *Irredeemable America: The Indians' Estate and Land Claims,* ed. Imre Sutton (Albuquerque: Univ. of New Mexico Press, 1985), 71,72,76,82. 合衆国では裁判所は「定住して土地を利用することで、一定の権利がその定住者に生じ

ガは、オシュカベウィスを「族長の従者」と記載。セス・イーストマンはヘンリー・ロウ・スクールクラフトの原稿に挿絵を添えた。尚、トーテムとしての鶴と実際のオシュカベウィスとの関連は不明。

19. Warren, *History of the Ojibway Nation,* 318.

20. Helen Tanner, *Atlas of Great Lakes Indian History* (Norman: Univ. of Oklahoma Press, 1987), 98,144. 「アトラスに載った地図は五大湖付近では、歴史の変わり目に先住民部落がどこにあったかを強調している」。

21. Schoolcraft, *Archives of Aboriginal Knowledge,* 340.

22. David Turnbull, *Maps Are Territories* (Chicago: Univ. of Chicago Press, 1989), 18,19,20,26. See also Thrower, *Maps and Civilization*; Harald E. L. Prins, "Children of Gluskap: Wabanaki Indians on the Eve of the European Invasion," in *American Beginnings: Exploration, Culture, and Cartography in the Land of Norumbega,* ed. Emerson Baker et al. (Lincoln: Univ. of Nebraska Press, 1994), 95-117. 例えば「ノン・チ・ニン・ガーの作成したミズリーの地図は、先住民が描いた地図とほとんど違わない」。よって「いわゆる『原始的』とされる先住民の地図が多くの点で近代西洋の地図に比肩しうる」。

23. Joyce M. Szabo, *Howling Wolf and the History of Ledger Art* (Albuquerque: Univ. of New Mexico Press, 1994), 23,119.

12. Francis Paul Prucha, *Documents of United States Indian Policy* (New York: Pantheon, 1992), 30.
13. Charles F. Wilkinson, *The Eagle Bird: Mapping a New West* (New York: Pantheon, 1992), 30.
14. Norman J. W. Thrower, *Maps and Civilization* (Chicago: Univ. of Chicago Press, 1996), 137,138. 合衆国土地調査には「幾何学的な地理学に対する勝利」という特徴もある。
15. Vizenor, *Interior Landscapes,* 16,54. Documented in General Land Office of the United States, vol.776, p.240. 私は息子ロバート・ヴィゼナーと二人で、祖母アリス・ボーリューに割り当てられた居留地の一画を探し当てたことがある。郡や町を廻って土地台帳を調べ、車で現地を測量した。そしてやっと徒歩でその区画を見つけた。祖母は現地を見たためしがなかった。彼女は、そこが泥沼なので、自分からその土地を借りた木材会社には、その土地が役立たなかった事を知ると、さぞ痛快がったことだろう。祖母もその木材会社も、木材の割り当てによって毎年機械的にリース額を決めはしたが、どちらも現地を見たことなどなかったわけだ。奮っている。
16. Thrower, *Maps and Civilization,* 45.
17. Schoolcraft, *Archives of Aboriginal Knowledge,* 415,416,417.
18. Nichols and Nyholm, *A Concise Dictionary of Minnesota Ojibwe.* オシュカベウィスという言葉は、有生名詞で、複数形はオシュカベウィサグである。『オチプエ言語辞典』でバラ

Words" (paper presented at "The Art of the Wild," an environmental writing conference, Squaw Valley Community of Writers, Squaw Valley CA, July 1995).

5. Henry R. Schoolcraft, *Archives of Aboriginal Knowledge,* (Philadelphia: J. B. Lippincott, 1860), 1:333,334. See also Bieder, *Science Encounters the Indian.* スクールクラフトは、初めのうちこそ先住民をロマン的に捉えていたが、後に当時の「科学的」見解に鑑みて、先住民を「生まれながらの活力」を失った「子供」として捉えるように変わった。先住民を生来、文化的でないと考えるように至ったのである。

6. Frances Densmore, *Chippewa Music* (Minneapolis: Ross & Haines, 1973), iv,4,15,107,108.

7. Densmore, *Chippewa Music,* 24.

8. Densmore, *Chippewa Customs* (Minneapolis: Ross & Haines, 1970), 174,175.

9. Densmore, *Chippewa Customs,* 177.

10. Warren, *History of the Ojibway Nation,* 373.

11. Richard Kearney, *The Wake of Imagination* (Minneapolis: Univ. of Minnesota Press, 1988), 2,3. 「同時代人の目は無垢ではない。我々の目は、すでに捏造されたイメージによって曇らされてしまっている。むろん基本的には今日我々が抱くイメージとそれ以前のイメージは喰い違う。とは言え、今やイメージが、イメージが表しているはずの主体に先行してしまっている」。

49. Robert Brillant, *Portrature* (Cambridge: Harvard Univ. Press, 1991), 106,107.
50. Sontag, *On Photography,* 64.
51. Dorothy and Thomas Hoobler, *Photographing the Frontier* (New York: G. P. Putnam's Sons, 1980), 117.
52. Julie Inness, *Privacy, Intimacy, and Isolation* (New York: Oxford Univ. Press, 1992), 7,42.
53. Bakhtin, *Art and Answerability,* 126.
54. Bakhtin, *Speech Genres,* 146,147.
55. Gisèle Freund, *Photography and Society* (Boston: David R. Godine, 1980), 4,35,78.

五章　ネイティヴらしい動きまわり

1. Francis Paul Prucha, *American Indian Treaties* (Berkeley: Univ. of California Press, 1994), 196,197.
2. Gerald Vizenor, "Ojibways Seek Right to 'Regulate' Rice on Wildlife Refuge," *Minneapolis Tribune,* Sep. 13, 1968.
3. Prucha, *American Indian Treaties,* 385,387. これは、土地請求、部族の主権、管轄権といった諸問題を引き起こした。先住民にとって狩猟権や漁業権は、居留地で生計を立てる為に不可欠であった。だが、公正を期するために言えば、先住民の扱いをめぐって一応の論争はあったし、何も条約の規定が『明白』で裁判所での判決が容易に下せたわけでもなかった。
4. Louis Owens, "Mapping, Naming, and the Power of

Gidley (Exeter UK; Univ. of Exeter Press, 1994), 103,104.

45. Herman Viola, *The Indian Legacy of Charles Bird King* (New York: Doubleday, Simthsonian Institution Press, 1976), 13.

46. Andrew J. Cosentino, *The Paintings of Charles Bird King* (Washington: Smithsonian Institution Press, National Collection of Fine Arts, 1977), 71,74,75. コゼンティーノはこう指摘する。「キングの描いた先住民の肖像のほとんどは白人の手になる肖像だということは一目瞭然だ。キングが描いた代表団のほとんどが混血先住民であったことや、モデルを柔らかで丸味を帯びさせて描く傾向があったからであろう」。キングは、あまりにふくよかに先住民を描き、民族的に単一の相互イメージを創り上げた。更には、モデルとなった代表団は、彼のスタジオのどのモデルもそうであったように独特の容貌であった。キングは連邦政府の命を受けて先住民の肖像を描いた。彼のスタジオで先住民が逃亡者のふりをするには限られた時間しかなった。画家であるキングは、先住民は純粋な人種であると考え、純粋な先住民を存在させなくするには人種混交しかないと示唆しているようである。キングがおざなりに描いた肖像は、ふくよかな紋切り型、つまりは純粋な先住民像を、相互イメージのシミュレーションとして創った。

47. William Cronon, "Telling Tales on Canvas," 53,55,56.

48. John Napier, *Hands* (Princeton: Princeton Univ. Press, 1980; rev. ed., 1993), ed. Russell H. Tuttle, 4,8.

34. John Tagg, *The Burden of Representation* (Amherst: Univ. of Massachusetts Press, 1998), 63,64.

35. Serres, "Panotic Theory," 27,30,31.

36. Gans, *Originary Thinking,* 46.

37. Susan Sontag, *On Photography* (New York: Farrar, Straus & Giroux, 1973), 14,15,97.

38. Jean-Luc Nancy, *The Birth of Presence* (Stanford: Stanford Univ. Press, 1993), 1,2.

39. John Berger, *About Looking* (New York: Pantheon, 1980), 50,51.

40. Nancy, *Birth of Presence,* 191,192,196.

41. Barthes, *Camera Lucida,* 6,87.

42. Rennard Strickland, *The Indians of Oklahoma* (Norman: Uni. of Oklahoma Press, 1980), 46,47.

43. Christopher Lyman, *The Vanishing Race and Other Illusions* (New York: Pantheon, Smithsonian Institution Press, 1982), 19,20,21. 「カーティスにとって、白人文化というベールを通して先住民のあるがままの姿を見ることが難しかったのと全く同様に、我々もまた、どうしても自分たちの生きている時代に制約されている。そこで、我々にとって時代の隔たっているカーティスの作品が当時どう評価されたかを推し量るのは難しい」。

44. Mick Gidley, "Edward S. Curtis' Indian Photographs: A National Enterprise," in *Representing Others,* ed. Mick

74; and Christopher Pinney, “The Parallel Histories of Anthoropology and Photography,” in *Antholopology and Photography,* ed. Edwards, 249.

23. Vizenor, *Manifest Manners,* 4,5,6,17. 「白人の明白な流儀は支配のシミュレーションである。白人の明白な流儀は、権威的なものとして読まれる、ネイティヴ・アメリカン・インディアンを表象するものと思われてきた概念であり、誤称である」。

24. Patrick Smith, *Warhol: Conversations about the Artist* (Ann Arbor: UMI Research Press, 1988), 359.

25. Joan Halifax, *The Fruitful Darkness* (New York: HarperCollins, 1993), 26,27.

26. Halifax, *Fruitful Darkness,* 98,99.

27. Halifax, *Fruitful Darkness,* 187,188.

28. Pierre Bourdieu, *Photography: A Middle-brow Art* (Stanford: Stanford Univ. Press, 1990), 71,72.

29. Lowe, *History of Bourgeois Perception,* 39,135.

30. Roland Barthes, *Camera Lucida* (New York: Hill & Wang, 1981), 6,12,13.

31. David Freedberg, *The Power of Images* (Chicago: Univ. of Chicago Press, 1989), 438,439.

32. Linda Hutcheon, *The Politics of Postmodernism* (New York: Routledge, 1989), 123.

33. Ronald Barthes, *Image--Music--Text* (New York: Hill & Wang, 1977), 17.

America," in *First Images of America,* ed. Fredi Chiappelli (Berkeley: Univ. of California Press, 1976), 419,420,433.

15. Grafton, *New Worlds,* 126,130. ド・ブライの挿絵は、ジョン・ホワイトの水彩画に基づいて描かれた。ホワイトは「巧妙にヴァージニアの先住民の生活様式と新世界の動植物とを民族学的に詳細にわたって結合させる。そして非ヨーロッパ人の生活について細部にわたる正確な像を供給しようとする。ド・ブライはフランドルの鍛冶職人であり、銅版画で得た収入でフランクフルトに印刷所を設立した。

16. Grafton, *New Worlds,* 129.

17. Paul Hulton, "Images of the New World: Jacques Le Moyne de Morgues and John White," in *The Westward Enterprise,* ed. K. R. Andrews, N. P. Canny, and P. E. H. Hair (Detroit: Wayne State Univ. Press, 1979), 175.

18. Hulton, *Westward Enterprise,* 197.

19. Hulton, *Westward Enterprise,* 198.

20. Hulton, *Westward Enterprise,* 210.

21. William Cronon, "Telling Tales on Canvas: Landscapes of Frontier Change," in *Discovered Lands, Invented Pasts,* by the Yale University Art Gallery (New Haven: Yale Univ. Press, 1992), 44.

22. Iskander Mydin, "Historical Images--Changing Audiences" in *Anthoropology and Photography; 1860-1920,* ed. Elizabeth Edwards (New Haven: Yale Univ. Press, 1992),

134.

5. William Mitchell, “When Is Seeing Believing?” *Scientific America* (Feb. 1994): 68-73.

6. Janet Maslin, “Tom Hanks as an Innocent Interloper in History,” film review of *Forrest Gump, New York Times,* July 6, 1994.

7. Elizabeth Edwards, ed., *Anthoropology and Photography 1860-1920* (New Haven: Yale Univ. Press, 1992), 8,11,12.

8. Gans, *Originary Thinking,* 212,213. ガンズによれば、「ポストモダン時代はシミュレーションの時代である。だが、現代のポストモダン時代が、審美的な実践というよりは理論によって支配されているのは偶然ではない」。

9. Baudrillard, “Simulacra and Simulations,” in *Jean Baudrillard,* ed. Poster, 170,171.

10. Mark Rosen, introduction, *Jean Baudrillard,* ed. Poster, 1,8.

11. Jack Goody, *The Domestication of the Savage Mind* (New York: Cambridge Univ. Press, 1877), 37,150.

12. Anthony Grafton, *New Worlds, Ancient Texts* (Cambridge: Harvard Univ. Press, 1992), 108.

13. Grafton, *New Worlds,* 108,111. グラフトンによれば、「スタデンの主な目的は、鑑賞者を教化して敬虔な気持ちを掻きたてるために、伝統的なキリスト教の道徳譚を語ることであった」。

14. William C. Sturtevant, “First Visual Images of Native

63. Georges Battaille, "The Object of Desire," in *The Accursed Share,* (New York: Zone, 1991), 2:137,138.

四章　逃亡者のふり

1. George Steiner, *In Bluebeard's Castle* (New Haven: Yale Univ. Press, 1971), 3. 「社会が、その社会の声の届く範囲、論理、権威を決定しようとするこだまは、後方からやってくる。実際、そのこだまの作用は複雑で拡散的だが、社会が継続してゆかなければならないという必然に根差している」。
2. W. J. T. Mitchell, *Picture Theory* (Chicago: Univ. of Chicago Press, 1994), 13,14.
3. Roland Barthes, *Image--Music--Text* (New York: Hill & Wang, 1977), 38,39.
4. Baudrillard, *Simulations,* 2,5,130. 「シミュレーションはも早、領域のシミュレーション、つまり言及される対象や本質ではない。今やシミュレーションは起源も現実もない現実のモデルによって誕生させられる事である。……シミュレーションを止める事は、自分の持っている物を持っていないふりをする事である。逆にシミュレートする事は、自分は持っていない物を持っているふりをする事である。人は存在をほのめかす。つまり、自分の他者など不在であるとほのめかすのである」。
See also Paul Roth, "Ethnography without Tears," *Current Anthoropology* 30, no.5 (Dec. 1989):556; Arthur Kroker, *The Possessed Individual* (New York: St. Martin's, 1992),

49. Charles Woodard, *Ancestral Voices: Conversations with N. Scott Momaday* (Lincoln: Univ. of Nebrasca Press, 1989), 17.

50. N. Scott Momaday, *House Made of Dawn* (New York: Harper & Row, 1968), 31,32,33,64.

51. Susan Scarberry-Garcia, *Landmarks of Healing* (Albuquerque: Univ. of New Mexico Press, 1990), 52.

52. Charles Woodard, *Ancestral Voices,* 22.

53. Oswald Ducrot and Tzvetan Todorov, *Encyclopedic Dictionary of the Sciences of Language* (Baltimore: Johns Hopkins Univ. Press, 1979), 261,263.

54. Leslie Silko, *Ceremony* (New York:Viking Penguin, 1977), 132,133.

55. Owens, *Other Destinies,* 184.

56. Silko, *Ceremony,* 195,196.

57. Louise Erdrich, *Tracks* (New York: Harper & Row, 1988), 10,37,54,60,89,168.

58. Erdrich, *Tracks,* 35,40,139.

59. Erdrich, *Tracks,* 18.

60. Owens, *Bone Games,* 96.

61. Louis Owens, *The Sharpest Sight* (Norman: Univ. of Oklahoma Press, 1992), 12.

62. Gordon Henry Jr., *The Light People* (Norman: Univ. of Oklahoma Press, 1994), 170,171.

て、体系的でもあるということだ。ある事が他の事を思い出させる方法が、必ずしも隠喩の基となるとは限らないからである。隠喩が体系的だというのは、共有する原理原則の体系があって初めて、隠喩を使って話し手が受け手に意思疎通できるからである」。

41. Philip Wheelwright, *Metaphor and Reality* (Bloomington: Indiana Univ. Press, 1962), 70,148.
42. Donald Davidson, "What Metaphors Mean," in *On Metaphor,* ed. Sheldon Sacks (Chicago: Univ. of Chicago Press, 1978), 32,33.
43. Robert Rogers, *Metaphor: A Psychoanalytic View* (Berkeley: Univ. of California Press, 1978), 7.
44. Janet Martin Soskice, *Metaphor and Religious Language* (Oxford: Clarendon, 1985), 15,58,59,60.
45. Lakoff and Johnson, *Metaphors We Live By,* 3,4. 「言語における証拠によって、人が日頃抱いている概念体系が本質的に隠喩的であるということが分かった」。
46. N. Scott Momaday, *The Ancient Child* (New York: Doubleday, 1989), 17. See also Louis Owens, *Other Destinies* (Norman: Univ. of Oklahoma Press, 1992), 93.
47. Paul Shepard and Barry Sanders, *The Sacred Paw: The Bear in Nature, Myth, and Literature* (New York: Viking Penguin, 1985), 130.
48. N. Scott Momaday, *The Ancient Child,* 303,304.

(New York: Holt, Rinehart & Winston, 1873), 132,133,136.

33. Paul Shepard, *Thinking Animals: Animals and the Development of Human Intelligence* (New York: Viking, 1978), 256.260.

34. Allen, *Animals in American Literature,* 5,6,7,12,19,33,34.

35. Jace Weaver,ed., *Defending Mother Earth* (Maryknoll NY: Orbis, 1996), xii,162. ミーンズがこの随筆集の序文を書いた。

36. N. Scott Momaday, *The Names: A Memoir* (New York: Harper & Row, 1976), 3.

37. Joseph Klaits and Barrie Klaits, *Animals and Man in Historical Perspective* (New York: Harper & Row, 1974), 1.

38. Aristotle, *Rhetoric,* vol.2 of *The Complete Works of Aristotle,* ed. Jonathan Barnes (Princeton: Princeton Univ. Press, 1984), 1404b32-34,1405a8-13.

39. Frank Lentricchia and Thomas McLaughlin, ed., *Critical Terms of Literary Study* (Chicago: Univ. of Chicago Press, 1990), 83,84.

40. John Searle, "Metaphor," in *Metaphor and Thought,* ed. Andrew Ortony (New York: Cambridge Univ. Press, 1979), 93,105,123. 「『隠喩がどう作用するか』という問は『ある事が、どう他の事を思い出させるか』という問に似ている。いずれの問にも、単一の答えはありえない。いずれに答えるにしても類似が重要である。両質問の重要な相違は、隠喩は抑制されてい

23. Roland Barthes, *Writing Degree Zero* (New York: Hill & Wang, 1968), 10.

24. Louis Owens, *Bone Game* (Norman: Univ. of Oklahoma Press, 1994), 147. See also Louis Owens, "The Last Stand," in *Native American Literature,* ed. Gerald Vizenor (New York: HarperCollins, 1995), 190.

25. Jack London, *The Call of the Wild,* in *Jack London* (New York: Library of America, 1982), 1,7,55.

26. Jack London, "The Law of Life," in *Jack London,* 367.

27. Jacqueline Tavernier-Courbin, *The Call of the Wild: A Naturalist Romance* (New York: Twayne, 1994), 74,49.

28. Mary Allen, *Animals in American Literature* (Urbana: Univ. of Illinois Press, 1983), 78,79.

29. Margaret Marshall Saunders, *Beautiful Joe: An Autobiography* (1893; rpt, Bedfore MA: Applewood Books, 1994), 7,13,14,15,304. これはカナダ人作家による初の小説であった。当時『美しいジョー』は動物人間同情的な、道徳的な動物物語の最たる物として『ブラック・ビューティー』にすら喩えられた。

30. George Lakoff, *Women, Fire, and Dangerous Things* (Chicago: Univ. of Chicago Press, 1987), 368,586.

31. Paul Shepard, *The Tender Carnivore and the Sacred Game* (New York: Charles Scribner's Sons, 1873), 150,154.

32. Erich Fromm, *The Anatomy of Human Destructiveness*

15. James Rachels, *Created from Animals: The Moral Implications of Darwinism* (New York: Oxford Univ. Press, 1990), 156,164,166,170,171. ダーウィン主義は「人間の尊厳という概念」を捨てさせた。「人間の尊厳という考えは、道徳面で人間と動物は違うのだという道徳律である。人間の生活や興味は崇高であり道徳的に重要であるのに引き比べて、動物の生活や興味は重要ではない」。この考えは歪曲された神話で、白人がネイティヴを野蛮で原始的だと範疇分けするのに利用された。白人のキリスト教という一信教によってネイティヴは「人間」よりも動物に近いと表されたのである。ネイティヴはトーテムを創り動物の意識について語ったりするものだから、白人はネイティヴにはキリスト教の神のイメージと関連する「道徳律」など無いと信じ込んだ。
16. Shepard, *The Others,* 88.
17. John Stodart Kennedy, *The New Anthoropomorphism* (New York: Cambridge Univ. Press, 1992), 432.
18. William James, "Psychology: Briefer Course," in *William James* (New York: Library of America, 1992), 432.
19. Kennedy, *New Anthoropomorphism,* 15.
20. Kennedy, *New Anthoropomorphism,* 24.
21. Jeffrey Moussaieff Masson and Susan McCarthy, *When Elephants Weep: The Emotional Lives of Animals* (New York: Delacorte, 1995), xiii,xxii,219.
22. Kennedy, *New Anthoropomorphism,* 158,159.

Metaphors (Minneapolis: Univ. of Minnesota Press, 1990), 4,5,6. ロングナイフとは、先住民が白人アメリカ人を呼んだ呼び方であった。初めて先住民と接した白人が剣（ロングナイフ）を持っていたからである。

5 . Bakhtin, *Dialogic Imagination,* 237.

6 . Claude Lévi-Strauss, *Totemism* (Boston: Beacon, 1963), 1,3,10.

7 . Warren, *History of the Ojibway Nation,* 43,44.

8 . Lévi-Strauss, *Totemism,* 19,20.

9 . George Lakoff and Mark Johnson, *Metaphors We Live By* (Chicago: Univ. of Chicago Press, 1980), 3,193,229,235.

10. Claude Lévi-Strauss, *Metaphoric Worlds* (New Haven: Yale Univ. Press, 1988), 4,5,6.

11. Louis Owens, *Wolfsong* (Albuquerque: West End Press, 1991; rpt. Norman: Univ. of Oklahoma Press, 1994), 7.

12. Darryl Lyman, *The Animal Things We Say* (Middle Village New York: Jonathan David Publishers, 1983), 59,61,63,65,66.

13. James Serpell, *In the Company of Animals* (Oxford: Basil Blackwell, 1986; rpt, New York: Cambridge Univ. Press, 1996), 66,72. René Girard, *Things Hidden Since the Foundation of the World* (Stanford: Stanford Univ. Press, 1987), 69.

14. Shepard, *The Others,* 64.

Little Tree," review of *The Education of Little Tree,* by Forrest Carter, *New York Times,* Nov.24, 1991.

126. Franz Kafka, *Amerika,* trans., Willa Muir and Edwin Muir (1927: New York: Schocken Books, 1946), viii.

127. Albert Camus, "Hope and Absurdity," in *The Kafka Problem,* ed. Angel Flores (New York: Gordian Press, 1963), 267,268. カミュによれば「カフカのどの作品も読者を再読に駆り立てる」「カフカの作品は大詰めが、はたまた大詰めの欠如が、はっきりと説明されるわけでもないので、物語が新しい角度から再読される事を要請する」。つまりカフカやネイティヴの不在が、ここで述べられている新しい角度なのである。

128. John Urzidil, "The Oak and the Rock," in *Kafka Problem,* ed. Flores, 301.

三章　文学に出てくる動物たち

1. Paul Shepard, *The Others: How Animals Made Us Human* (Washington: Island Press, 1966), 90,91.
2. Warren, *History of the Ojibway Nation,* 34,47,88.
3. Elias Canetti, *The Agony of Flies,* trans. H. F. Broch de Rothermann (New York: Farrer, Straus & Giroux, 1994), 47,95. Originally published as *Die Fliegenpein* (1992).
4. Warren, *History of the Ojibway Nation,* 368,373. Gerald Vizenor, *Interior Landscapes: Autobiographical Myths and*

住民の濃さについても不明。(Department of the Interior, Office of Indian Affairs, 1921,73.)

117. Jonathan Culler, *In Pursuit of Signs: Semiotics, Literature, Deconstruction* (Ithaca: Cornell Univ. Press, 1981), 38,39.

118. Donald M. Lowe, *History of Bourgeois Perception* (Chicago: Univ. of Chicago Press, 1982), 3,4. 一人称の声は明白ではないものの、内なる声としては関知される。しかし、そういった物語には存在のロマンスがある。その物語がネイティヴの物語であり、口承のお話であるというほのめかしがあれば尚更の事である。

119. Robert Smith, *Derrida and Autobiography* (Cambridge: Cambridge Univ. Press, 1995), 76,77.

120. Forrest Carter, *The Education of Little Tree* (Albuquerque: Univ. of New Mexico Press, 1986), 5,191,192.

121. Forrest Carter, *The Education of Little Tree,* 116.

122. Dan T. Carter, "The Transformation of a Klansman," *New York Times,* Oct.4, 1991.

123. Felicia Lee, "Best Seller Is a Fake, Professor Asserts," *New York Times,* Oct. 4, 1991.

124. Rennard Strickland, "Sharing Little Tree," foreword to *The Education of Little Tree,* by Forrest Carter, v,vi.

125. Henry Louis Gates Jr., "'Authenticity,' or the Lesson of

て」「その地を踏査し境界線を引き、どの部族が白人に敵対的かを調べ上げ、全体に秩序と正義を確立する」任務を帯びた三人の委員のうちの一人に任命した。

108. Washington Irving, *A Tour on the Prairie* (Norman: Univ. of Oklahoma Press, 1956), 21,22.

109. Ellsworth, *Washington Irving on the Prairie,* 6.

110. Irving, *A Tour on the Prairie,* 43,44,45.

111. Lee Clark Mitchell, *Witnesses to a Vanishing America* (Princeton: Princeton Univ. Press, 1981), xv,25.

112. Glassberg, *American Historical Pageantry,* 142,148.

113. W. S. Penn, *All My Sins are Relatives* (Lincoln: Univ. of Nebraska Press, 1995), 53,54,55,56,57,,61. ペンの自伝では、ネイティヴとしてのアイデンティティの創造、引用、言葉の彩は「インディアン」的でしかなかった。

114. Patricia Penn Hilden, *When Nickels Were Indians: An Urban Mixed-Blood Story* (Washington: Smithsonian Institution Press, 1995), 18,200,201,214.

115. Penn Hilden, *When Nickels Were Indians,* 214.

116. Terry Wilson, *The Underground Reservation: Osage Oil* (Lincoln: Univ. of Nebraska Press, 1985), 237. ウィルソンは私に一九〇六年のオクラホマのオセジ族の正式名簿の写しをくれた。名簿にはアルバート・ペンはウィリアム・ペン・バンドの名で載っており、白人によって土地も割り当てられていたし、その際に登録番号も与えられていた。が、彼の誕生日も先

Univ. Press, 1988), 139.

99. Arnold Krupat, *Ethnocriticism: Ethnography, History, Literature* (Berkeley: Univ. of California Press, 1992), 216,217.

100. Thomas McLaughlin, "Figurative Language," in *Critical Terms for Literary Study,* ed. Frank Lentricchia and Thomas McLaughlin (Chicago: Univ. of Chicago Press, 1995), 83,84.

101. Gemma Corradi Fiumara, *The Metaphoric Process* (New York: Routledge, 1995), 11,14.

102. White, *Tropics of Discourse,* 73.

103. tropary とは言葉の彩の事である。*New Shorter Oxford English Dictionary* (1993).

104. Arnold Krupat, *Ethnocriticism,* 229,230,231.

105. Arnold Krupat, *The Voice in the Margin* (Berkeley: Univ. of California Press, 1992), 133,134.

106. Mircea Eliade, *The Myth of the Eternal Return or, Cosmos and History* (Princeton: Princeton Univ. Press, 1954), xiii,3,46,89,95,156.

107. Henry Leavitt Ellsworth, *Washington Irving on the Prairie* (New York: American Book Co., 1937), 5. Stanley Williams and Barbara Simison, eds., *Narrative of a Tour of the Southwest in the Year 1832.* ジャクソン大統領はエルスワースを「一八三〇年に議会を通過した先住民強制移住法に則っ

学者ではないかもしれないが、部族の指導者や主催者としては、愉快で信頼の置ける人物である」。彼についての書簡や記録もあったが、ウェアーは私に、自分の学歴証明は本当だったと嘘ぶいた。私は当時は、ウェアーが、自分のポーズが自分の実際の姿だと混乱して思い込んでいたのだと考えていた。しかし周りの人々も当時は彼のふりを楽しんだのだった。「森林部族には、自分が誰かを声高に宣言する伝統もある。周りの人の多くが自分の言っていることを信じてさえくれれば、ポーズが通用しなくなるまで、何者かのふりはできる」という伝統である。このように、ネイティヴのとる不在のポーズは場当たり的である。

95. Washington Irving, "The Sketch Book of Geoffrey Crayon, Gent.," in *Washington Irving: History, Tales and Sketches* (New York: Library of America 1983), 1002,1005. 文学では先住民の戦士がロマン的に描かれる事は珍しくない。だが、この作品を始めとするアーヴィングの随筆では、ネイティヴは勇気のある個人として肯定的に描かれているのであって、白人一般のように聖なる伝統という共同体の人間として構築されてはいない。

96. John Joseph Mathews, *Sundown* (Norman: Univ. of Oklahoma Press, 1934), 303,304.

97. Louis Owens, *Other Destinies* (Norman: Univ. of Oklahoma Press, 1992), 49,50,60.

98. Tobin Siebers, *The Ethics of Criticism* (Ithaca: Cornell

86. Bunny McBride, *Moly Spotted Elk: A Penobscot in Paris* (Norman: Univ. of Oklahoma Press, 1995), 103.

87. Smith, *Long Lance,* 145,146,147. カーマンは「『ハイアワサの歌』の人気の一因はアメリカ人の良心を和らげたからだ」と述べる。Michael Kammen, *Mystic Chords of Memory* (New York: Knopf, 1991), 85. 「『ハイアワサの歌』に描かれた歴史を知りつつ、かつ作品を愛することは、高貴なる蛮人を知りつつも、蛮人の伝統を定着させてしまうことである」。確かにネイティヴの模倣は知識をもたらしはしない。ネイティヴが存在する事が知識の源となったためしなど、まずない。よって、『ハイアワサの歌』の内容を知りつつ作品を愛することは、ネイティヴの不在を人種主義にかなうものだと考えることである。

88. Smith, *Long Lance,* 148.

89. Means, *Where White Men Fear to Tread,* dust jacket copy.

90. Smith, *Long Lance,* 112,148.

91. Smith, *Long Lance,* 209,223,228,231.

92. Irv Letofsky, "City Man Who Said He Was Psychologist Allegedly Misrepresented Credentials," *Minneapolis Tribune,* May 16, 1974.

93. Letofsky, "City Man Who Said He Was Psychologist."

94. Gerald Vizenor, "Ralph Ware: Alleged Psychologist," editorial, *Minneapolis Tribune,* May 17, 1974. 私はこの社説をこう始めた。「ラルフ・ウェアーは資格を持った臨床心理

of Suffering in Our Times," *Daedalus,* special issue, "Social Suffering"（winter 1996）: 2,9,10. クレイマンはこう述べる。「苦しむ者が、メディアによって避難場所や安全な場所に占有されると、それはそれで、苦しむ者は、また新たな型の権力の奪取に屈する他なくなる」。ネイティヴは白人の審美的な「犠牲者」として、つまり商品化された苦しみの体現者として白人によって表象される。

80. Judith Lewis Herman, *Trauma and Recovery*（New York: Basic, 1992）, 1,53,54,177,201. 多くのネイティヴはサンドクリークの虐殺やウーンディド・ニー虐殺についての白人の手になる物語やイメージによって、「残存者の罪悪感」に苛まれている。

81. Zygmunt Bauman, *Modernity and Holocaust*（Ithaca: Cornell Univ. Press, 1991）, 44,45,58.

82. Donald B. Smith, "From Sylverster Long to Buffalo Child Long Lance," introduction to *Long Lance,* by Chief Buffalo Child Long Lance（New York: Cosmopolitan Book, 1928: rpt, Jackson: Univ. Press of Mississippi, 1995）, xii,xiii.

83. Donal B. Smith, *Long Lance: The True Story of an Imposter*（Lincoln: Univ. of Nebraska Press, 1982）, 32,33,34.

84. Gary Owl, *The Men of the Last Frontier*（Tronto: Macmillan, 1931）, 210,211.

85. Smith, *Long Lance,* 170.

71. Ward Churchill, *Indians Are Us?: Culture and Genocide in Native North America* (Monroe ME: Common Courage Press,1994), 89,94,98,99,287,289. チャーチルは勇気と尊厳をもって、アナ・マエ・アクゥアッシュ、レオナルド・ペルティアー他、一二人を先住民と呼んだ。

72. Jamake Highwater, "Second-Class Indians," 9.

73. Nichols and Nyholm, *A Concise Dictionary of Minnesota Ojibwe,* 47,60. アニシナベは英語ではオジブエー、オジブウェイ、チペワと呼ばれる。

74. Warren, *History of the Ojibway Nation,* 72,73.

75. William Jones, cited in Ruth Landes, *Ojibwa Religion and the Midewiwin* (Madison: Univ. of Wisconsin Press, 1968), 190,191.

76. Eric Fromm, *To Have or to Be?* (New York: Harper & Row, 1976), 21,22,81,87,99. ジョーンズは「人には四つも魂がある」とも述べる。彼によれば、今際の際を自覚するネイティヴは、そのうち一つの魂を動物か鳥として放つと感じているのかもしれない。

77. Henri-Jean Martin notes in *The History and Power of Writing* (Chicago: Univ. of Chicago Press, 1994), 27.

78. William E. Connolly, *Political Theory and Modernity* (Oxford: Basil Blackwell, 1988), 2,3.

79. Arthur Kleinman and Joan Kleinman, "The Appeal of Experience: The Dismay of Images: Cultural Appropriation

63. Dickens, *American Notes,* 302.

64. Baird, *Peter Pitchlynn,* 84. バードに依れば「ピーター・ピチュリンは、綿による利益が落ち込み、家畜が利益をもたらす時代に変りつつあった一八五〇年代に、奴隷に投資しすぎた」「他の者に奴隷を貸して儲けるようになるまでは、ピチュリンは奴隷制が儲かる制度だとは思ってなかった」。

65. Dickens, *American Notes,* 219.

66. M. H. Dunlop, *Sixty Miles from Contentment: Traveling the Nineteenth-Century American Interior* (New York: Basic, 1995), 113.

67. Philip Kuberski, *The Persistence of Memory: Organism, Myth, Text* (Berkeley: Univ. of California Press, 1992), 131,133. クバースキに依るとこうである。「口承文化と活字文化の違いは決定的であり、我々は今だに歴史の起源は文字が巻物に書かれたり壁に刻まれた時であると考えている」。

68. David Glassberg, *American Historical Pageantry* (Chapel Hill: Univ. of North California Press, 1990), 1,4,139,140,178,179.

69. Sidner J. Larson, *Catch Colt* (Lincoln: Univ. of Nebraska Press, 1995), 10,11,158.

70. Jimmie Durham, "Those Dead Guys for a Hundred Years," in *I Tell You Now: Autobiographical Essays by Native American Writers,* ed. Brian Swann and Arnold Krupat (Lincoln: Univ. of Nebraska Press 1987), 163.

く部族の中でも雄弁家として定評がある」。

53. Robert Berkhofer Jr., "The North American Frontier as Process and Context," in *The Frontier in History,* ed. Howard Lamar and Leonard Thompson (New Haven: Yale Univ. Press, 1981), 48,49.
54. Henry F. Dobyns, *Native American Historical Demography* (Bloomington: Indiana Univ. Press, 1976), 1,2.
55. Russell Thornton, *American Indian Holocaust and Survival* (Norman: Univ. of Oklahoma Press, 1987), 100,101.
56. Francis Paul Prucha, *The Indians in American Society* (Berkeley: Univ. of California Press, 1985), 33,34.
57. Dickens, *American Notes,* 217,218.
58. Vine Deloria Jr., *Behind the Trail of Broken Treaties* (Austin: Univ. of Texas Press, 1985), 130,131,132.
59. W. David Baird, *Peter Pitchlynn: Chief of the Choctaws* (Norman: Okahoma Press, 1972), 19,20.
60. Annie Heloise Abel, *The American Indian as Slaveholder and Secessionist* (Lincoln: Univ. of Nebraska Press, 1992), 75,78,79.
61. Dickens, *American Notes,* 219.
62. Roy Harvey Peace, *Savagism and Civilization* (Berkeley: Univ. of California Press, 1988), 49,104.

心の状態や精神構造が障害となるだろう。彼等を本当に改良することなどはまず無理だ」。

49. Lakier, *A Russian Looks at America,* 145.

50. Alexis de Tocqueville, *Democracy in America,* trans. Francis Bowen (New York: Alfred A. Knopf, Everyman's Library, 1994), 23,24. Martin Warnke, *Political Landscapes* (Cambridge: Harvard Univ. Press, 1995), 90,93.

51. Robert E. Bieder, *Science Encounters the Indians, 1820-1880* (Norman: Univ. of Oklahoma Press, 111), 109,112.

52. William W. Warren, *History of the Ojibway Nation* (Minneapolis: Ross & Haines, 1957), 181,182. アニシナベ族初の歴史家ワレンは、一八二五年五月にスペリオル湖のマデリン島生まれ。ワレンは通訳も勤め、ミネソタ領土委員会の委員に選ばれた。一八八三年六月に死亡。彼の書いた歴史書は、ミネソタ歴史教会から一八八五年に出版された。鶴のトーテムであるアジアークは〈こだま作り〉としても知られていた。鶴の家族は「数が多く、オジブエー族にとって重要である」と、ワレンは一世紀以上前に書いている。「鶴のトーテムの多くは、スペリオル湖南岸からカナダの東部にかけて棲息している。鶴のトーテムの代表は、オジブエー族が移住したあらゆる地方に散らばっている」。〈こだま作り〉という名は、アニシナベ語のバスウェウェという言葉から派生し「大きくはっきりした遠くまで響く鶴の叫びと関わる。この支族は生まれつき声が大き狩猟道具を握らされ、黒人は農具を持たされる。だから先住民は白人を自分たちより上だと看做す一方、黒人のように農業に従事させられる事は堕落だと考え、黒人を蔑む。先住民にとって、土塊に取り組んで自分を土に縛りつけることは、自由を失ってしまう事だった」。ラーキーは一八五七年に合衆国を旅し、旅行記はロシア語で一八五九年に出版された。

47. Dickens, *American Notes,* 211.

48. Giacomo Constantino Beltrami, *A Pilgrimage in Europe and America Leading to the Discovery of the Sources of the Mississippi and Bloody River* (London: Hunt & Clarke, 1828), 123,124,298,299,300. 「私は昨日、彼等のカヌーに乗って先住民の土地を見て、醜悪さに驚いた。私は絶対懐疑主義からはほどつもりでいるだが、常々、先住民についての記述がひどすぎるのではないかと疑ってきた」。しかし「本で得られる知識では足らない。私は近いうちに彼等の心の動きや習慣をもっとつぶさに観察したい。そうすれば判断もできるようになるであろう」。明らかに、ベルトラムは本人の言うように先住民の現状とやらに大いに当惑した。だが、彼に川の源を「発見」させてくれた先住民を嫌がって、土地の調査を止したわけではなかった。「私はこう付け加えるだけにしよう。現状のままでいる限り先住民は、自由で、主権を持ち、誇り高く、独立してはいる。しかし先住民は文明化されるや否や、最も卑しい奴隷に成り下がりかねない。彼等は本質的に猫かぶりで、いたずら好きで、あまりに残酷だからだ。文明化しようとしても、彼等の

35. Joseph Notterman, *Forms of Psychological Inquiry* (New York: Columbia Univ. Press, 1985), 169,170.

36. Keith Jenkins, *On "What is History?"* (New York: Routledge, 1995), 6,9,15.

37. Hayden White, *Tropics of Discourse: Essays in Cultural Criticism* (Baltimore: Johns Hopkins Univ. Press, 1978).「歴史的な説明文は、確かな知識一般に対して、特に人文科学への貢献だと主張できるいかなる根拠を持つのか」。

38. Gerald Vizenor, *Manifest Manners,* 64,68,72,73.

39. Otto Rank, "Life nd Creation," in *Literature and Psychoanalysis,* ed. Edith Kurzweil and Willliam Phillips (New York: Columbia Univ. Press, 1983), 40,41.

40. Tzvetan Todorov, *On Human Diversity* (Cambridge: Harvard Univ. Press, 1993), 91,92,93,94,96,114.

41. John William Miller, *In Defense of the Psychological,* 159.

42. Charles Dickens, *American Notes* (New York: Random House, Modern Library Edition, 1966), 327.

43. Dickens, *American Notes,* 218.

44. Dickens, *American Notes,* 257,258.

45. V. S. Pritchett, *Complete Collected Essays* (New York: Random House, 1991), 208.

46. Aleksandr Borisovich Lakier, *A Russian Looks at America* (Chicago: Univ. of Chicago Press, 1979), 192,193,194. ラーキーはこう言う。「白人が世界を支配する。赤い人は、白人に

るような状況を自ら創り出してしまう』」。

26. Michael Foucault, *The Archeology of Knowledge* (New York: Pantheon, 1972), 15,183,184.

27. Ian Hacking, *Rewriting the Soul: Multiple Personality and the Sciences of Memory* (Princeton: Princeton Univ. Press, 1995), 198-199,210-211,258-259.

28. Daniel Schacter, *Searching for Memory* (New York: Basic, 1996), 52.

29. Christopher Shea, "A New Book Explores the Fragility of Momory," *Chronicle of Higher Education,* July 26, 1996. シャクターはこう指摘する。「科学者がごく最近まで真剣に取り組んでこなかった、記憶についての大切な事、つまり経験の客観的な記録ではなく感情と深くかかわる繊細で可変的な体系については、芸術家の方がよく知っている」と。

30. Philip, Hilts, "In Research Scans, Telltale Signs Sort False Memories from True," *New York Times,* July 2,1996, B10. Sharon Begley, "You Must Remember This," *Newsweek,* July 5, 1996,64.

31. Schacter, *Searching for Memory,* 17.

32. Jean Baudrillard, *Simulations* (New York: Semiotext(e), 1983), 2,38.

33. Schacter, *Searching for Memory,* 252,308.

34. Frank Stringfellow Jr., *The Meaning of Irony* (New York: State Univ. of New York Press, 1994), 151.

ば作家が借りた生き残りの皮肉を「見る」わけである。

22. David Nyberg, *The Vanished Truth: Truth Telling and Deceiving in Ordinary Life* (Chicago: Univ. of Chicago Press, 1993), 220.

23. Terry Goldie, *Fear and Temptation: The Image of the Indigene in Canadian, Australian, and New Zealand Literatures* (Montreal: McGill-Queen's Univ. Press, 1989), 14,37. インディアンとは北米大陸の先住のネイティヴである。

24. Russel Means, *Where White Men Fear to Tread* (New York: St. Martin's Press, 1995),538,539. 特に皮肉っての事だとは思わないが、ミーンズは「パウワウの儀式をする先住民」は、「平原先住民になりたがっている者たちだ。こういった輩は、自分たちに気持ちの良いものだけ占有するが、例えば、食べていく為に罠を仕掛けるような先住民の生活様式は取り入れない。つまりニューエイジャーと変るところがない」と批判している。

25. Richard White, "The Return of the Natives," review of *Where White Men Fear to Tread,* by Russell Means, the *New Republic,* July 8, 1996, 37,38. ミーンズはこう述べている。「私は、根本問題を部族の者たちが克服できるように、パインリッジ居留地に、彼の部族の伝統的なシャーマニズムによる治療が出来る治療センターを設立し、部族の役に立ちたいと願っている。『部族の者たちは、自分たちは成功する価値などない人間だと思い込んでしまっている。だから何をやっても失敗す

「間テクスト性」という言葉を用いる。「間テクスト性とは、言語にではなく言説に属す。よって、間テクスト性は言語学にではなく、超言語学に属す。しかしながら何も、発せられた全ての言葉同士の関係が間テクスト的であるというわけではない」。

16. Bakhtin, *Speech Genres,* 141,141,142.
17. Jamake Highwater, *The Primal Mind: Vision and Reality in Indian America* (New York: Harper & Row, 1981), xvi,xvii.
18. Jamake Highwater, "Second-Class Indians," *American Indian Journal* (July 1980):9.
19. Jane Katz,ed., *This Song Remembers: Self-Portraits of Native Americans in the Arts* (Boston: Houghton Mifflin, 1980), 171,176.
20. Vizenor, *Manifest Manners,* 13,61,62. Jack Anderson, "A Fabricated Indian?" (Universal Press Syndicate, 1984).
21. Jamake Highwater, *Shadow Show: An Autobiographical Insinuation* (New York: Alfred Van Der Marck Editions, 1986), 10,11. ハイウォーターはこう書く。「自分が残存した事を恥じる必要はない」「この世は、敵意と痛みだらけだし、信じるに足る真実もない。しかし私は、この混乱した世界にあって、我々の所詮は借り物でしかない人生は、それでも必要なのだと考えるようになった……我々が物事を見る際に頼りとする光は神話的な明りなのだ」と。作家が明りや光を模すので、言葉の彩はただこの世離れした魔法ではない。我々読者はいわるという約束は、世界が貧困で混乱していると考える絶望した者の心を掴んだ。……サンダンスを始めとするネイティヴの宗教儀式でのように。連邦政府はゴーストダンスを禁止しようとした。ルーサー・スタンディング・ベアのようにキャスパー・エディソンは、チャールズ・インディアン学校で就学してからネイティヴの共同体に戻った。エディソンのように英語での読み書きを習った第一世代の多くのネイティヴの他の学者も、教師、翻訳者や作家として居留地に帰郷した。スタンディング・ベアは二冊本を書いた。ゴーストダンスの幻視は、ミッションスクールや政府の寄宿学校で学んだ第一世代の学者たちによって、何千人ものネイティヴたちに翻訳され語られた。ウォヴォカの伝言は、エディソンによってまず寄宿舎で流行っていたようなくだけた英語に訳され、ジェイムズ・モーニーによって出版された。

14. John William Miller, *In Defense of the Psychological* (New York: W. W. Norton, 1983), 143.

15. Bakhtin, *Speech Genres,* 150. バフチンによれば、修辞における勝利感とは逆に、対話における反対者の破壊もまた、「言葉が生きている対話的領域を破壊してしまう。ゲリー・ソウル・モーソンとキャリル・エマソンは彼等のバフチン論序文で「バフチンは、対話的な言葉で『創造的理解』と呼ぶこの概念を再考する事になった」と述べている。ツベタン・トドロフは自分のバフチン論では、バフチンのダイアロジズムは「多義的な意味」を担っていると考え、ジュリア・クリステヴァの

ネイティヴの不在を文化人類学で証明し、ネイティヴを始めとする他者の存在の度合を書物に書いたことで測る。

7. Kamuf,ed., *A Derrida Reader,* 19,21.

8. Walter J. Ong, *Orality and Literacy* (New York: Methuen, 1982), 14,15,45,46,74,132,133. See also Jacques Derrida, *Of Grammatology* (Baltimore: Johns Hopkins Univ. Press, 1976); Jack Goody, *The Domestication of the Savage Mind* (New York: Cambridge Univ. Press, 1977).

9. Jacques Derrida, *The Post Card* (Chicago: Univ. of Chicago Press, 1987), 469,470,472,473.

10. John William Miller, *The Paradox of Cause and Other Essays* (New York: W. W. Norton, 1978), 15,16. ネイティヴは好機を自然の神秘の一つであると捉えている。例えばナバホ族は部族語で好機と大義名分を構造的に表していた。

11. Kamuf, ed., *Derrida Reader,* 26,27. デリダによればネイティヴの口承のお話の痕は、ネイティヴらしい生き残りやネイティヴの主権の動きにおいて必ずしも絶対的なものではない。

12. Jacques Derrida, *Positions* (Chicago: Univ. of Chicago Press, 1981), 8,27.

13. Colin G. Galloway, ed., *Our Hearts Fell to the Ground: Plains Indian Views of How the West Was Lost* (Boston: Bedford Books, 1996), 196,199. James Mooney, *The Ghost-Dance Religion and the Sioux Outbreak of 1890* (Chicago: Univ. of Chicago Press, 1965). 世界が再生され

2．Maurice Blanchot, *The Work of Fire* (Stanford: Stanford Univ. Press, 1995), 13, 14,17,18,25. カフカは文学に信頼を寄せた。彼にとって正しい言葉、つまり正しいイメージの感覚は、文学における神話的な存在である。

3．Edmond Jabès, *The Little Book of Unsuspected Subversions* (Stanford: Stanford Univ. Press, 1996), 48,51,66,83. ジャベスはこう書いた。「我々がこの世で不在だということは、我々は空虚の中にでも存在しているのだろう」「アイデンティティとは、顔を獲得するというよりは顔を認めることである」。

4．Jacques Derrida, *Writing and Difference* (Chicago: Univ. of Chicago Press, 1978), 64,65,68.

5．Edmond Jabès, *The Book of Questions* (Hanover NH: Univ. Press of New England, Wesleyan Univ. Press, 1991), 1:31,32. ネイティヴは本の外にいる不在者である。また、ネイティヴは沈黙の中の不在者でもあり、社会科学の行なう寸断である。ネイティヴは本の中にいる。ネイティヴは本である。さもなければ、ネイティヴは、接することができない者になってしまい、「分身でも対照物でもなく」なってしまう。

6．Derrida, *Writing and Difference*, 75,76,77. ユダヤ人とネイティヴは本における疑問であり、疑問の存在である。まず本が存在するので「全てが本に属す」。このように詩的に捉えると、最初のネイティヴは本の中にいる事になる。だが、私は本における世界の創造以外のヴィジョンはないと考える。白人は

v,5. スペイン人は一六九二年にこの地を奪回。

74. Alvin H. Wilcox, *A Pioneer History of Becker County Minnesota* (St. Paul: Pioneer Press, 1907), 272,273,274; U.S. Congress, *Testimony in Relation to Affairs at the White Earth Reservation,* Senate Committee on Indian Affairs, March 8, 1887.

75. Gary Gutting, ed., *The Cambridge Companion to Foucault* (New York: Cambridge Univ. Press, 1994), 11,12.

二章　物欲しげな嫉妬

1. Franz Kafka, *The Complete Stories* (New York: Schocken Books, 1983), xxi,390. ジョン・アップダイクが序文でこう述べている。「どの作家にとってよりもカフカにとって、ファンタジーは、自分が白人であることから逃れる手段であった。よって、カフカは自在に白人に戻ることも出来た」。インディアンはいわばネイティヴを超越した不在者である。他者を真似る事で自分のアイデンティティを形成する事はありふれているし、ふりをしたり騙したりする事はネイティヴの大義名分ですらある。「カフカは、あまりにも意識化する事を必要だと感じ、何かにつけて意識したがる」とグッドマンは指摘する。Paul Goodman in *Kafka's Prayer* (New York: Hillstone, 1947), 24. トマス・マンは、カフカは「宗教的なひょうきん者」だと言う。Thomas Mann, in "Homage" to *The Castle* (New York: Knopf, 1968), x.

65. Gloria Crammer Webster, "Kwakiutl," in *Encyclopedia of North American Indians, ed.* Frederick Hoxie (New York: Houghton Mifflin, 1996), 320,321,322.

66. Gerald Vizenor, *The People Named the Chippewa: Narrative Histories* (Minneapolis: Univ. of Minnesota Press, 1984), 75,76,77.

67. David Patterson, *Literature and Spirit* (Lexington: Univ. Press of Kentucky, 1988), 22,23.

68. Mikhail Bakhtin, *The Dialogic Imagination,* ed. Michael Holquist (Austin: Univ. of Texas Press, 1981), 236,237.

69. Louis Owens, "Louis Owens," in *Contemporary Authors, Autobiography Series,* vol.24 (New York: Gale Research, 1996), 288,298; Louis Owens, "Motion of Fire and Form," in *Native American Literature,* ed. Gerald Vizenor (New York: HarperCollins College, 1995), 83.

70. Bataille, *Accursed Share,* 1:70,76,77.

71. Pierre Bourdieu, *The Logic of Practics* (Stanford: Stanford Univ. Press, 1990), 125,126.

72. Michael Foucault, "The Subject and Power" in *Michael Foucault: Beyond Structuralism and Hermeneutics,* ed. Hubert Dreyfus and Paul Rabinow (Chicago: Univ. of Chicago Press, 1982), 30, 210,211.

73. Marc Simmons, introduction, Robert Silverberg, *The Pueblo Revolt* (Lincoln: Univ. of Nebraska Press, 1970),

がどの位、部族にいるか」、本人や両親の部族、「インディアンを始めとする非白人の血の割合」について質問した。一九〇〇年と一九一〇年の国勢調査でもほぼ同様であった。しかしその後一九五〇年までは、こういった項目について調べられた事はなかった。一九五〇年の調査は英語運用能及び「英語以外の言語の運用能力が問われた」。

57. Jules Zanger, introduction to Kelly, *My Captivity among the Sioux Indians,* v,vi.

58. Jung, *Flying Saucers,* 14,16,21,22.

59. Marlita A. Reddy, ed., *Statistical Record of Native North Americans* (Detroit: Gale Research, 1993), 5.

60. Jacque Derrida, *Archive Fever* (Chicago: Univ. of Chicago Press, 1996), 2,3,7,80,89,90.

61. Reddy, *Statistical Record,* 5,13,233. 一九三〇年の国勢調査によれば、三三二、三九七人の先住民が合衆国にいた。が、多くの先住民は、先住民の共同体に居住していたわけではなかったので、実数はもっと多かったはずだ。私の父たちのその世代はホワイトアース居留地からの民族離散の始まりであった。

62. Michel Foucault, *The Archeology of Knowledge* (New York: Pantheon, 1972), 216,218,219.

63. George Bataille, *The Accursed Share* (Minneapolis: Univ. of Minnesota Press, 1985), 122,123.

64. Georges Bataille, *Visions of Excess* (Minneapolis: Univ. of Minnesota Press, 1985), 122,123.

with original illustrations; rpt, New York: Carol Publishing Group, 1993), v,52,53,212. ケリーは一八六四年の七月つまり「一八六二年のミネソタでの虐殺」の二年後にスー族に捕まり、五か月後にダコタ準州のサリー砦で解放された。

50. Richard VanDerBeets, *The Indian Captivity Narrative* (Lanham MD: Univ. Press of America, 1984), x,50. 物語の原型としての旅とは、誘拐、別離、試練と変身、そして脱出、帰還、購いという構造を持つ。

51. C. C. Jung, *Flying Saucers: A Modern Myth of Things Seen in the Skies* (London: Routledge & Kegan Paul, 1959), 1,2,5.

52. C. D. B. Bryan, *Close Encounters of the Fourth Kind* (New York: Penguin Arkana, 1996), 9,28,446.

53. Mack, *Abduction,* 43.

54. Budd Hopkins, *Intruders* (New York: Random House, 1987), 105,202.

55. William Jones cited in *Ruth Landes, Ojibwa Religion and the Midewiwin* (Madison: Univ. of Wisconsin Press, 1968), 227,228. Selwyn Dewdney and Kenneth Kidd, *Indian Rock Paintings of the Great Lakes* (Toronto: Univ. of Toronto Press, 1962), 20.

56. Hopkins, *Intruders,* 194. 一八九〇年の合衆国国勢調査は「アメリカン・インディアン」に部族語について、また「部族の人口」、「ニグロやムラトー、クゥアドルーン、オクトローン

History, and Philosophical Hermeneutics (Berkeley: Univ. of California Press, 1978), 38,39,40,41.

40. Maurice Blanchot, *The Work of Fire* (Stanford: Stanford Univ. Press, 1995), 22,23.

41. D. H. Lawrence, *Studies in Classic American Literature* (New York: Penguin, 1923), 40,41,42.

42. Vizenor, *Manifest Manners,* 25.

43. Jean Baudrillard, *Fatal Strategies,* in *Jean Baudrillard: Selected Writings,* ed. Mark Poster (Stanford: Stanford Univ. Press, 1988), 187,200.

44. Gerald Vizenor, "Departing from the Present" editorial essay, *Mineapolis Tribune,* April 1974; rpt in *Gerald Vizenor, Crossbloods: Bone Courts, Bingo, and Other Reports* (Minneapolis: Univ. of Minnesota Press, 1990), 275-78. マックガーとハーキンズは、ミネソタ人文委員会主催のフォーラムで公演した。

45. Vizenor, *Crossbloods,* xiv,xv,193,194,195. バンクスはパインリッジ居留地で、自分の会社ローンマン・インダストリーズを設立した。彼の自伝は日本で最近出版された。

46. Baudrillard, *Jean Baudrillard,* ed. Poster, 198,201,202.

47. John E. Mack, *Abduction: Human Encounters with Aliens* (New York: Charles Scribner's Sons, 1994), 2,4,5.

48. Mack, *Abduction,* 396,398,399.

49. Fanny Kelly, *My Captivity among the Sioux Indians* (1871

の辞書には弁別法も四人称も載っていない。 Nichols and Nyholm, *A Concise Dictonary of Minnesota Ojibwe.*

34. Vladimir Nabokov, *Speak, Memory: An Autobiography Revisited, in Vladimir Navokov: Novels and Memoirs, 1941-1951* (New York: Library of America, 1996), 503.
35. Vladimir Alexandrov, *Navokov's Otherworlds* (Princeton; Princeton Univ. Press, 1991), 32,33.
36. Carol Vogel, "Americana (and Some Surprises) at Winter Antiques Show," *New York Times,* Jan.17,1996. 冬のアンティーク展示会で二人のディーラーが古代のネイティヴが使っていた品々を展示した。「朱色の星、半月、パイプで飾られた黄土で色づけされた鹿皮の」 一八九〇年のゴーストダンス用の衣装は二五万ドルの値がついた。また「ワシントンのスミソニアン博物館の設立者ジョン・ウェズリー・パウェル所蔵の、一八二〇〜一八四〇年頃の、ナバホの族長の持っていたウテ族様式の手織りの羊毛の毛布」には五五万ドルの高値が付いた。
37. Jürgen Haberman, *The Philosophical Discourse of Modernity* (Cambridge: MIT Press, 1987), 114,115,322.
38. Danilo Kis, *Homo Poeticus: Essays and Interviews* (New York: Farrar, Straus & Giroux, 1995), 17,18. See also Seamus Deane, introduction, *Nationalism, Colonialism, and Literature* (Minneapolis: Univ. of Minnesota Press, 1990), 8.
39. David Couzens Hoy, *The Critical Circle: Literature,*

Chicago Press, 1981), 27. デリダは「遅延」は「差異の体系的な戯れであり、あるいは差異の痕跡の体系的な戯れであり、あるいはまた要素が互いに関係する場の体系的な戯れ」だと言う。

30. Tobin Siebers, *The Ethics of Criticism* (Ithaca: Cornell Univ. Press, 1988), 71,82,83,98.

31. Brook Thomas, *The New Historicism* (Princeton: Princeton Univ. Press, 1991), 10,12,13.

32. Noam Chomsky, *Language and Thought* (Wakefield RI: Moyer Bell, 1993), 45.

33. Leonard Bloomfield, *Eastern Ojibwa* (Ann Arbor: Univ of Michigan Press, 1957), 32,34,130. オジブワ、オジブワイ、オジブエ、チッペワ、アニシナベア、そしてその複数形のアニシナベグの使う部族語は共通している。ブルームフィールドはオンタリオ湖ワルポール島で話されるアニシナベ語を中心に研究した。「行為者も客体のどちらもが有生の三人称である時、そのうちのいずれかが弁別的である。行為者も客体のどちらもが弁別的な型が、少なくとも一つはある。ワウペマウニトとは『もし別のものが、なにかまた別のものを見るのであれば』という意味である」。次の辞書には主体も客体も弁別法的である型が少なくとも一つ挙げられている。David Crystal, *The Encyclopedic Dictionary of Language and Languages* (Oxford: Blackwell, 1992), *The Cambridge Encyclopedia of Language* (New York: Cambridge Univ. Press, 1987). 次

24. Girard, *Job,* 62,63,75,112. 犠牲の羊を黒くする（悪とみなす）ことで共同体を白（善）くする。そうやって体制が成り立っている。人は共同体を強くするために、この神話的な黒さを確信するものだ。その際、最も効果的な手法は、犠牲者が、適切な型に則って告白をすることである」。ヨブなどの物語、歴史叙述、はたまたインディアンも、自分たちの受けた「非行を、声高に、説得力があるように宣言しなくてはならない」。かつてミッションスクールや、白人と締結した条約や、連邦政府の報告書を作るといった公の場で、インディアンによってそういった証言がなされた。

25. Aristotle, *Poetics,* vol.12 of *The Complete Works of Aristotle,* ed. Jonathan Barnes, Bollingen Series (Princeton: Princeton Univ. Press, 1984), 2320, 2323, 2325 (1450a16,1452a2,1452b31-1453a11).

26. Tobin Siebers, *The Ethics of Criticism* (Ithaca: Cornell Univ. Press, 1988), 21.

27. Paul Woodruff, "Aristotle on Mimesis," in *Essays on Aristotle's Poetics,* ed. Amelie Oksenberg Rorty (Princeton: Princeton Univ. Press, 1992), 82,88.

28. George Steiner, "The Art of Criticism 2," interview, *Paris Review* (winter 1995): 58.

29. Jacques Derrida, "Différance," in *A Derrida Reader: Between the Lines,* ed. Peggy Kamuf (New York: Columbia Univ. Press, 1991), 70,74. *Positions* (Chicago: Univ. of

トリックスターはたとえ、飢餓に襲われたり、毒を盛られたり、四肢を奪われたり、怪物に食べられてしまったり、焼かれたり溺れさせられたり、とんでもない所から落とされたりと、いった不運に見舞われても、死にはしない。」そんな目にあっても、トリックスターは「再生して楽しげに立ち去っていく」。トリックスターは「殺すことはできない。トリックスターは神話的な生存者だ」。

17. Gerald Vizenor, *Dead Voices* (Norman: Univ. of Oklahoma Press, 1992), 136, 137.

18. Will Wright, *Wild Knowledge* (Minneapolis: Univ. of Minnesota Press, 1992), 3,5,15,21.

19. René Girard, *Violence and the Sacred* (Baltimore: Johns Hopkins Univ. Press, 1977), 51.

20. Girard, *Scapegoat*, 21.

21. Girard, *A Theater of Envy* (New York: Oxford Univ. Press, 1991), 209.

22. Andrew J. McKenna, *Violence and Difference* (Urbana: Univ. of Illinois Press, 1992), 30,53.

23. René Girard, "Generative Scapegoating," in *Violent Origins: Ritual Killing and Cultural Formation,* ed. Robert Hamerton-Kelly (Stanford: Stanford Univ. Press, 1987), 74. 全体を救うために部分を犠牲にすることを厭わないのは、集団全体のためには効率がよい。Walter Burkert, *Creation of the Sacred* (Cambridge: Harvard Univ. Press, 1996), 51.

12. Jean Baudrillard, *Simulacra and Simulation* (Ann Arbor: Univ. of Michigan Press, 1994), 1,2,3. 「シミュレーションは、ふりをする事ではないので」、シミュレーションの条件は複雑である。「病気のふりをしている者は誰でも、ベッドに伏しているだけで自分が病気だと信じさせることができる。病気のふりをしているだけで、誰にでも実際に病気の症状が出る」。シミュレーションは推理である。一方「シミュレーションを止めることは、現実の原理をそのままに保つ。相違そのものは常に明白だが、分かりにくい。一方、シミュレーションは「真と偽」の違いを脅かし、「偽」と「現実」と「想像」されたものの違いを脅かす。インディアンはネイティヴ不在のシミュレーションであり、現実の症状であるが仮面ではない。インディアンのふりをする者は、二重の他者性の推測である。
13. René Girard, *Job: The Victim of His People* (Stanford: Stanford Univ. Press, 1987), 102,103.
14. Gerald Vizenor, *Manifet Manners,* 168.
15. René Girard, *The Scapegoat* (Baltimore: Johns Hopkins Univ Press, 1986), 84,85. トリックスターは、表象をからかう変身してゆくキャラクターであり、人の心を解き放つ。
16. Jarold Ramsey, *Reading the Fire* (Lincoln: Univ. of Nebraska Press, 1983, 27,42. トリックスターは「生物的なエネルギーが過剰である」。トリックスターは何だってやってみる。トリックスターは「自分の体を食物に変えて、何気なく将来の人々を生かす」。トリックスターを「殺すことはできない。

アンが白人による監視、模倣、支配を引き起こす原因であるのに、そのインディアンが不在も存在も吸収することができたというのはあまりに皮肉な事だ。都会で行なうネイティヴの伝統の儀式スウェット・ロッジ等は、ただ「真の」インディアンの終末論的な神話を実現しているだけである。

5. Hayden White, *The Content of the Form* (Baltimore: Johns Hopkins Univ. Press, 1987), 55,57.
6. Mikhail Bakhtin, *Speech Genres and Other Late Essays,* ed. Caryl Emerson and Michael Holquist, trans. Vern W. McGee (Austin: Univ. of Texas Press, 1986), 170. Gary Saul Morson and Caryl Emerson, *Mikhail Bakhtin: Creation of a Prosaics* (Stanford: Stanford Univ. Press, 1990),
7. Adorno, "The Essay as Form," 1:4,5,23.
8. Mikhail Bakhtin, *Art and Answerability,* ed. Michael Holquist and Vadim Liapunov (Austin: Univ. of Texas Press, 1990), 2,126,208.
9. Eric Gans, *Originary Thinking: Elements of Generative Anthropology* (Stanford: Stanford Univ. Press, 1993), 10,218.
10. David Carroll, *Paraesthetics* (New York: Methuen, 1987), 159.
11. John Pizer, *Toward a Theory of Radical Origin: Essays on Modern German Thought* (Lincoln: Univ. of Nebraska Press, 1995), 3,14,15.

Other Reports (Mineapolis: Univ. of Minnesota Press, 1990), 199,200,202,203. "Senator Mondale at Rough Rock," in *Twin Citian* magazine, July 1969. rpt. Congressional Record, Aug.7, 1969.

38. Charles Taylor, *Multiculturalism and "The Politics of Recognition"* (Princeton: Princeton Univ. Press, 1992), 25,32,34.

一章　ネイティブのふりをする者の噂

1. Theodor W. Adorno, "The Essay as Form," in *Notes to Literature* (New York: Columbia Univ. Press, 1991), 1:11,19,20.
2. Richard Rorty, *Contingency, Irony, and Solidarity* (New York: Cambridge Univ. Press, 1989), 73.
3. Adorno, "The Essay as Form," 1:18,19.
4. Michel Serres, "Panoptic Theory," in *Limits of Theory,* ed. Thomas Kavanagh (Stanford: Stanford Univ. Press, 1989), 27,44,46. サールは「神話が告げているように、人文科学は精密科学を再吸収するだろうか」と問う。私は、同様の疑問が、神話に祭り上げられたインディアンの「退行性の重荷」についても発せられるべきだと思う。つまり現実のものとしてネイティヴ不在の模倣を生きることになったインディアンのことだ。今や「伝統的な」インディアンは、科学と言説の双方に、また、第二の存在の弁証法的な行為に敵対している。インディ

ではの自由な生活は僕のものだった。毎日、僕たちは本当の狩りをした。本物の動物を仕留めたんだ」「僕らは、自然をうまく真似ただけじゃなく、自然からじっくり学んだ。ちょうど君たち白人が本から学ぶみたいにして動物の習性を調べたんだ」。

28. Frances Karttunen, *Between Worlds: Interpreters, Guides, and Survivors* (New Brunswick: Rutgers Univ. Pres, 1994), 143.
29. Karttunen, *Between Worlds,* 151.
30. Mark Warren, *Nietzsche and Political Thought* (Cambridge: MIT Press, 1991), 196,197.
31. Walter Kaufmann, ed. and trans., *Basic Writing of Nietzsche* (New York: Modern Library , 1991), 727,728,729.
32. Eastman, *Indian Boyhood,* 13,14,16,17.
33. Anthony Paul Kerby, *Narrative and the Self* (Bloomington: Indiana Univ. Press, 1991), 4,5,45.
34. Francis Jacques, *Difference and Subjectivity* (New Haven: Yale Univ. Pres, 1991), 175,187. 「そうして我々は自己を位置付けし始めた。つまり我々は、デカルト以来連綿と続いている西洋の伝統が、言説内の、言語を超える現実だとみなしてきた事をし始めたわけだ」。
35. Karttunen, *Between Worlds,* 139,150.
36. Erik H. Erikon, *Identity: Youth and Crisis* (New York: W. W. Norton, 1968), 16,17,67.
37. Gerald Vizenor, *Crossbloods: Bone Courts, Bingo, and*

22. Gerald Vizenor, *The Everlasting Sky: New Voices of the People Named the Chippewa* (New York: Crowelll-Collier, 1972). 私は序文でこう書いた。「オシュキ・アニシナベ族が本著で喋るのを聞く前に、どうか少しでもインディアンという言葉の定義を書いてみて頂きたい」「インディアンという語について意識に上せて考えてみれば、先住民が白人中心の社会によって、白人のような名前を押し付けられてアイデンティティ危機に苦しんでいる実態を理解しやすくなるだろう」。
23. John Nichols and Earl Nyholm, *A Concise Dictionary of Minnesota Ojibwe* (Minneapolis: Univ. of Minnesota Press, 1995). 部族のマニドーカーゾという言葉は「自分自身の権威でもって精神的力を帯びる」というほどの意味。
24. R. R. Bishop Baraga, *A Dictionary of the Otchipwe Language* (Minneapolis: Ross & Haines, 1966; 1878).
25. Gerald Vizenor, *Manifest Manners* (Hanover NH: Univ. Press of New England, Wesleyan Univ. Preess 1994), 145.
26. Georges Battaille, *The Accursed Share,* 3 Vols. (New York: Zone Books, 1991), book 2, 198,202,240,241.
27. Charles A. Eastman, *Indian Boyhood* (New York: McClure, Phillips, 1902; rpt, with an introduction by David Ree Miller, Lincoln: Univ. of Nebraska Press, 1991), 3,280,288,289. イーストマンはこう書いている。「この世での夢のように自由な生活を夢想してみる時に、先住民のことをほんの少しでも考えない少年などいるだろうか。この先住民なら

11. Gerald Vizenor, *Darkness in Saint Louis Bearheart* (Saint Paul: Truck Press, 1978).

12. K. C. Chang, ed., *Food in Chinese Culture* (New Haven: Yale Univ. Press, 1977), 373.

13. Vizenor, *Bearheart*, xiii.

14. Louis Owens, afterword, *Bearheart*, 247,248.

15. Gerald Vizenor, *Shadow Distance: A Gerald Vizenor Reader* (Hanover NH: Univ. Press of New England, Wesleyan Univ. Press, 1994).

16. Claudine Aguilera, "Freedom of Expression or Public Obscenity?" *Daily Californian*, Univ. of California, Berkeley, Nov.11, 1996.

17. Thomas Jefferson, "Letters," in *Thomas Jefferson* (New York: Library of America 1984), 777,778,779,915,916.

18. Thomas Jefferson, "Notes on the State of Virginia," in *Thomas Jefferson*, 264,265,266.

19. I. Bernard Cohen, *Science and the Founding Fathers: Science in the Political Thought of Jefferson, Franklin, Adams, and Madison* (New York: W. W. Norton, 1995), 297,298,299.

20. Ernesto Che Guevara, *The Motorcycle Diaries*, trans. Ann Wright (London: Verso, 1995), 87,88,97,119,131,148,149.

21. Robert Burchfield, *Unlocking the English Language* (New York: Hill & Wang, 1991), 110,111.

アメリカ・ブック賞を受賞。私のラザリスト宗派への言及は『ニューヨーカー』にジョン・ハーシーの書いた天津についての記事を参照した。*New Yorker,* May 17,1982.

8. 天津は北京の東にあり、海河が流れている人口七百万人以上の港街である。天津は一九世紀末から二〇世紀初頭にかけて植民地支配された。天津生まれのジョン・ハーシーは『ニューヨーカー』で天津について書いた。一九八三年の一学期間、私は妻ローラ・ホールと天津大学で教えた。中華人民共和国の建国三四周年記念日に、マキシム北京店がオープンしたが、このような、傍目には矛盾と見えることは中国では別に珍しいことではなかった。当時、天津で働いていた外国人はわずか五〇人ほどだった。私は、天津に住んでいた作家ジカイと会見したかったが、許可は下りなかった。

9. Jerzy Kosinski, *Being There* (New York: Bantam, 1972), 64,90,91,92. 外国人客員教授の同僚たちは共産党による検閲に驚きはしなかった。党の幹部職員は、六四頁を読みとばしたか誤読したにちがいない。「チャンスは相手の性器を刺激したりさすったりしたが、チャンス本人は何も感じなかった。起床時にそこが幾分膨れているようなことはあっても勃起はしていなかった。チャンスの性器は彼に何の悦びを与えてはくれなかったのだ」と続くのだが。検閲者は、性器（オーガン）を楽器か何かだと誤読したのだろう。

10. Gerald Vizenor, *Bearheart: The Heirship Chronicles* (Minneapolis: Univ. of Minnesota Press, 1990), vii,247.

『精神的汚染根絶』運動が始った。時の文学芸術サークルの中国連盟の副議長は、この運動をこう解説する。『文学者も芸術家も、人民と社会主義に仕えるべきである。ところが、文革の歴史や、四つの近代化について書こうという使命感に欠けているとしか思えない作家、芸術家がいる。彼等は、恋愛物語や荒唐無稽な話ばかり好むわ、気の滅入るような否定的な事ばかり表現するわ、人間の価値やらヒューマニズムやら普遍的な人間性といった抽象的な概念を弄ぶわ、人間性の回復とやらを要求したりするわ、ポルノめいた描写をしたり宗教や封建主義を広めようとしたりしている』というわけである」。

共産党は最近、「精神的文明」運動をした数人の作家を発禁処分にした。一九九七年二月四日付けの『サンフランシスコ・クロニクル』によれば、ある作家の「サド的な作品は、社会の周縁にいる当局への不満分子、悪党、泥棒を描く。『豊乳肥臀』を書いた莫言も批判された」。この共産党主導の宣伝活動を指導した江沢民は、「共産党綱領に沿った物を芸術で表わすよう命じた」。当局は「芸術への規制を緩めはしない」と。『人民日報』Nov.11,1983.

7. Gerald Vizenor, *Griever: An American Monkey King in China* (Norman: Illinois State University／ Fictive Collective, 1987; rpt, Minneapolis: Univ. of Minnesota Press, 1990), 109,110 (page citations are to the reprint edition). 『悼む者』(初版一九八七年イリノイ州立大学出版)は一九八六年にフィクション・コレクティヴ賞、一九八八年に

真の悲劇などないのではないか、そしてそれはなぜなのかといった疑問が呈されることも多かった。同様に、白人はネイティヴの物語にも、本当に悲劇感覚があるのかと問う。むろん、私に言わせれば悲劇は一信教であるキリスト教の産物である。このように見てくると、悲劇は矛盾していることが分かる。と言うのも、救済とは遅延されていく悲劇であるし、永遠の慰めが得られるより真の賢い瞬間というものが約束されるだけで、どこまでいっても結論に至ることはない。よって、救済とはあまりに悲劇的という他ない。「表象を使わない劇に登場するキャラクターは、一個人というより普遍的な人間の経験を体現する。」同様に、ネイティヴのトリックスターのお話は現実ではなくキャラクターを体現するのである。

4．Bonnie S. McDougall, author and ed., “Writers and Performers, Their Work, and Their Audiences in the First Three Decades,” *Popular Chinese Literature and Performing Arts in the People's Republic of China, 1949-1979* (Berkeley: Univ. of California Press, 1984), 271,272,273,300,302.

5．Merle Goldman, *Literary Dissent in Communist China* (New York: Atheneum, 1971), 278.

6．Feng Jicai, *Chrysanthemums and Other Stories* (New York: Harcourt Brace Jovanovich, 1985), 4,5,12,13. この小説の訳者スーザン・ウィルフ・チェンは序文でこう書いている。「中国の文学作品に対する検閲は、いつ、一層厳しくなるか分かったものではない。一九八三年秋には、共産党員を粛して

注

序文　　悲劇的な叡知

1．孫悟空つまり中国人に愛されている〈心の猿〉は、中国の伝統ではしたたかなキャラクターであった。アニシナベ族のトリックスターであるナナボゾホも、部族に皮肉っぽい口承で語られ、捉えどころがない。そこで、ナナボゾホはネイティヴらしく孫悟空を変奏させたトリックスターであると考えてよい。アニシナベ族はチッペワ族だとかオジブエー等とも呼ばれてきた。中国人にとっての〈心の猿〉孫悟空とアニシナベ族の〈心のトリックスター〉のいずれもが、創造をからかう。

2．Anthony C. Yu, trans. and ed., *The Journey to the West* (Chicago: Univ. of Chicago Press, 1977)『孫悟空』(初版一五九二年）は中国文学の古典。See also *Monkey,* trans. Arthus Waley (New York: Grove, 1958). *Journey to the West,* translataed by W. J. F. Jenner (Beijing: Foreign Languages Press, 1982).

3．James J. Y. Liu, *Essentials of Chinese Literary Art* (Belmont CA: Duxbury Press, 1979), 85,86,88. 「中国では劇作家は物事を『喜劇か悲劇』かという二者択一では考えず、中国人小説家のように、深刻な事と軽い事、幸福な事と悲しい事、高尚な事と下等な事とを一緒にすることが多い。西洋近代の学者はこの事を理解できなかった。白人によって、中国には

索　引

ア行

カ行

サ行

タ行

ナ行

ハ行

マ行

訳者紹介

大島由起子（おおしま　ゆきこ）
1957年生。アイオワ大学大学院人文研究科英語英米文学専攻，修士課程修了。現在福岡大学教授。
主要論文
"The Red Flag of the *Pequod*/Pequot: Native American Presence in *Moby-Dick*" *Melville "Among the Nations": Proceedings of an International Conference; Volos, Greece, July 2-6. 1997.* (Kent State University Press, 2001).
「異人種の契りへの見果てぬ夢 ―― 『ホープ・レズリー』から『白鯨』へ」(『英語青年』研究社，平成14年1月号)
「ヴィゼナーのトリックスター小説――収奪されなかった極めつけに先住民らしいもの」(西村頼男編『ネイティヴ・アメリカンの文学』ミネルヴァ書房，平成14年)

逃亡者のふり

2002年10月10日　初版発行

訳者	大島由起子
発行者	安居洋一
組版	前田印刷有限会社
印刷所	平河工業社
製本所	株式会社難波製本

〒160-0002 東京都新宿区坂町26
発行所　開文社出版株式会社
電話 03(3358)6288番・振替 00160-0-52864

ISBN4-87571-968-X C3098